narr STUDIENBÜCHER

Ruth Albert/Nicole Marx

Empirisches Arbeiten in Linguistik und Sprachlehrforschung

Anleitung zu quantitativen Studien von der Planungsphase bis zum Forschungsbericht

3., überarbeitete und aktualisierte Auflage

narr\f
ranck
e\atte
mpto

Bibliografische Information der Deutschen Nationalbibliothek

Die Deutsche Nationalbibliothek verzeichnet diese Publikation in der Deutschen Nationalbiblio
grafie; detaillierte bibliografische Daten sind im Internet über http://dnb.dnb.de abrufbar. -

3., überarbeitete und aktualisierte Auflage 2016
2., überarbeitete und erweiterte Auflage 2014
1. Auflage 2010

Dischingerweg 5 · D-72070 Tübingen

Gedruckt auf säurefreiem und alterungsbeständigem Werkdruckpapier.

Internet: www.narr-studienbuecher.de
E-Mail: info@narr.de

Printed in Germany

ISSN 0941-8105
ISBN 978-3-8233-8083-2

Inhaltsverzeichnis

Ergänzendes Webmaterial

(1) Webergänzung Kapitel 6.3: Mehrfaktorielle Fragestellungen
(2) Webergänzung Kapitel 6.4: Tests
(3) Webergänzung Kapitel 10.1.5: Varianzanalyse
(4) Zusatzaufgaben zu den einzelnen Kapiteln
(5) Sonderanhang: Tabellen zur Statistik
(6) Sonderanhang: Manuelle Berechnungen der Statistikaufgaben

Vorwort zur dritten Auflage

Das vorliegende Buch bietet eine systematische Anleitung zum Planen, Durchführen und Schreiben einer quantitativ vorgehenden empirischen wissenschaftlichen Arbeit in der Sprachlehrforschung oder Linguistik, in der jeder einzelne Schritt genau erläutert wird. Da der Linguistik und Sprachlehr- und -lernforschung[1] (die in vielen Ländern explizit „angewandte Linguistik" genannt wird) gemeinsam ist, dass sie sich mit Sprachen beschäftigen und mit den Prozessen, in denen man Sprachen lernt, und da sie auch größtenteils dieselben Verfahren benutzen, schien uns die Schnittmenge groß genug zu sein, um eine Einführung für beide Wissenschaften zu schreiben. Wir richten uns besonders an Studierende linguistischer oder sprachdidaktischer Fächer, die ihre Bachelor-, Master-, Examens- oder Doktorarbeit schreiben und die eine quantitative Studie durchführen möchten, und haben uns deshalb auf die Beschreibung der Verfahren beschränkt, die Sprachwissenschaftler/innen tatsächlich häufig benutzen, verweisen jedoch im Text und in unserem kommentierten Literaturverzeichnis auf nützliche weiterführende Literatur.

Quantitative Verfahren

Wir beschränken uns hier aus unterschiedlichen Gründen auf rein quantitative Methoden, denn ein Bedarf an generalisierbaren Ergebnissen quantitativ vorgehender Forschung besteht nach wie vor. Auch wenn in vielen Kontexten eine Kombination qualitativer und quantitativer Methoden angebracht – geradezu notwendig – ist, würde eine Einführung in beide Perspektiven in einem so kurz bemessenen Studienbuch eine nicht zu vertretende Reduktion der wichtigen Inhalte und Überlegungen bedeuten. Wir empfehlen auf jeden Fall eine Auseinandersetzung mit qualitativer Forschungsmethodik und geben im Literaturverzeichnis einige Hinweise dazu, wo Sie weitere Informationen finden können. Gute Hinweise zu *mixed methods*-Designs finden Sie bei Gläser-Zikuda u.a. 2012 und zu den wissenschaftstheoretischen Grenzen bei Lincoln/Guba 1989 sowie Riemer 2008.

Dieses Buch kann keine Wunder bewirken. Es ersetzt nicht die Besprechung mit dem/der Betreuer/in der Arbeit darüber, was genau untersucht werden soll, welche Methoden dabei zur Datenerhebung eingesetzt werden können und wie bei der Analyse der erhobenen Daten vorzugehen ist. Wir erklären häufig benutzte Verfahren und warnen vor häufig vorkommenden Fehlern. Die statistische Aufbereitung der Daten und die Benutzung von Computerprogrammen für die statistische Analyse als „Handwerkszeug" können wir anleiten, die Interpretation der Daten sollte man mit dem Betreuer oder der Betreuerin durchsprechen.

---

1 Wir verwenden aus Gründen der Lesbarkeit im Weiteren die Bezeichnung „Sprachlehrforschung" und meinen damit die Sprachlehr- und -lernforschung.

Wenn man ein Buch für Personen mit recht verschiedenem Hintergrundwissen schreibt, dann tut man gut daran, bei der Darstellung der einzelnen Methoden Beispiele zu wählen, die man verstehen kann, ohne dass vorher komplizierte linguistische Hypothesen oder lerntheoretische Annahmen erklärt werden müssen. Deshalb haben wir hier mit möglichst einfachen und meist auch erfundenen (Alltags-)Beispielen gearbeitet.

Die einzelnen Kapitel enden jeweils mit Übungsaufgaben, die es Ihnen ermöglichen sollen zu überprüfen, ob Sie das Gelesene schon selbstständig auf eine neue, konkrete Aufgabenstellung anwenden können. Erfahrungsgemäß ist man recht sicher, dass man die Aufgabe genau so gelöst hätte, wie es im Lösungsteil angegeben ist, wenn man unmittelbar nach dem Lesen der Aufgabe die Lösung nachliest. Wenn man die Aufgabe aber tatsächlich zu lösen versucht, ergeben sich doch Fragen. Wir raten Ihnen deshalb, die Aufgaben wirklich erst ohne die Lösungshinweise im Anhang zu bearbeiten.

Im Literaturverzeichnis finden Sie eine Liste kommentierter weiterführender Literatur. Sollten wir etwas nicht in diese Liste aufgenommen haben, finden Sie die Quelle direkt in einer Fußnote.

Wir wollten einen möglichst leicht lesbaren Text schreiben, sodass wir uns entschieden haben, in Bezug auf die angemessene Berücksichtigung beider Geschlechter bei den Personenbezeichnungen wie folgt vorzugehen: Wenn eine geschlechtsneutrale Form (wie z.B. „Lehrperson") nicht existiert, sind die Forscher und Forscherinnen im Text immer weiblich, die Versuchsteilnehmer und Versuchsteilnehmerinnen oder Schüler und Schülerinnen immer männlich bezeichnet. Selbstverständlich sind immer beide Geschlechter gemeint.

Dieses Buch wird durch zusätzliches Material im Internet ergänzt, das man unter der Adresse

www.narr-studienbuecher.de/index.php/14-roksprocket-mosaic/52-empirisches-arbeiten-in-linguistik-und-sprachlehrforschung

abrufen kann. Hier wird der Statistikteil erweitert (die Rechenverfahren werden erläutert, und es finden sich Tabellen zur Bestimmung des Signifikanzniveaus), ergänzende Teilkapitel wurden aufgenommen und einige Zusatzaufgaben sind hier auch zu finden.

Ein großer Dank gilt neben den in den ersten und zweiten Auflagen erwähnten Personen den Lektoren dieser Auflage, Tillmann Bub, Karin Burger und Elena Gastring, für ihr sorgfältiges Lektorieren. Wir danken auch den Studierenden unserer Seminare und Workshops für wertvolle Hinweise, die zur Verbesserung des Manuskripts beigetragen haben. Ganz besonders möchten wir wieder Dr. Cor J. Koster, dem Koautor des Vorgängerbuchs, dafür danken, dass wir weiterhin seine guten Ideen übernehmen durften.

Diese 3. Auflage ist eine überarbeitete Version der 2. Auflage und berücksichtigt einige neuere Forschungstendenzen und natürlich, dass wir in den letzten Jahren etwas dazu gelernt haben.

1 Zur Einführung

Manche Sprachlehrpersonen fragen sich Dinge wie beispielsweise:

Themen Sprachlehrforschung

- Wie lehrt man am besten Vokabeln? Sollte man den Schülern Vokabeln mit Hilfe von Texten beibringen, indem man eine Übersetzung der unbekannten Wörter eines Textes gibt, oder sollte man die Schüler die Bedeutung der Wörter aus dem Text heraus selbst erraten lassen?
- Wie sollte man Grammatik lehren? Ist es besser, sie zuerst zu erklären und dann einige Übungen zu machen, oder sollte man mit einer Situation oder einem Text beginnen und die darin enthaltenen wichtigen grammatischen Erscheinungen mit den Schülern gemeinsam erarbeiten?
- Würden die weniger begabten Schüler mehr lernen, wenn ich die Gruppe aufspalte in eine mit den besseren und eine mit den schlechteren Schülern?
- Sind Schüler mit zwei arbeitenden Elternteilen tatsächlich im Schnitt besser als diejenigen, bei denen nicht beide Eltern arbeiten, oder ist das nur ein Eindruck, den ich aufgrund meiner eigenen Schülergruppe habe?
- Sind Mädchen wirklich sprachbegabter als Jungen? Und falls ja, warum? Oder fällt ihnen nur die Aussprache von Fremdsprachen leichter?

Linguistinnen interessieren sich für ganz andere Fragestellungen, wie beispielsweise:

Themen Linguistik

- Werden bei zwei- und mehrsprachigen Personen die übersetzungsäquivalenten Wörter der gerade nicht benutzten Sprache(n) mit aktiviert, wenn sie sprechen oder lesen?
- Wie unterscheidet sich die gesprochene von der geschriebenen Sprache in Bezug auf den Gebrauch von Steigerungspartikeln?
- Worin unterscheidet sich die Sprache der Boulevardpresse von der seriöser Zeitungen?
- Ist es tatsächlich so, dass in politischen Talkshows in England mehr *tag questions* (wie *isn't it?*) verwendet werden als in anderen Sendungen? Und wenn das stimmt, woran liegt es?

Einige dieser Fragen können sehr leicht beantwortet werden, weil auf diesem Gebiet schon viel Forschung betrieben wurde. Trotzdem kann man der Meinung sein, dass man selbst mehr darüber herausfinden möchte, oder vielleicht glaubt man auch, dass die vorhandene Forschung zu einer bestimmten Frage für die eigene Situation nicht besonders relevant ist, oder man hat einfach Spaß an der Überprüfung von Hypothesen. Für diese neugierige Sorte der besonders enthusiastischen Sprachlehrpersonen und Linguistinnen – und der angehenden Sprachlehrpersonen/Linguistinnen – ist dieses Buch geschrieben.

Auch Linguistinnen, die keine praktische Anwendung ihrer Forschung im Klassenzimmer planen, arbeiten oft empirisch, weil sie Fragestellungen untersuchen, die sich nur mit Hilfe empirischer Forschung beantworten lassen.

Obwohl dies häufig nicht geglaubt wird, kann Forschung von Sprachlehrpersonen auch in tatsächlichen Klassenzimmersituationen betrieben werden. Alles, was man braucht, um Forschung zu betreiben, ist Neugier, eine Menge Geduld, ein paar Kenntnisse über Forschungsparadigmen und Statistik und eine gehörige Portion gesunden Menschenverstand. Zusätzlich muss man über die möglichen Fallen Bescheid wissen, die einen bei einem Forschungsprojekt erwarten.

1.1 Arten von empirischer Forschung

Empirische Forschung heißt wörtlich „auf Erfahrung beruhende Forschung". Gemeint ist damit, dass eine systematisch zu erfassende Erfahrung die Grundlage bildet, um die zu untersuchende Fragestellung zu beantworten. Die empirische Untersuchung führt diese Erfahrung nach speziellen Verfahren herbei.

qualitativ - quantitativ

Empirische Forschung wird gewöhnlich in qualitative und quantitative Forschung aufgeteilt. Quantitative Forschung wird dann wieder aufgeteilt in experimentelle und nicht-experimentelle Forschung (Abb. 1):

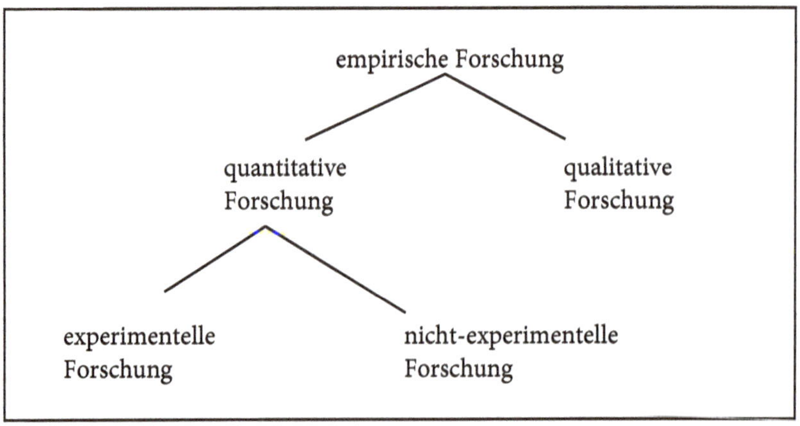

Abb. 1: Arten von empirischer Forschung

Ziel der qualitativen (auch *explorativ-interpretativ* genannten) Forschung ist, eine Verhaltensweise aus der Perspektive der Beforschten nachzuvollziehen, im Unterschied zur quantitativen Forschung, die ein Phänomen beschreiben, erklären und seine Verbreitung ermitteln will. „Auf der Ebene der allgemeinen Zielsetzung von Forschungen stehen sich *Verstehen* auf der qualitativen Seite und auf der quantitativen Seite *Deskription* und *Erklären* menschlichen Verhaltens gegenüber" (Riemer 2008, 6). Qualitative Vorgehensweisen sind u.a. besonders dann sinnvoll, wenn über den Gegenstandsbereich, den man untersuchen will, noch wenig bekannt ist, sodass man erst einmal möglichst reichhaltige Daten von einer sehr begrenzten Gruppe von Personen sammelt, aus denen man dann Erklärungsansätze entwickeln kann. Da Aussagen über sehr kleine Gruppen meist nur für die praktische Anwendung verwertbar sind, wenn sie generalisierbar sind, wird meist zusätzlich noch eine quantitative Forschungsstudie dazu angeregt, die dann die Allgemeingültigkeit der Hypothesen überprüfen soll, die durch die qualitative Forschung gewonnen wurden.

Quantitative Forschung dagegen versucht, verallgemeinerbare Aussagen zu treffen. Sie arbeitet oft hypothesenprüfend. Das bedeutet nichts anderes, als dass man eine Idee hat, was die Wahrheit sein könnte, und diese Idee wissenschaftlich prüft. Ein konkretes Beispiel: Sie vermuten, dass Schüler der vierten Klasse, die zu Hause kein Deutsch sprechen, genauso komplexe syntaktische Strukturen verwenden wie Schüler, die zu Hause nur Deutsch sprechen. Dies ist eine Hypothese (wenn noch keine wissenschaftliche, s. Kapitel 2). Sie planen dann eine Untersuchung, um diese Hypothese zu belegen oder zu widerlegen – sie also zu testen.

hypothesenprüfend

Nicht-experimentelle quantitative Forschung zählt oft nur etwas. Meinungsumfragen sind ein typisches Beispiel dafür („Wie viele Menschen beantworten eine bestimmte Frage mit *ja*, wie viele mit *nein*?"). Oft werden Antworten miteinander in Verbindung gesetzt, um zu sehen, ob Zusammenhänge aufzufinden sind (z.B. ob die durchschnittliche Anzahl an gelernten Sprachen mit dem Alter der Befragten steigt). Experimentelle Forschung ist dadurch charakterisiert, dass etwas (beispielsweise die Menge Alkohol, die man zu sich nimmt, oder die Art und Weise, wie man lernt) manipuliert wird, d.h. von der Forscherin kontrolliert wird. Tabelle 1 enthält typische Beispiele für die verschiedenen Arten empirischer Forschung.

Tabelle 1: Beispiele für die drei Arten von Forschung

Experimentelle Forschung	**Nicht-experimentelle Forschung**	**Qualitative Forschung**
Der Effekt von Alkohol auf die Sprechgeschwindigkeit	Befragung zum Alkoholgebrauch von Lehrpersonen im Dienst	Gründe für den Alkoholgebrauch bei Schüler X vor dem Englischunterricht
Vergleich der Lehrmethoden X und Y für das Lernen des Genus deutscher Nomen bei zwei Gruppen von Austauschstudenten	Erfassung der Korrektheit des Genusgebrauchs bei Austauschstudenten mit und ohne DSH-Prüfung	Befragung dieser Austauschstudenten darüber, warum sie bestimmte Fehler im Genusgebrauch gemacht haben

Der Effekt von regressiver Assimilation auf die Worterkennung	Akzeptanz von regressiver Assimilation beim Vorlesen im Sprachunterricht	Kritik am Begriff „regressive Assimilation“

Für qualitative sowie quantitative Forschung gelten einige allgemeine Prinzipien, die wir hier skizzieren:

- Es sollte eine klare Forschungsfrage geben, auf die hin man seine Untersuchung plant. Dass man bei einem qualitativen Vorgehen im Laufe der Untersuchung aufgrund des erreichten Wissensfortschritts Schwerpunkte ändern kann, bedeutet nicht, dass man damit beginnen kann, aufs Geratewohl Daten zu sammeln.
- Das Sammeln „reicher Daten“ (Datentriangulation) durch eine Kombination verschiedener Arten von Daten darf nicht darauf hinauslaufen, dass man versucht, mit für die Fragestellung ungeeigneten Verfahren erhobene und deshalb uninterpretierbare Daten durch weitere unsystematisch erhobene Daten aufzubessern.
- Es muss ein festgelegtes und transparent gemachtes Verfahren geben, wie man vorgeht, wenn sich die Ergebnisse der Analyse der verschiedenen Arten von gesammelten Daten widersprechen.
- Die Vorgehensweise, auch bei der Auswahl der beobachteten oder befragten Personen, sollte geplant und nachvollziehbar sein.

Triangulation

In der Sprachlehrforschung wird immer häufiger auf eine Kombination (oft „Triangulation“ genannt) unterschiedlicher Daten, Methoden oder Forschungsparadigmen zurückgegriffen, um ein möglichst vollständiges Bild von Lernprozessen zu erzielen. Wenn auch wir hier, wie üblich, die unterschiedlichen Arten von Forschung getrennt behandeln, bedeutet das nicht, dass es keine Grauzonen zwischen den Ansätzen gibt. Ebenso ist es möglich, in einer einzigen Studie sowohl quantitative als auch qualitative Verfahren zu verwenden, je nachdem, was man untersuchen will. Für größere Arbeiten ist eine solche Kombination oft durchaus sinnvoll, für kleinere Arbeiten, wie im Rahmen einer Bachelor-, Master- oder Examensarbeit, ist dies meist nicht notwendig.

In dieser Einführung beschäftigen wir uns – wie im Vorwort erklärt – nicht mit qualitativer Forschung. Wenn Sie sich besonders dafür interessieren, empfehlen wir Ihnen als Einführung die Werke von Altrichter/Posch 2007 sowie Friebertshäuser/Prengel 1997/[3]2010.

1.2 Warum eigentlich empirisch arbeiten?

Art der Fragestellung

Nicht jede Art von Forschungsfrage, die man sich als Linguistin oder Sprachlehrforscherin stellt, erfordert eine empirische Untersuchung oder ist überhaupt sinnvoll mit einer empirischen Untersuchung zu beantworten. Angenommen, Sie wollten herausfinden, wie das Partizip II der regelmäßigen Verben im Deutschen gebildet wird, so ist die richtige Antwort durch die eigene Introspektion (wenn Sie eine kompetente Sprecherin des Deutschen sind und regelmäßige Verben erkennen können) oder durch Nachschlagen in Grammatiken erheblich schneller und zuverlässiger zu finden als z.B. mit einer Befragung oder einer Beobachtung von Sprechern des Deutschen. Insofern ist die Frage nicht trivial, ob eine Forschungsfrage eine empirische Untersuchung erfordert.

Die Introspektion einer Sprachwissenschaftlerin als kompetenter Sprecherin der zu untersuchenden Sprache ist für große Teile der Sprachbeschreibung die sinnvollste Methode der Datengewinnung.[1] Sie ist jedoch nicht anwendbar, wenn man befürchten muss, dass nicht alle Sprecher der zu untersuchenden Sprache zu denselben Ergebnissen kämen, wenn sie ihren eigenen Sprachgebrauch reflektierten. Das kann daran liegen, dass es regionale oder soziolektale Unterschiede gibt oder dass ein Unterschied zwischen Sprachnorm und Sprachgebrauch zu vermuten ist. Es kann auch sein, dass man sein eigenes Verhalten gar nicht gut genug kennt, um es beschreiben zu können (etwa beim Geben von Hörersignalen wie *hmhm*), oder dass man das sprachliche Verhalten von Gruppen beschreiben möchte, zu denen man nicht gehört (z.B. Kinder im Erstspracherwerb oder erwachsene Zweitsprachenlerner auf einem bestimmten Sprachniveau).

Ebenso kann es sein, dass das zu untersuchende Phänomen äußerst komplex ist, sodass man bei einer Introspektion niemals alle Komponenten beachten könnte. Das ist z.B. in der Wirklichkeit des Fremdsprachenunterrichts immer so. Aber auch in der „reinen Linguistik“ gibt es sehr komplexe Phänomene zu untersuchen. Dazu gehört vor allen Dingen die Beschreibung des Ablaufs von Gesprächsformen, z.B. Kommunikation vor Gericht, Kommunikation in der Schule, Verkaufsgespräche, Verhandlungsgespräche u.a.m. Für diese Untersuchungen gibt es eine spezielle linguistische Methode, die Gesprächsanalyse (Diskursanalyse/Konversationsanalyse). Sie beruht auf speziellen Verfahren der Datenerhebung und der Datenaufbereitung, darunter besonders die Transkription der Gespräche nach festgelegten Notationen, die nicht nur den Wortlaut der Äußerungen, sondern auch Betonungen, Gleichzeitig-Sprechen, Pausen, Tonhöhenverlauf und vieles andere mit berücksichtigen. Da es für diese Art empirischer Forschung bereits gute deutschsprachige Einführungen gibt (z.B. Henne/Rehbock 1995 sowie Brinker/Sager 2001), und für die Gesprächsforschung mehrere Sonderbedingungen gelten, soll dieses Thema hier nicht weiter aufgegriffen werden. Wir beschäftigen uns also mit der nicht konversationsanalytisch ausgerichteten quantitativen empirischen Forschung im Bereich Linguistik/Sprachlehrforschung.

Konversationsanalyse

[1] Zu Problemen mit introspektiv gewonnenen Daten s. Schütze 1996 und Kepser/Reis 2005.

1.3 Zum Aufbau des Studienbuchs

Empirische Forschung im Bereich Linguistik außerhalb der Konversationsanalyse und in weiten Teilen der Sprachlehrforschung folgt den üblichen Regeln der empirischen Sozialforschung, d.h. die dort geltenden Gütekriterien und die dort geltenden Methoden werden von Linguistinnen/Sprachlehrforscherinnen genauso benutzt wie z.B. von Soziologen auch. Das Ziel dieser einführenden Darstellung ist, einen Überblick über diese Methoden zu geben und die Leserinnen und Leser in die Lage zu versetzen, selbst eine empirische Untersuchung in diesem Bereich zu planen und durchzuführen. Dazu wird das Vorgehen bei einer empirischen Forschungsarbeit von der ersten Grobplanung bis zur Niederschrift des Forschungsberichts beschrieben. Die folgenden Themen werden behandelt: Zunächst einmal besprechen wir, wie man seinen Untersuchungsgegenstand abgrenzen kann und die Vorplanung einer Studie macht, dann die Gütekriterien für empirische Sozialforschung allgemein.

Im zweiten Teil des Buchs gehen wir auf gängige Forschungsmethoden und Instrumente der Datenerhebung ein.

Beobachtung

Gegenstand unserer Untersuchungen ist im allerweitesten Sinne menschliches Verhalten, nämlich Sprachverhalten, Kommunikationsverhalten oder Lernverhalten. Um über dieses Verhalten mehr zu erfahren, gibt es drei verschiedene Herangehensweisen. Zunächst einmal kann man das zu untersuchende Verhalten dort untersuchen, wo es natürlicherweise stattfindet. Das ist in der Sprachlehrforschung das am weitesten verbreitete der angewandten Verfahren. Man beobachtet das Unterrichtsgeschehen einfach im „normalen" Unterricht, oder man beobachtet das (Lern- oder Sprech-) Verhalten einzelner Personen in Fallstudien. Wichtig bei dem Instrument der Beobachtung als Datenerhebung ist es, dass die beobachtenden Forscher die zu beobachtende Wirklichkeit so wenig wie möglich verändern.

Befragung

Die zweite Möglichkeit ist die Befragung. Hier stört die Forscherin nicht den Prozess, über den sie etwas aussagen will, sondern sie bittet die am Prozess Beteiligten um Auskünfte. In diesem Fall wird die Wirklichkeit durch bewusste Prozesse derjenigen gefiltert, die befragt werden. Das ist vor allem dann problematisch und erfordert besonders ausgefeilte Techniken, wenn Normen im Spiel sind. Jeder Befragte wird natürlich das Bestreben haben, sich so darzustellen, als verhalte er sich den Normen entsprechend, vor allem, wenn er selbst diese Normen akzeptiert (was bei sprachlichen Normen recht häufig der Fall ist). In einer von Ruth Albert durchgeführten Untersuchung (Brons-Albert 1977) wurden Sprecher des Deutschen gefragt, welches Tempus sie zur Bezeichnung von zukünftigen Ereignissen verwenden. Fast alle Befragten erklärten, sie gebrauchten in diesen Fällen immer das Futur. In später erhobenen Daten ihrer tatsächlichen Sprachproduktion gebrauchten sie allerdings nur in etwa 5 % der zukunftsbezogenen Sätze das Futur. Wir können also nicht immer davon ausgehen, dass die Antworten, die wir in

Befragungen bekommen, tatsächlich die Wirklichkeit widerspiegeln, selbst wenn wir nach einfachen sprachlichen Verhaltensweisen fragen, die keine verwerflichen Handlungen offenbaren würden.

Experiment

Die dritte Möglichkeit der Verhaltensbeobachtung ist das Experiment. Der Vorteil von Experimenten ist, dass wir dort versuchen, alles auszuschließen oder konstant zu halten, was für die Untersuchungsfragestellung keine Rolle spielt. Ein gut geplantes Experiment ist ausschließlich auf die Untersuchungsfragestellung hin geplant und erhebt keine anderen Daten als die, um die es bei der entsprechenden Hypothesenüberprüfung geht. Ein Beispiel dafür wären die bekannten Experimente zu den von Sprechern benutzten Regeln der Pluralbildung (Gleason 1958). In diesen Experimenten bilden die Sprecher Pluralformen von verschieden aufgebauten Kunstwörtern, z.B. zu einem Wort wie *Wug* oder *Emmel*. Das erreicht man mit einem ganz einfachen Verfahren. Man zeigt eine Zeichnung oder Stoffpuppe eines seltsamen Tieres und erklärt: „Das ist ein Wug." Dann zeigt man eine Zeichnung von zwei Exemplaren davon oder zwei Stoffpuppen und erklärt: „Und hier ist noch ein Wug. Das sind jetzt zwei …". Die Versuchspersonen ergänzen ihren Plural von „Wug". Hier ist völlig ausgeschlossen, dass die Versuchspersonen die entsprechenden Wörter schon einmal im Plural gehört haben, sie müssen also die Pluralregeln anwenden, die sie mental gespeichert haben. Störende Einflüsse kann es aber trotzdem geben, z.B. durch die Reihenfolge, in der die Kunstwörter präsentiert werden (die Versuchsteilnehmer bleiben gern bei einer vorher gewählten Endung). Man muss also nach Techniken suchen, derartige Effekte möglichst auszuschalten, hier wäre eine ganz einfache Technik, dass man die Kunstwörter jedem Versuchsteilnehmer in einer anderen Reihenfolge zeigt.

statistische Verfahren

Im anschließenden dritten Teil des Buchs geht es um die statistische Auswertung der Daten, die man durch Befragung, Beobachtung oder Experiment erhoben hat. Dieser Teil ist für Geisteswissenschaftler oft etwas angsterregend. Es gibt aber keinen Anlass, vor Statistik Angst zu haben. Die eigentliche Rechenarbeit übernehmen heutzutage Computerprogramme, wichtig ist nur zu verstehen, was vom Programm berechnet wird und warum es so berechnet wird, damit man das richtige Verfahren auswählen kann. Der in dieser Einführung behandelte Teil der Statistik ist nur der, den man als Sprachwissenschaftlerin/Sprachlehrforscherin tatsächlich häufig braucht.

Forschungsbericht

Das letzte Kapitel erläutert, wie Sie Ihre unternommenen Planungen, erhobenen Daten und die daraus gewonnenen Ergebnisse in einem Forschungsbericht präsentieren können.

Sie müssen die Kapitel natürlich nicht in dieser Reihenfolge bearbeiten. Es kann durchaus sinnvoll sein, vor der Lektüre des dritten Teiles zuerst die Ausführungen zu Signifikanz zu lesen (Kapitel 11), oder – wie eine der Autorinnen dieses Buches – Kapitel 7 (Skalenniveaus) zu behandeln, bevor Sie mit Kapitel 3 beginnen.

Aufgabe

Nehmen wir an, Sie sollten Forschung auf einer Reihe von Gebieten, die unten in etwa beschrieben werden, betreiben. Welche Art der Forschung wäre am besten geeignet (experimentell, nicht-experimentell, qualitativ)? Begründen Sie Ihre Entscheidung!

a. Der Einfluss eines Partybesuchs in der Nacht vor einer Prüfung auf die Ergebnisse dieser Prüfung
b. Die Beziehung zwischen Sprachlaborübungen und Aussprache
c. Welche Ansichten von de Saussure heute noch für die Linguistik relevant sind
d. Die Fremdsprachenkenntnisse niederländischer Geschäftsleute
e. Der Nutzen von Korrekturen der Grammatikfehler von Fremdsprachenlernern
f. Die Verwendung von Höflichkeitsformen bei internationalen Verhandlungen
g. Arten der Selbstkorrektur beim L1-(Erst-) und L2-(Fremd-/Zweit-) Spracherwerb
h. Ein Vergleich des stillen und des lauten Lesens bei der Entwicklung der Lesefähigkeit

Schritt 1: Planungsphase

2 Vorplanung einer empirischen Untersuchung

Planung

Hat man sich dafür entschieden, ein empirisches Forschungsprojekt durchzuführen – und hier ist es unwesentlich, ob das Projekt ein sehr kleines ist (wie zum Beispiel eine Studie im Rahmen einer Seminararbeit, die einen Fragebogen einsetzt) oder ein größeres (wie für ein Dissertationsprojekt, das im Rahmen des Untersuchungsdesigns eventuell mehrere Erhebungsinstrumente verwendet) –, ist der wichtigste Schritt die Planung. Wenn man versucht, in der Planungsphase Zeit zu sparen, zum Beispiel weil man schnell Daten erheben möchte, verliert man erheblich mehr Zeit bei der Auswertung und Interpretation, weil die falschen Versuchspersonen ausgewählt wurden, weil die Daten nicht das Phänomen abbilden, das sie abbilden sollten, oder weil man nicht weiß, was man mit den gesammelten Daten anfangen soll. In solchen Fällen – und das passiert häufiger, als man denkt – muss man völlig neu beginnen.

Man kann viele Fallen vermeiden, indem man sich vorab grundlegende Gedanken macht. Bevor man ein passendes Untersuchungsdesign (Versuchspersonen, Erhebungsinstrumente, Vorgehensweise, Datenerhebung) auswählt, sollten der Untersuchungsgegenstand, die Fragestellung und entsprechende Hypothesen genau festgelegt sein, wobei man die Gütekriterien empirischer Forschung und mögliche Störfaktoren im Auge behalten muss. Auf jeden dieser Schritte gehen wir im Folgenden ein.

2.1 Auswahl eines Untersuchungsgegenstandes

Untersuchungsfragestellung

In der Sprachlehrforschung hat man den Vorteil, dass viele interessante Fragestellungen sich direkt aus der Praxis ergeben. Als Lehrperson wird man täglich mit Fragen und Problemen konfrontiert, die sich hervorragend für kleinere oder größere Projekte eignen: Fällt es Schülern in bestimmten sprachlichen Kontexten leichter, französische Possessivpronomen korrekt zu verwenden? Hilft es, wenn Schüler anstatt des regulären Sprachunterrichts jede Woche eine Stunde lang Grammatik mit Hilfe einer Computerlernsoftware üben? In welchen Situationen schafft es Renate, ein Adverbial ins Vorfeld zu setzen, ohne vor dem Verb noch das Subjekt einzufügen („Heute lerne ich Deutsch" anstatt „Heute, ich lerne Deutsch")? Und hat Peter, der aus Dänemark kommt, mit dieser Struktur mehr Probleme als Madeline aus den Niederlanden?

Aber auch wenn man nicht in der beruflichen Praxis steht, trifft man auf erforschenswerte Bereiche: durch das eigene persönliche Umfeld, durch Seminarthemen oder durch Literaturrecherche. Wichtig dabei ist, dass man weiß, was **genau** untersucht werden soll. Der Untersuchungsgegenstand muss exakt beschrieben werden. Gerade in der Sprachlehrforschung, bei der es um recht verschiedene Dinge gehen kann, die alle ihren Einfluss auf den Unterrichtsprozess haben, muss man seinen Interessensgegenstand sehr klar eingegrenzt haben, was keineswegs einfach ist. Ein Beispiel dazu: Nehmen wir an, es soll untersucht werden, ob man das Hörverständnis von Fremdsprachenlernern besser mit der Methode X oder mit der Methode Y fördern kann. Dann wird eine ganz entscheidende Frage für den Wert der Untersuchung sein, ob es gelingt, den Faktor „Hörverständnis" hinreichend von anderen Faktoren zu isolieren (wir operationalisieren das Konstrukt). Denn ob die Lerner richtig reagieren, hängt nicht nur vom eigentlichen Hörverständnis ab, sondern sie nehmen z.B. ihr Weltwissen und Informationen aus der Situation zu Hilfe, und in der Planung der Untersuchung muss man das berücksichtigen.

Auch bei linguistischen Untersuchungen kommt es vor, dass der Untersuchungsgegenstand nicht genau genug bestimmt wird, selbst in vermeintlich klaren Fällen wie etwa einer Auszählung, in welchen Satzarten bestimmte Modalpartikeln vorkommen. Wenn z.B. die Beschreibung der Fälle, in denen *eben* als Modalpartikel angesehen wird (*Männer sind* ***eben*** *so*), nicht exakt genug ist, werden Adverbien mitgezählt (***Eben*** *war Fritz noch nüchtern).*

Hat man dann einen interessanten Untersuchungsgegenstand festgelegt, sind noch weitere Planungen notwendig, bevor eine Forschungsfrage gestellt wird: Das Projekt muss machbar sein und es muss auf der Basis des relevanten Informationsstandes der Forschung aufgebaut werden.

Durchführbarkeit

Machbar zu sein bedeutet mehreres. So muss das Projekt so weit eingegrenzt werden, dass es auch mit den zur Verfügung stehenden Mitteln und in der zur Verfügung stehenden Zeit durchgeführt werden kann. Ist es dagegen zu weit eingegrenzt, läuft man Gefahr, dass die Ergebnisse nicht mehr valide sind (s. Kapitel 2.4.3). Man wird also z.B. Überlegungen zur Größe der untersuchten Gruppe anstellen. Möchte man herausfinden, ob es einen Unterschied zwischen Chinesen und Russen in der benötigten Unterrichtszeit zum Erreichen des GER A1-Niveaus in Deutsch gibt, kann man unmöglich sämtliche chinesischen und russischen Lernenden testen, aber auch nicht einen chinesischen und einen russischen Lerner, die man zufällig kennt. Ebenso wenig ist es für die meisten Untersuchungen sinnvoll, „Sprachkenntnisse" generell überprüfen zu wollen: Man wählt einen bestimmten, eingegrenzten Bereich aus und versucht, diesen genau zu untersuchen. So könnte man sich dafür entscheiden, Genuskongruenz in der Nominalphrase **oder** Erfolg beim Verstehen von Richtungsanweisungen **oder** das Ergebnis im Sismik-Test bei Kindergartenkindern einer bestimmten Herkunft zu untersuchen.

Machbar zu sein bedeutet aber auch, dass alles, was man für die Untersuchung braucht, auch vorhanden oder zu beschaffen ist. Möchte man lexikalische Entscheidungstests durchführen (dies wird im Kapitel „Experimente" noch genauer erklärt), dann kann die Studie nur dann durchgeführt werden, wenn die Forscherin auch eine zuverlässige Möglichkeit hat, Reaktionszeiten zu messen. Möchte man Fehler analysieren, die deutschsprachige Lernende beim Schreiben arabischer Texte machen, muss man diese Fehler auch kompetent erkennen können (d.h. man muss entweder selbst fundierte Arabischkenntnisse oder Zugriff auf jemanden mit diesen Kenntnissen haben). Und ebenso braucht man eine Gruppe von Menschen (Versuchspersonen), die zur Forschungsfrage passen – möchte man den bilingualen Spracherwerb untersuchen, hilft es wenig, wenn man nur erwachsene Lernende kennt.

Kenntnis der bisherigen Forschung

Zudem muss die Studie informiert sein. Das bedeutet nichts anderes, als dass man sich – genau wie für eine Seminararbeit – vor der endgültigen Formulierung einer Forschungsfrage durch vertiefte Literaturrecherche über die vorliegenden Erkenntnisse zum Thema informiert, und zwar sowohl über den Gegenstand als auch über die mögliche Forschungsmethodik. Das hilft sowohl, das Projekt zu planen, als auch Fallen beim Untersuchungsaufbau zu vermeiden: Man lernt aus den Überlegungen anderer, vor allem, wenn dabei die einzelnen Schritte der Planung und Durchführung besprochen werden.

Auch muss man wissen, zu welchem Zweck die Daten erfasst werden sollen. Bereits vor der Datenerhebung muss man überlegen, welche Schlussfolgerungen man hinterher tatsächlich aus den Ergebnissen ziehen kann. Soll z.B. eine bestehende Hypothese oder Theorie überprüft werden, so wird man sich fragen, welche Vorhersagen diese Hypothese für bestimmte Situationen trifft. Dann kann man versuchen, diese Situationen zu beobachten oder sie künstlich zu schaffen, um zu überprüfen, ob sich die Wirklichkeit den Vorhersagen dieser Theorie entsprechend verhält.

Viele laienhaft angelegte empirische Untersuchungen sammeln Daten, die dann nicht interpretierbar sind. Man beobachtet z.B. bei Befragungen oft, dass Studierende Fragen stellen, ohne sich vorher genug überlegt zu haben, was die möglichen Antworten für ihre Untersuchung überhaupt bedeuten können („Ich sehe mal, was dabei herauskommt"). Den daraus resultierenden Problemen kann man entgehen, indem man, nachdem der Fragebogen oder das Interview konzipiert ist, systematisch untersucht, ob die zu erwartenden Antworten überhaupt für die Argumentation zu gebrauchen sind. Wenn man z.B. für eine Untersuchung zum Gebrauch der Vergangenheitstempora bei Katholiken und Nicht-Katholiken eine Operationalisierung (d.h. wie man das zu Untersuchende im Rahmen einer Untersuchung definiert, auf etwas Beobachtbares/Messbares hin konkretisiert und dieses Konstrukt dann misst) von „katholisch" als „Religionszugehörigkeit nach der Lohnsteuerkarte" bestimmt, dann sind Fragen wie „Gehen Sie regelmäßig in die Kirche?" oder „Was halten Sie vom Papst?" nicht relevant für die Untersuchung. Derartige Fragen hätten nur einen Sinn, wenn anzunehmen wäre, es spiele beim Gebrauch der Tempora eine Rolle, ob jemand das „Katholisch-Sein" mehr oder weniger intensiv praktiziert.

Operationalisierung

Replikationsstudien

Im Übrigen sind, vor allem für erste empirische Versuche, z.B. im Rahmen von Seminar-, Master- oder Examensarbeiten, Replikationsstudien sehr zu empfehlen (vgl. Porte 2002, 35). Replikationsstudien versuchen, die Ergebnisse aus anderen Studien zu bestätigen. Sie können sehr eng an die Vorgaben der ersten Studie angelehnt werden, indem sie z.B. dieselbe Untersuchungsfrage und dasselbe Untersuchungsdesign einsetzen, oder leicht unterschiedlich sein, indem sie z.B. mit einer unterschiedlichen Probandengruppe oder einer unterschiedlichen Zielsprache die gleiche Untersuchung durchführen. Wenn Sie eine Replikationsstudie durchführen, haben Sie die Gelegenheit, erstens den Forschungsprozess stark geleitet zu erleben und zu reflektieren, zweitens aber auch, die Ergebnisse aus anderen Untersuchungen zu hinterfragen (und zu bestätigen bzw. in Frage zu stellen).

Wir resümieren kurz, worüber man sich im Klaren sein muss, bevor man sich an den Aufbau einer Fragestellung begibt:

1. Was genau soll untersucht werden?
2. Ist es durch die Auswahl einer geeigneten Methode möglich, den Untersuchungsgegenstand tatsächlich zu erforschen?
3. Bin ich über die vorhergehende Forschung zum gleichen Untersuchungsgegenstand und über mögliche Methoden informiert?
4. Zu welchem Zweck wird die Studie durchgeführt?
5. Wie sollen die zu untersuchenden Variablen operationalisiert werden?

Hat man diese Vorfragen zufriedenstellend geklärt, ist der nächste Schritt, eine angemessene Fragestellung zu formulieren.

2.2 Was ist eine Forschungsfrage?

Eine quantitativ angelegte empirische Studie bestimmt eine (oder mehrere) Forschungsfrage(n) und stellt Hypothesen auf, die sich auf diese Fragestellung beziehen. Die formulierte Forschungsfrage verdeutlicht möglichst präzise, worum es in der Studie geht; sie entwickelt sich aus dem Forschungsinteresse und der Literaturrecherche und spiegelt häufig den theoretischen Rahmen wider, in dem die Studie eingebettet ist.

Nehmen wir an, wir interessieren uns für den Einfluss einer Sprachlernsoftware auf das Lernen des Unterschieds zwischen dem *present perfect tense* und dem *simple past tense* im Englischen. Angemessen ist eine Fragestellung, die das Forschungsinteresse möglichst klar darstellt, z.B. „Lernen Schüler, die – nach derselben Einführung in den Unterschied zwischen den beiden Tempusformen – dazu zwei Stunden Übungen mit dem Softwarelernprogramm X machen, besser als Schüler, die im gleichen Zeitraum dieselben oder sehr ähnliche Übungen im Arbeitsbuch lösen, und zwar gemessen an der Leistung bei einem Entscheidungstest mit diesen beiden Tempusformen?“ Diese Frage sagt uns, (1) was der Forschungsgegenstand ist (Vergleich zwischen dem Lernen am Rechner und dem Lernen mit einem Arbeitsbuch in einer Situation, in der möglichst nur das Lernmedium verschieden ist), (2) wie der Forschungsgegenstand operationalisiert wird (Lernen des Unterschieds zwischen *present perfect* und *simple past*), und (3) wie „Lernen“ operationalisiert wird (z.B. Ergebnis bei einem Test, in dem die

Schüler entscheiden müssen, ob die richtige Tempusform eingesetzt worden ist).[1] Problematisch dagegen wäre eine Fragestellung wie die folgende: „Lernen Schüler besser mit Hilfe eines Sprachlernprogramms?“, denn diese Frage sagt uns weder, was unter „Lernen“ verstanden wird, noch was die Schüler lernen sollen (man kann z.B. relativ sicher sein, dass ein Sprachlernprogramm weniger hilfreich ist, wenn man in der Fremdsprache streiten lernen möchte), noch wie das Lernen gemessen werden sollte.

Forschungsfragen können prinzipiell in drei Kategorien geteilt werden: deskriptiv, korrelativ oder kausal. Eine deskriptive Forschungsfrage interessiert sich für die Beschreibung einer Begebenheit, z.B.: „Wie häufig erhalten Grundschüler mit türkischem Migrationshintergrund eine Gymnasialempfehlung?“ Eine korrelative Fragestellung fragt, welche Variablen häufig zusammenkommen, z.B.: „Erhalten Grundschüler mit türkischem, russischem und italienischem Migrationshintergrund mit unterschiedlicher Häufigkeit eine Gymnasialempfehlung im Vergleich zu autochthonen Kindern?“ Eine kausale Fragestellung versucht dagegen, Gründe oder Auslöser für bestimmte Variablen nachzuweisen, z.B.: „Erhalten Grundschüler mit türkischem Migrationshintergrund häufiger eine Gymnasialempfehlung, wenn ihre Schulnoten und das Ergebnis in der DESI-Studie anonymisiert an eine externe Kommission gegeben werden?“ Welche Art von Frage Sie stellen, hängt vom Erkenntnisinteresse ab und beeinflusst die gestellten Hypothesen sowie das Untersuchungsdesign.

deskriptiv

korrelativ

kausal

2.3 Wie formuliere ich eine Hypothese?

Eine Hypothese ist ein Satz, der empirisch falsifizierbar ist. Empirische Forschung untersucht, ob eine bestimmte Hypothese der Überprüfung in der Realsituation standhält – es wird gefragt, ob die Ergebnisse die formulierte(n) Hypothese(n) unterstützen oder nicht. Somit kann eine Hypothese (zumindest vorerst) bestätigt oder verworfen werden.

falsifizierbar

Plant man, eine empirische Studie durchzuführen, hat man meistens eine Idee, was dabei als Ergebnis herauskommen könnte. Deswegen sind Hypothesen normalerweise direktional – das bedeutet, dass eine bestimmte Richtung vermutet wird. Hypothesen können auch nicht-direktional sein; in diesem Falle besagen sie einfach, dass eine Beziehung zu finden sein wird – aber nicht, was für eine. (Die Nullhypothese, die in anderen Wissenschaften wie z.B. der Psychologie häufig angewendet wird, besagt, dass es keine Beziehung zwischen den einzelnen untersuchten Faktoren in der Studie gibt. Da die Aufstellung einer Nullhypothese in der Sprachlehrforschung eher untypisch ist, wird sie hier nicht weiter behandelt.)

direktional

Nullhypothese

---

[1] Weitere Probleme – die Gruppen können vorher unterschiedlich viel gewusst haben, wir wissen nicht, was wirklich der Lernzuwachs ist, wenn der Test nicht vorher schon gemacht wurde, usw. – behandeln wir später in diesem Kapitel bei den Stör- und Kontrollfaktoren.

Die wichtigsten Kriterien für eine falsifizierbare Hypothese sind:[2]

1. Eine Hypothese ist eine Aussage, die Allgemeingültigkeit anstrebt – das heißt, sie geht über den Einzelfall hinaus. Bei der Fragestellung in 2.2 könnte die Hypothese lauten: „Schüler, die mit der Sprachlernsoftware üben, erzielen bessere Ergebnisse als Schüler, die nur mit dem Arbeitsbuch üben." Hier sehen wir auch gleich die vermutete Richtung, wir sagen also für eine der beiden Möglichkeiten des Übens voraus, dass sie bessere Ergebnisse haben wird. In unserer Untersuchung werden wir natürlich nicht sämtliche Schüler, die es gibt, untersuchen; trotzdem soll die Hypothese nicht nur für die Schüler gelten, die an unserer Untersuchung teilgenommen haben.
2. Die Konstrukte werden (wenn auch meist implizit) durch den logischen Operator „wenn-dann" (bzw. „je-desto") verbunden. Also in unserem Fall, **wenn** ein Schüler am Computer übt, **dann** lernt er besser (als wenn er mit einem Buch übt).
3. Die Aussage ist potenziell falsifizierbar – es muss möglich sein, zu beweisen, dass die Hypothese nicht gilt. Es ist durchaus denkbar, dass unsere Untersuchung entweder keinen Vorteil für Schüler, die mit der Lernsoftware geübt haben, ergibt (also beide Gruppen im Test gleich gut sind) oder dass es einen Vorteil für die zweite Gruppe (Kontrollgruppe) gibt. In beiden Fällen wäre die Hypothese zu verwerfen.

Übrigens sollen Hypothesen natürlich auch eine sinnvolle Fragestellung betreffen und theoretisch hergeleitet (d.h. nicht nur auf persönlicher Erfahrung beruhend) sein. Eine Hypothese wie „Studenten, die Deutsch als Erstsprache sprechen, machen im Deutschen weniger Genusfehler als Studenten, die Englisch als Erstsprache sprechen" wird höchstwahrscheinlich bestätigt – sie ist aber ziemlich uninteressant.

Beispiel

Versuchen wir es jetzt mit einem etwas problematischeren Beispiel. Man könnte die Hypothese aufstellen: „Katholische Deutschsprachige gebrauchen bei der Bezeichnung von Vergangenem das Perfekt, andere Deutschsprachige nicht." Die Hypothese versucht, eine Aussage über katholische Deutschsprachige im Allgemeinen zu machen – also nicht nur solche, die z.B. in Mainz leben, – sowie über alle weiteren Deutschsprachigen. In unserer Hypothese gilt aber implizit auch eine Universal-Aussage, d.h. ein einziger Katholik, der das Präteritum oder das Plusquamperfekt statt des Perfekts gebrauchen würde, würde unsere Hypothese schon widerlegen. Ebenfalls wäre die Hypothese bereits mit dem Nachweis falsifiziert, dass eine einzige nicht-katholische Person einmal das Perfekt benutzt hat.

Eine realistischere Hypothese wäre dagegen: „Katholische Deutschsprachige gebrauchen das Perfekt häufiger als nicht-katholische." Die Hypothese besagt also, dass wenn ein Sprecher katholisch ist, dann gebraucht er das Perfekt bei der Bezeichnung von Vergangenem häufiger, als wenn er nicht ka-

2 Die folgende Darstellung lehnt sich an die Ausführungen in Bortz/Döring 1995, 7 an.

tholisch ist. Die Hypothese könnte jetzt durch einen statistischen Befund bestätigt werden, nämlich durch den, dass man, wenn man eine hinreichend große Gruppe von katholischen und von nicht-katholischen Sprechern des Deutschen untersucht, bei den katholischen Sprechern, bezogen auf die Gesamtverteilung der Vergangenheitstempora, prozentual mehr Perfekt findet als bei den nicht-katholischen. Die Hypothese wäre falsifiziert bzw. widerlegt, wenn sich kein im statistischen Sinne signifikanter Unterschied (d.h. kein Unterschied, der groß genug ist, um den Zufall mit ausreichender Sicherheit als Ursache auszuschließen) in der Häufigkeit des Perfektgebrauchs aufzeigen lässt. Eine Falsifizierung der aufgestellten Hypothese heißt noch nicht, dass das Gegenteil bewiesen wäre (also dass Katholiken das Perfekt weniger gebrauchen als andere Sprecher des Deutschen), es heißt nur, dass unsere Daten keine Unterstützung für die Annahme liefern, Katholiken gebrauchten mehr Perfekt als Nicht-Katholiken.

Statistische Signifikanz

Eine gute Hypothese ist also eine Aussage, die sich direkt auf die Forschungsfrage bezieht, die falsifizierbar ist, die Beziehungen zwischen den untersuchten Faktoren darstellt, die Konstrukte verwendet, die man operationalisieren (bestimmen und beobachten) kann, und die durch die gesichtete Literatur unterstützt wird (oder für die es zumindest eine gute Erklärung gibt, warum sie bestimmte Ergebnisse vorhersagt).

2.4 Gütekriterien für empirische Untersuchungen

Bei jeder empirischen Untersuchung entstehen einige naheliegende grundsätzliche Fragen, die bei der Planung beachtet werden müssen und die wir anhand von drei Beispielen erläutern wollen.[3]

Angenommen, wir wollen die Übersetzungsfertigkeit von Studenten messen und haben dazu einen Text von 200 Wörtern ausgesucht, der in die Fremdsprache übersetzt werden sollte. Manche Studenten haben eine gute Übersetzung geschrieben, manche eine mittelmäßige oder schlechte. Wissen wir auf Grund dieser Übersetzungen dann, ob diese Studenten gut oder schlecht übersetzen können? Oder könnte es sein, dass wir ganz andere Resultate bekommen hätten, wenn wir einen anderen Text ausgesucht hätten, einen Text über ein anderes Thema, einen viel längeren Text oder einfach eine Liste von Wörtern?

Und angenommen, wir hätten diesen Text von einer von drei Gruppen Erstsemester-Studenten der Anglistik übersetzen lassen, können wir dann anhand der Resultate dieser Übersetzungen etwas über das zu erwartende Übersetzungsfertigkeitsniveau der anderen beiden Gruppen aussagen? Oder über die Fähigkeiten von Erstsemestern allgemein im Übersetzen?

[3] Für die qualitative Forschung gelten andere Gütekriterien, auf die wir hier nicht eingehen; wenn Sie sich weiter informieren möchten, verweisen wir auf Steinke 1999.

Oder nehmen wir an, wir lassen eine Dozentin Essays beurteilen, die Studenten in einem Kurs „Schriftlicher Ausdruck“ geschrieben haben. Wie sicher können wir sein, dass die Kriterien, die die Dozentin benutzt, gut und konsistent sind? Würde eine andere Dozentin dieselben Noten vergeben? Und können wir, wenn ein Student eine gute Note für diesen Essay bekommen hat, annehmen, dass er sich gut schriftlich ausdrücken kann?

Beispiel

Um ein ausführliches Beispiel zu geben: Wir wollen herausfinden, wie Wörter in unserem mentalen Lexikon zusammenhängen, ob Wörter, die in bestimmten Kontexten häufig zusammen vorkommen, auch im Gehirn so repräsentiert sind, dass sie einander aktivieren. Wir betrachten Wörter aus demselben Script wie *Arzt*, *Krankenschwester*, *Krankenhaus* oder wie *Schlüssel* und *abschließen*, oder wir betrachten Wörter aus demselben Wortfeld wie *hell* und *dunkel* oder *Vogel* und *Spatz*. Um das zu untersuchen, haben wir ein sog. „lexikalisches Entscheidungsexperiment“ entwickelt, in dem Wortpaare auf einem Computerbildschirm präsentiert werden, wobei das zweite „Wort“ manchmal nur eine Buchstabenfolge ohne Bedeutung (ein Pseudowort) ist. Unter den Wörtern gibt es dann solche, die eine Beziehung zum ersten Wort des Wortpaares haben, und solche, die keine von den o.a. Beziehungen aufweisen. Das erste Wort wird kurz auf dem Computerbildschirm gezeigt und direkt danach das zweite. Die Versuchsteilnehmer (Studenten) müssen auf einen roten Knopf drücken, wenn das zweite kein Wort ist, und auf einen grünen, wenn es ein Wort ist. Dabei interessiert uns nur, wie sie auf tatsächliche Wörter reagieren. Wir messen die Reaktionszeit von der Präsentation des zweiten Wortes bis zum Drücken des Knopfes. Wir erwarten, dass die Reaktionszeit kürzer ist, wenn das präsentierte Wortpaar *Schlüssel – Tür* ist, als wenn das präsentierte Wortpaar *Schlüssel – Zug* ist.

praktische Fragen

Dabei kommen Fragen auf wie:

- Wie viele Wortpaare brauchen wir eigentlich, um ein einigermaßen zuverlässiges Ergebnis zu bekommen? Reichen fünf? Oder zehn? Oder brauchen wir erheblich mehr?
- Wenn wir Unterschiede in der Reaktionszeit finden, was können wir dadurch genau über unsere Fragestellung aussagen?
- Angenommen, die Reaktionszeit war tatsächlich kürzer, wenn es eine – wie auch immer geartete – Beziehung zwischen den beiden Wörtern des Wortpaares gab. Können wir dann sicher sein, dass die daraus gezogenen Schlüsse nicht nur für unsere kleine Gruppe von Versuchsteilnehmern gelten, sondern für alle Deutschsprachigen?
- Können wir sicher sein, dass die verwendeten Paare von Wörtern hinreichend ähnlich sind oder müssen wir befürchten, dass wir ganz verschiedene Arten/Grade von Beziehungen vermischen?
- Können wir sicher sein, dass die Auswertung der Ergebnisse nicht durch andere Faktoren (wie z.B. das Verhalten der Versuchsleiterin) beeinflusst wurde, weder während des Experiments noch bei der Interpretation der Daten?

Die oben gestellten Fragen beziehen sich unter anderem auf die Reliabilität, die Validität und die Objektivität der jeweiligen Untersuchung. Diese Gütekriterien behandeln wir zwar wie üblich getrennt, sie greifen aber häufig ineinander.

2.4.1 Zuverlässigkeit (Verlässlichkeit, Reliabilität)

Die Begriffe „Zuverlässigkeit", „Verlässlichkeit" und „Reliabilität" werden synonym gebraucht; sie bezeichnen dasselbe, und zwar, ob das Messverfahren das, was gemessen werden soll, exakt erfasst und ob die Daten, die damit gewonnen wurden, zuverlässig ausgewertet sind. Als verlässlich gilt eine Erhebung (und das bei dieser Erhebung benutzte Instrument) also dann, wenn die Messung genau ist.

In der Linguistik und Sprachlehrforschung sind v.a. zwei Arten von Zuverlässigkeit von Interesse: Bewerterzuverlässigkeit und Testzuverlässigkeit.

Bewerterzuverlässigkeit

In unserem Beispiel von oben zur Beurteilung des schriftlichen Ausdrucks in Essays kann es schwierig sein, die Bewerterzuverlässigkeit (engl. *rater reliability*) zu garantieren. Um Inter-Bewerterzuverlässigkeit zu bestimmen, müssten wir mindestens zwei Dozentinnen – unabhängig voneinander – die geschriebenen Texte bewerten lassen und die Ergebnisse dann miteinander vergleichen. Andererseits ist es auch wichtig, zu bestimmen, ob die Dozentinnen selbst die Ergebnisse konsistent bewerten (dass sie z.B. nicht je nach Müdigkeit ähnliche Texte sehr unterschiedlich bewerten); das ist dann Intra-Bewerterzuverlässigkeit. Bei Testverfahren, bei denen das Messinstrument sehr wenig Spielraum lässt, also strikte Vorgaben macht, wird die Bewerterzuverlässigkeit tendenziell höher sein (so z.B. bei unserem lexikalischen Entscheidungsexperiment). Bei Testverfahren, die subjektive Entscheidungen zulassen (wenn z.B. die Qualität bei „Schriftlicher Ausdruck" nicht ganz genau definiert wird), wird die Bewerterzuverlässigkeit niedriger sein. Deswegen ist es bei solchen Verfahren sehr wichtig, mindestens zwei unabhängige, kompetente Auswertungen der Ergebnisse machen zu lassen. Ebenso wichtig ist es sicherzustellen, dass Erwartungshaltungen seitens der Versuchsleiterin nicht dazu beitragen, dass Daten unterschiedlich bewertet werden. Daher ist es auch häufig sinnvoll, dass die Bewerterinnen die erwarteten Ergebnisse nicht vor der Datenauswertung kennen.

Testzuverlässigkeit

Die Testzuverlässigkeit dagegen versichert, dass das Testverfahren konsistent ist. Zur Ermittlung dieser gibt es im Prinzip drei Verfahren:

Testwiederholung: Unter gleichen Bedingungen sollten dieselben Ergebnisse erzielt werden. Bei einfachen Messverfahren ist dies einfach: Die Länge meines Tisches sollte dieselbe sein, wenn ich sie zweimal nacheinander mit demselben oder einem anderen Zollstock messe. Bei Untersuchungen in der Sprachlehrforschung ist es nicht mehr so einfach. So kann man – nach einer gewissen Zeit, damit sich die Versuchsteilnehmer nicht mehr daran erinnern – einfach denselben Test mit denselben Teilnehmern noch einmal machen.

Dabei sieht man, ob das Ergebnis der zweiten Durchführung des Tests mit der ersten übereinstimmt. Dieses Verfahren kann man bei Grammatikalitätsurteilen durchaus anwenden, bei den meisten Instrumenten (u.a. Sprachtests, Lese- oder Schreibaufgaben etc.) funktioniert es aber nicht, weil die Lerner in der Zwischenzeit – oder durch den ersten Test selbst – Lernfortschritte gemacht haben können, weil sie sich an den Test erinnern (das gilt insbesondere für Kinder, die sich manchmal überraschend lange z.B. an gelesene oder erzählte Geschichten oder an sonstige Testaufgaben erinnern können), oder weil sie wenig motiviert sind, denselben Test noch einmal durchzuführen.

Paralleltest: Man untersucht dieselben Versuchsteilnehmer ohne nennenswerten zeitlichen Abstand mit einer zweiten Version des Tests, den man eingesetzt hat. Das erfordert allerdings, dass die beiden eingesetzten Tests wirklich äquivalent sind. Zudem lässt sich das Verfahren nicht anwenden, wenn ein Lerneffekt durch das Bearbeiten des ersten Tests eintritt.

Interne Konsistenzprüfung: Wenn man die Versuchsteilnehmer nicht zweimal testen kann, kann man die Konsistenz innerhalb eines Tests überprüfen. Das Einfachste ist, man macht eine Testhalbierung (engl. *split-half*). Man unterteilt dazu die Ergebnisse des Tests in zwei Hälften – zum Beispiel alle geraden und alle ungeraden Fragen – und überprüft mit statistischen Verfahren (durch eine Berechnung der Korrelation zwischen den zwei Hälften), ob diese zwei Hälften wesentlich verschiedene Ergebnisse haben. Wenn das so ist, gilt der Test als inkonsistent und damit wenig verlässlich.

Wenn die Zuverlässigkeit überprüft wird, werden diese Ergebnisse meist in dem Kapitel, in dem man seine verwendete Methodik darstellt, anhand eines Korrelationskoeffizienten präsentiert (wie man den berechnet, behandeln wir in Kapitel 9 genauer).

2.4.2 Objektivität

Objektivität

Die Objektivität bezieht sich darauf, ob die Erhebung, Auswertung und Interpretation der Ergebnisse durch die Forscherin beeinflusst wurden. Es soll möglichst gesichert werden, dass Daten, die von der Forscherin notiert und ausgewertet werden, auch richtig erhoben wurden, ohne dass eine (subjektive) Interpretation einfließt. Je stärker die Auswertung nach einem fest vorgeschriebenen Schema verläuft, umso geringer ist die Gefahr von subjektiven Einflüssen. Das Messen von Reaktionszeiten durch den Computer beim o.a. lexikalischen Entscheidungsexperiment ist objektiver als die Beurteilung der Qualität von Schulaufsätzen durch Lehrpersonen. Objektivität und Zuverlässigkeit sind beide für die Herstellung von Gültigkeit notwendig, reichen aber hierfür nicht aus. Daher gehen wir jetzt zur Problematik der Gültigkeit über.

2.4.3 Gültigkeit (Validität)

Gültigkeit/Validität

Mit „Gültigkeit“ oder „Validität“ bezeichnet man, inwiefern das Messverfahren das misst, was es zu messen vorgibt. Wir kennen alle ironische Sprüche wie „Ich weiß zwar nicht genau, was ich messe, aber das messe ich ganz genau“. Die Validität einer Untersuchung ergibt sich also daraus, ob tatsächlich das erhoben, erfragt oder beobachtet und gemessen wird, was untersucht werden soll. Nicht nur das Messinstrument selbst (also z.B. der benutzte Fragebogen oder der benutzte Test), sondern das gesamte Untersuchungsdesign muss bei einer Prüfung der Gültigkeit kontrolliert werden, denn Fehler können auch in anderen Punkten liegen, etwa einer fehlerhaften Auswahl der Befragten oder der Verwendung von Begriffen, die von verschiedenen Personenkreisen unterschiedlich gebraucht werden, u.a.m.

Es gibt unterschiedliche Arten der Gültigkeit, wobei in der Sprachlehr- und -lernforschung vor allem interne und externe Validität von Belang sind. Deswegen gehen wir jetzt auf beide ein.

interne Validität

Die interne Validität bezieht sich darauf, inwiefern die Ergebnisse das abbilden, was sie abbilden sollen – und ob sie von weiteren Faktoren (Störfaktoren) beeinflusst worden sind. So ist es z.B. wichtig zu wissen, dass die Versuchspersonen, die wir testen, zur anvisierten Gruppe gehören. Will man untersuchen, unter welchen Bedingungen Sätze wie *Ich gehe gern ins Freibad, weil da sind die Leute so nett* für Muttersprachler akzeptabel sind, dann ist es schlecht, wenn sich unter den befragten Personen auch Nicht-Erstsprachler oder Bilinguale befinden (oder wenn viele Dialektsprecher dabei sind usw.). Ebenso kann bei wiederholten Messverfahren (s. u.a. Kapitel 10.1.2) die interne Validität beeinträchtigt werden, wenn viele Versuchspersonen bei den weiteren Messungen nicht mehr dabei sind – z.B. weil sie weggezogen sind, oder weil sie nicht mehr an der Studie teilnehmen wollen. Außerdem können Probleme entstehen, wenn ein Testverfahren sehr lang ist (Ermüdung führt meist zu schlechteren Ergebnissen, ebenso Langeweile) oder wenn die Versuchspersonen wissen, was die Forscherin von ihnen erwartet, und versuchen, sich so zu verhalten (das kann vor allem bei Befragungen problematisch werden). Schließlich kann interne Validität durch äußere Faktoren gestört werden, z.B. durch Lärm im Versuchsraum, der die Konzentration der Versuchsteilnehmer beeinträchtigt.

externe Validität

Mit externer Validität oder Geltungsbereich ist gemeint, unter welchen Gegebenheiten die Ergebnisse einer Untersuchung für bestimmte Untersuchungsobjekte gelten – über die Studie hinaus. Der Geltungsbereich bei sprachwissenschaftlichen Untersuchungen ist häufig einer der am ehesten angreifbaren Punkte. Sehr häufig wird recht naiv davon ausgegangen, dass Daten, die vor zwanzig Jahren oder vor noch längerer Zeit erhoben wurden, immer noch Aussagen über die heutige Sprache erlauben. Ebenso naiv wird oft angenommen, dass Daten, die in einer bestimmten Region erhoben worden sind, Aussagen über die Landessprache insgesamt erlauben.

Wir müssen also genau überlegen, wofür die erhobenen Daten überhaupt repräsentativ sein können. Dabei spielen nicht nur zeitliche und örtliche Gegebenheiten eine Rolle, sondern natürlich auch die ausgewählten Versuchspersonen. Das, was in der Psycholinguistik und Sprachpsychologie mangels anderer Möglichkeiten oft gemacht wird, nämlich aus Experimenten mit Psychologie- und Linguistikstudierenden Rückschlüsse zu ziehen auf die Sprecher der deutschen Sprache allgemein, berücksichtigt nicht, dass diese Studierenden natürlich eine besondere soziale Gruppe sind, und zwar sowohl vom Alter als auch vom sozialen Status, möglicherweise sogar auch von bestimmten Wertvorstellungen und Einstellungen zur Sprache her. Dies kann in Teilbereichen auch ein besonderes Sprachverhalten hervorrufen.

Auch die Sprachlehrforschung hat mit diesem Problem zu kämpfen. Es ist nicht einfach, sämtliche Schultypen, Unterrichtsformen usw. in die Untersuchung einzubeziehen, jedoch möglicherweise für die Gültigkeit wichtig. Und Daten, die vor Jahren erhoben wurden, werden nicht immer die heutigen Sprachlernsituationen korrekt abbilden.

Um die Gültigkeit eines Messverfahrens zu überprüfen, ist eine Reihe von unterschiedlichen Vorgehensweisen möglich; die beste Methode ist nach wie vor, möglichen Gefahren für die Gültigkeit vorzubeugen (wie man das macht, besprechen wir weiter unten im Teilkapitel 2.6).

Augenschein-Validität

1. Augenschein-Validität bezieht sich ganz einfach darauf, ob Tester und Getesteter meinen, dass der Test „richtig" aussieht (Plausibilitätskontrolle). Er könnte z.B. nicht richtig aussehen, wenn er zu kurz ist. Zwar können sich Lehrende sehr schnell eine gute Einschätzung davon verschaffen, wie die Aussprache eines Schülers ist, nachdem sie eine Minute mit ihm geredet haben, und diese Einschätzung würde sich auch nicht nach einem 20 Minuten dauernden Aussprachetest ändern. Es gäbe also keinen Grund, einen 20-Minuten-Test durchzuführen; eine Minute würde reichen. Allerdings kann es gut sein, dass der Schüler nicht glauben würde, dass die Lehrperson ein gut begründetes Urteil auf Grund einer einminütigen Prüfung fällen kann, und daher würde ein so kurzer Aussprachetest für ihn keine Augenschein-Validität aufweisen.

Übereinstimmungs-Validität

2. Die Messung der Übereinstimmungs-Validität ist darauf angewiesen, dass bereits andere Daten vorliegen. Sie vergleicht die in der Untersuchung gewonnenen Daten mit Daten, von denen man annimmt, dass sie mit dem zu messenden Merkmal eng zusammenhängen. Man nimmt an, dass das eigene Erhebungsinstrument dann valide ist, wenn die damit erhobenen Daten annähernd mit bereits vorliegenden Daten übereinstimmen. Ein Beispiel: Bei Sprachstandserhebungsverfahren für Deutsch als Zweitsprache könnte man überprüfen, ob zwei oder drei unterschiedliche Testverfahren zu ähnlichen Ergebnissen kommen, oder ob die Ergebnisse eines von der Forscherin neu erstellten Verfahrens mit Ergebnissen eines bereits breit eingesetzten und überprüften Verfahrens übereinstimmen.

inhaltliche Validität

3. Inhaltliche Validität bezieht sich darauf, ob das Material, das in einem Test verwendet wird, eine repräsentative Auswahl dessen ist, was getestet

werden muss, bei Tests in der Schule also z.B. von dem, was bereits gelernt oder gelehrt wurde. Hier soll auch darauf geachtet werden, dass das zu untersuchende Phänomen in seiner Gesamtheit getestet wird. Will man wissen, ob Englisch lernende deutsche Schüler die Formen des *present perfect* beherrschen, muss man Testitems aufnehmen, die sowohl regelmäßig (wie *[have] talked, studied, traveled*) als auch unregelmäßig (wie *[have] swum, run, gone*) gebildet werden.

4. Die Konstrukt-Validität wird angewendet, wenn kein „greifbareres" Kriterium vorhanden ist. Es handelt sich um das Aufzeigen, dass das Erhebungsinstrument tatsächlich eine angemessene Operationalisierung des zu Untersuchenden darstellt. Man muss bei diesem Vorgehen so deutlich wie möglich darlegen, dass das erfasst ist, was gemessen werden soll. Man sollte jedoch überprüfen, ob andere Möglichkeiten der Messung der Validität bestehen, denn ein solcher Beweis ist nicht nur schwierig zu führen, es ist auch naheliegend, dass man bessere Operationalisierungsmöglichkeiten bei der Planung und bei der Validitätsprüfung übersehen hat.

Konstrukt-Validität

2.4.4 Warum kann es schwierig sein, Gütekriterien zu erfüllen?

In der Sprachlehrforschung haben wir es mit sehr unterschiedlichen Situationen und vor allem sehr vielen unterschiedlichen Faktoren (die individuellen Faktoren der Versuchspersonen, unterschiedliche Lernkontexte u.a.m.) zu tun, die Einfluss auf die Gütekriterien ausüben können. Auch bei einem umsichtig angelegten Untersuchungsverfahren kann die Validität durch störende Einflüsse beeinträchtigt werden. Wichtig ist, vermeidbare Störfaktoren möglichst zu vermeiden (s.u.), und sich über weitere, nicht vermeidbare, Störfaktoren bewusst zu sein und diese dann im Forschungsbericht zu erwähnen.

2.5 Wie komme ich zu einem Forschungsplan?

Entwicklung des Forschungsplans

Wenn man sich gründlich in sein Themengebiet eingelesen hat, kann es gut sein, dass man feststellt, dass eine enorme Anzahl von Faktoren eine Rolle spielen könnte. Diese alle zu untersuchen ist aber eventuell gar nicht in der zur Verfügung stehenden Zeit möglich. Dieses Problem ergibt sich sehr häufig bei Master- oder Examensarbeiten. Man muss also seinen Forschungsplan so aufbauen, dass er immer noch eine sinnvolle Fragestellung beantwortet, aber doch in der Zeit zu bewältigen ist, die zur Verfügung steht.

Als Forschungsanfänger kann man häufig nicht genau einschätzen, was im Bereich des Möglichen liegt. Vieles kann man mit gesundem Menschenverstand sowie Austausch unter Kommilitonen oder Kollegen beurteilen, zum Beispiel, ob man eine sinnvolle Fragestellung und eine passende Hypothese dazu gefunden hat, ob die benötigten Materialien (und Versuchspersonen) zur Verfügung stehen, oder ob Störfaktoren (s.u.) einen Einfluss auf die Ergebnisse haben könnten. Wie viel Zeit man für die Erhebung und die Auswertung von Daten braucht, unterschätzt man am Anfang jedoch oft. Daher ist es sinnvoll, zuerst eine Skizze der Studie aufzustellen (mit Untersuchungsgegenstand, Forschungsfrage, Hypothesen, Überlegungen zu den Gütekriterien, Methode, Versuchspersonen und Zeitrahmen) und dann mit einer erfahrenen Forscherin darüber zu sprechen.

2.5.1 Eine passende Forschungsmethode finden

Methode

Nachdem man einen Forschungsgegenstand bestimmt, eine Fragestellung formuliert und eine sich darauf beziehende und durch die Literatur untermauerte Hypothese verfasst hat, ist der nächste Schritt die Überlegung, wie das zu Untersuchende erfasst werden soll. Damit ist die Wahl der Methode gemeint. Abhängig von der Art der Fragestellung muss das richtige Instrument zur Datenerhebung gewählt werden. Grundsätzlich können Daten über Beobachtung, Befragung oder durch ein Experiment gewonnen werden. Untersucht man z.B. Fehlerkorrekturen im Fremdsprachenunterricht, so kann man die Frage, welche Arten von Fehlerkorrektur überhaupt vorkommen, kaum anders als durch Beobachtung klären, keine Lehrperson wird ihr Verhalten so genau beschreiben können, dass man tatsächlich alle Arten der Fehlerkorrektur erfahren würde, die diese Lehrperson anwendet. Die Zufriedenheit der Schüler mit bestimmten Arten der Korrektur kann man über eine Befragung erheben und eine Erfolgsmessung verschiedener Korrekturverfahren gelingt am exaktesten in einem Experiment, in dem man möglichst viele störende Einflussfaktoren ausschließen kann.

Triangulierung

Da die Wahl der Methodik sehr wichtig ist, gehen wir nicht hier weiter darauf ein, sondern behandeln die häufigsten Datenerhebungsmethoden – Beobachtung, Befragung, Korpusanalyse und häufige experimentelle Methoden – ausführlich bei „Schritt 2" in den Kapiteln 3-5.

Wie bereits im ersten Kapitel angesprochen, ist es oft hilfreich, eine Forschungsfrage aus unterschiedlichen Perspektiven zu beleuchten. Dies ist seltener in kleineren Arbeiten wie Seminar- oder Bachelorarbeiten sinnvoll oder notwendig, aber in größeren Arbeiten kann eine sogenannte Triangulierung zu erhöhter Zuverlässigkeit oder erhöhter Validität führen. Wir gehen hier kurz auf die unterschiedlichen Arten der Triangulierung ein, empfehlen aber eine grundlegendere Auseinandersetzung damit, wenn Sie sich für diese Möglichkeit entscheiden (gute Hinweise hierzu finden Sie u.a. in Flick 2011). Auf die Theorientriangulierung verzichten wir in dieser Darstellung, da sie erstens insgesamt seltener, zweitens für studentische Arbeiten weniger relevant ist.

Forschertriangulierung

Bei der Forschertriangulierung handelt es sich um eine Möglichkeit, die Bewerterzuverlässigkeit (s. S. 29) zu erhöhen. Hier geht es darum, dass mindestens zwei geschulte Personen die Daten erheben, vorbereiten und/oder auswerten. Vorteilhaft ist dies immer bei Forschungsdesigns, in denen mehr als ein (objektives) Ergebnis denkbar ist, wenn Sie z.B. die Grammatikalität von bestimmten Lerneräußerungen überprüfen möchten.

Datentriangulierung

Bei der Datentriangulierung handelt es sich dagegen um eine Möglichkeit, die Testzuverlässigkeit sowie die Validität der Ergebnisse zu überprüfen. Daten können von denselben Versuchspersonen zu unterschiedlichen Zeitpunkten (z.B. Montagmorgen vs. Mittwochnachmittag) erhoben werden, um zu kontrollieren, ob der ausgewählte Test verlässlich zu ähnlichen Ergebnissen führt. Oder sie können von unterschiedlichen Versuchspersonen in ähnlichen Situationen an unterschiedlichen Orten (z.B. Untersuchung von Grundschülern der 2. Klasse in Bayern, Bremen und Baden-Württemberg) erhoben werden, um zu vermeiden, dass Ergebnisse nur für eine bestimmte Gruppe gültig sind (externe Validität).

Methodentriangulierung

Wenn heutzutage von „Triangulation" gesprochen wird, handelt es sich meistens um die Methodentriangulierung. Hier geht es darum, unterschiedliche Forschungsmethoden heranzuziehen, um die Gültigkeit der Messverfahren zu überprüfen. Will man z.B. herausfinden, ob bestimmte DaZ-Lernende den Dativ beherrschen, kann man sowohl ein Beobachtungsverfahren (wie Audioaufnahmen von spontanen Gesprächen) einsetzen als auch versuchen, durch Lückentests die Verwendung des Dativs zu elizitieren. Möglicherweise kommt man dann zu einem anderen Ergebnis, als man mit nur der einen oder anderen Methode erreicht hätte.

Bei all diesen Möglichkeiten ist es sehr wichtig, genau zu überlegen, inwiefern die unterschiedlichen Perspektiven zur Beantwortung der Forschungsfrage beitragen. Es hat nur Sinn, Forscher-, Daten- oder Methodentriangulation in die Studie einzubeziehen, wenn die Studie (und somit auch das weitere Forschungsfeld) davon profitieren wird. Es geht somit immer darum, dieselbe Forschungsfrage aus unterschiedlichen Perspektiven zu beleuchten, um die Interpretation der Ergebnisse zu stärken – und wenn dies nicht geleistet wird, ist die Triangulation auch nicht empfehlenswert.

2.5.2 Das passende Design auswählen

Als Teil der Forschungsmethode ist das Festlegen eines Untersuchungsdesigns ein wichtiger Schritt. Untersuchungsdesigns sind, wie im ersten Kapitel besprochen, prinzipiell experimentell oder nicht-experimentell; welche Methode(n) dann ausgewählt wird (werden), hängt vom Erkenntnisinteresse und der Reichweite der Studie ab.

Alle Untersuchungsdesigns unterscheiden sich zunächst in Bezug auf zwei Charakteristika: für welchen Zeitraum die Untersuchung angelegt ist (also die Dauer der Datenerhebungsphase) und wie groß die zu untersuchende Gruppe ist (also ob nur eine oder mehrere Versuchspersonen involviert sein sollen). Die Festlegung dieser Untersuchungsmerkmale hat eine Auswirkung auf mehrere wichtige Faktoren, u.a. die Durchführbarkeit der Studie, aber auch die Art der statistischen Verfahren, die Sie später zur Analyse der Daten heranziehen. Wenn Sie sich z.B. dafür interessieren, welche syntaktischen Fehler am häufigsten in Abiturprüfungen für Englisch gemacht werden, werden Sie nicht von denselben Schülern wiederholt Daten aufnehmen (die Sichtung einer Abiturprüfung pro Schüler reicht), dafür aber mehrere Schüler untersuchen. Wenn Sie sich hingegen dafür interessieren, ob der Erwerb bestimmter syntaktischer Strukturen im Englischen schneller durch eine bestimmte Lehrmethode erfolgt, werden Sie mehrere Erhebungszeiten in Ihrer Studie einplanen; wie groß die zu untersuchende Gruppe ist, hängt vom Ziel der Studie ab.

Querschnittstudie

In Bezug auf den Faktor *Untersuchungszeitraum* kann ein Untersuchungsdesign als Querschnitt oder longitudinal ausgelegt sein. Eine Querschnittuntersuchung erhebt Daten zu einem einzigen Zeitpunkt. Dies ist z.B. bei der zentralen Abiturprüfung oder einer Sprachstandserhebung der Fall. Meistens (aber nicht immer) handelt es sich dabei um Erhebungen bei größeren Gruppen. Solche Designs sind vergleichsweise schnell und ökonomisch durchzuführen und einfacher zu wiederholen, z.B. in einer Replikationsstudie. Allerdings können sie keine Aussagen zu Änderungen über die Zeit (z.B. Lernerfolg, Lerneffekte) machen, können nur schwer Kausalitätsbeziehungen überprüfen (also ob eine Variable einen Einfluss auf eine zweite Variable hat) und übersehen oft individuelle Unterschiede. In der Spracherwerbs- und Sprachlehrforschung werden deswegen oft bevorzugt Longitudinalstudien eingesetzt. Hierdurch können Änderungen im Laufe der Zeit verfolgt werden, da Daten – meistens von denselben Versuchspersonen (*panel study*) – zu mehreren Zeitpunkten erhoben werden. Dies ist besonders wichtig, wenn man Änderungen auf Grund von Älterwerden (z.B. zu welchen Zeiten bilinguale Kinder bestimmte Strukturen erwerben) oder Interventionen (z.B. ob Lernende, die einer spezifischen Lehrmethode ausgesetzt werden, sich eher verbessern als Lernende, die eine andere Lehrmethode erhalten). Ebenfalls möglich sind hier Trendstudien (unterschiedliche Gruppen werden zu unterschiedlichen Zeiten untersucht, z.B. bei Meinungsumfragen) oder Kohortenstudien, in denen zwar nicht genau dieselben Versuchspersonen, jedoch dieselben Kohorten mehrfach untersucht werden (z.B. bei einem Vergleich der Ergebnisse bei PISA 2000, 2004, 2008 und 2012; es werden nicht immer dieselben 15-Jährigen untersucht, dafür immer 15-Jährige).[4] Auch Longitudinalstudien haben Vor- und Nachteile, die vorsichtig abgewogen werden müssen. Sie können damit Änderungen im Laufe der Zeit offenlegen und unterschiedliche Methoden heranziehen, aber die Studien dauern naturgemäß länger als Querschnittsuntersuchungen und sind somit für Seminar-, Bachelor- oder Masterarbeiten oft nicht realisierbar. Außerdem verliert man meist im Laufe der Untersuchung aus unterschiedlichen Gründen Versuchspersonen. Und

Longitudinalstudie

[4] Bei gemischten Verfahren wird eine Kohortenstudie überlappend longitudinal angelegt, um Änderungen in Gruppen nachzugehen, ohne die Versuchspersonen z.B. mehrere Jahre hintereinander zu untersuchen. Das funktioniert dann so, dass der Zeitpunkt für die Enderhebung bei einer Gruppe immer *nach* dem Zeitpunkt für die Starterhebung der nächsten Gruppe liegt (Gruppe A wird in Lernmonaten 0-6 untersucht, Gruppe B in Lernmonaten 3-9, Gruppe C in Lernmonaten 6-12 etc.).

schließlich treten Übungseffekte auf: Wer schon fünfmal eine Aufgabe gelöst hat, kennt sich schlichtweg nach dem vierten Mal besser damit aus als am Anfang.

Fallstudie

In Bezug auf den Faktor *Größe der Untersuchungsgruppe* kann prinzipiell zwischen Fallstudien und Gruppenstudien unterschieden werden. Fallstudien, die sich intensiv einer einzigen Versuchsperson widmen, sind in quantitativen Studien sehr selten und werden meist in einem von zwei Kontexten eingesetzt: Als Pilotstudie vor der eigentlichen Untersuchung oder gelegentlich in Spracherwerbsstudien, die ein Kind über eine längere Zeit hinaus intensiv beobachten. Manchmal wird in einer Fallstudie mehr als nur eine Person untersucht, aber die Anzahl ist immer sehr klein und daraus gezogene Erkenntnisse haben den bedeutenden Nachteil, dass sie nicht generalisierbar sind, sie können also nicht als Erkenntnis für eine Gesamtpopulation verstanden werden. Meistens hat man es in Psycholinguistik und Sprachlehrforschung jedoch mit mehr als nur einer Person zu tun. Dies sichert eher das Gütekriterium der externen Validität (s. 2.4.3) und erlaubt, Schlussfolgerungen über eine bestimmte Gesamtpopulation zu ziehen.

Welches Untersuchungsdesign schließlich gewählt wird, hängt maßgeblich vom Forschungsinteresse sowie von der Realisierbarkeit unterschiedlicher Designs ab. Nachdem dies festgelegt wird, können Versuchspersonen (bzw. Daten) gesucht werden.

2.5.3 Die passenden Versuchspersonen auswählen

Auswahl der Teilnehmer

Als Sprachlehrforscherin ist man immer von den Versuchspersonen abhängig: Die Zuverlässigkeit einer quantitativ ausgerichteten Studie kann man nur durch eine gute Auswahl der Teilnehmer gewährleisten. In einer Seminar-, Magister- oder Masterarbeit ist die Wahl der Versuchspersonen meist durch pragmatische Überlegungen bestimmt: Einfach gesagt, man nimmt die Teilnehmer, die man bekommen kann („anfallende Stichproben", nach Grotjahn 2006, 257). Man muss sich aber darüber im Klaren sein, dass man so keine generalisierbaren Ergebnisse erzielen kann, und man muss in der Arbeit darauf hinweisen, dass man eine solche Generalisierbarkeit auch nicht behauptet. Wenn man die Möglichkeit hat, sollte man sich um eine Auswahl der Versuchspersonen bemühen, die eine möglichst gute Übereinstimmung mit der Gruppe aufweist, über die man seine Aussagen machen möchte.

Wenn wir zum Beispiel die Effektivität des Übens mit Sprachlernsoftware untersuchen wollen und die Hypothese aus Kapitel 2.3 aufstellen („Schüler, die mit der Sprachlernsoftware üben, erzielen bessere Ergebnisse als Schüler, die nur mit dem Arbeitsbuch üben"), können wir unmöglich die Grundgesamtheit testen – das würde bedeuten, dass wir sämtliche Schüler, die eine Fremdsprache lernen, testen müssten. Stattdessen wird in einem quantitativen Forschungsparadigma fast immer mit einer Stichprobe gearbeitet. Man versucht, eine möglichst repräsentative Stichprobe zu finden, indem man

Stichprobe

überlegt, für welchen Bereich die Ergebnisse gelten sollten (externe Validität), und möglichst aus dieser Population dann die Versuchsteilnehmer bezieht. In der Sprachlehrforschung ist dies nicht immer ganz leicht. Bei experimentellen Studien, die einen Vergleich zwischen zwei (oder mehreren) Gruppen herauszustellen versuchen, ist es ratsam, die Gruppen in Bezug auf die unterschiedlichen individuellen Merkmale der Versuchspersonen (Alter, Geschlecht, Lernhintergrund, sozioökonomischer Status, evtl. Erstsprache usw.) vorher so zusammenzustellen, dass sie in diesen Merkmalen möglichst genau der Gruppe entsprechen, über die man eine Aussage treffen will. Das ist dann keine zufällige Einteilung in unterschiedliche Gruppen mehr, hilft aber sicherzustellen, dass alle Gruppen die jeweilige Gesamtpopulation besser abbilden.

Egal wie Sie zu Ihren Versuchspersonen kommen, Sie sollten sich bewusst werden, welchen Einfluss diese Auswahl auf die externe Validität der Ergebnisse haben könnte. Weil die Wahl der Stichprobe bei den unterschiedlichen Forschungsparadigmen verschieden ausfällt, gehen wir in den Kapiteln 3-5 jeweils näher darauf ein.

2.5.4 Die passenden Daten finden

Es kann sich natürlich herausstellen, dass man Daten nicht selber erheben muss oder kann. Wenn man empirisch forscht, können Datensätze auf zwei möglichen Wegen erstellt werden: Entweder benutzt man schon vorhandene Datensätze (dies ist meist die Vorgehensweise, wenn man Korpusanalysen durchführt, weil man sehr viele, schon aufbereitete Daten benötigt), wie z.B. den GESIS Datenpool, RATSWD.de, IQB oder auch Daten aus einem Forschungsprojekt, in dem man in einem Teilprojekt eingebunden ist etc. Oder man erhebt die Daten selber. Wenn die zweite Variante auch deutlich mehr Arbeit bedeutet, hat sie doch gewisse Vorteile: (Neuere) Daten können erhoben werden, die speziell die Antwort auf die Fragestellung ermöglichen, Probleme durch fehlende Informationen in anderen Datensätze werden vermieden, und man übt selbst die benötigten Erhebungsmethoden, was schließlich zu verbesserten Forschungskompetenzen führt. Für welche Vorgehensweise Sie sich entscheiden, hängt maßgeblich von Ihrem Ziel, Ihrem Forschungskontext und Ihren zeitlichen und methodischen Ansprüchen ab.

2.6 Worauf muss ich sonst noch achten?

2.6.1 Messbarkeit von Variablen

Daten, die Sie erheben und untersuchen wollen, sind Arten von Variablen und können unterschiedlich kategorisiert werden, u.a. nach ihrer Messbarkeit. Dies ist eine wichtige Differenzierung, u.a. um Konstruktvalidität zu gewährleisten. Manifeste Variablen sind solche, die Sie objektiv messen können, wie z.B. Augenbewegungen, Herzfrequenz, Anzahl von Partizipien in der gesprochenen Sprache oder Fehlervorkommen. Latente Variablen sind dagegen solche, die Sie inferieren oder nur indirekt messen können, wie z.B. Lesevorgehen (über Augenbewegungen erschließbar), Aufgeregtheit (über Herzfrequenz, Blutdruck, Schwitzen etc. erschließbar) oder grammatische Kompetenz (über Fehlerverhalten erschließbar). Überlegen Sie sich vor der Untersuchung ganz genau, ob Sie latente Variablen messen werden oder manifeste – ansonsten kann es sein, dass Sie Schlussfolgerungen ziehen, die Ihre Daten Ihnen gar nicht erlauben.

2.6.2 Störvariablen (Störfaktoren)

Störfaktoren

Störfaktoren sind Faktoren, die die Ergebnisse einer Studie verzerren können und daher möglichst zu vermeiden sind. Viele mögliche Störfaktoren haben wir bereits bei den Überlegungen zu den Gütekriterien angesprochen. Typischerweise entstammen Störungen der Situation oder individuellen Charakteristika der Versuchsteilnehmer.

Die meisten Störfaktoren, die die Untersuchungssituation beeinflussen, kann man gut kontrollieren: Ein lästiger Lärmpegel, ein Austausch unter den Teilnehmern über den Untersuchungsgegenstand, Erhebungen zu ungünstigen Tageszeiten (Mittagspause, spätabends), Stresssituationen, die durch eine zu knappe Aufgabenbearbeitungszeit, Testangst oder Leistungsdruck entstehen, oder Ermüdungseffekte durch zu lange Erhebungen sind Faktoren, die man bei sorgfältigem Einrichten der Studie relativ gut vermeiden kann oder die man für alle untersuchten Bedingungen gleich halten kann.[5]

selbsterfüllende Prophezeiung

Manche Störfaktoren wie die selbsterfüllende Prophezeiung sind in bestimmten Situationen wie Interviews oder Beobachtungen häufiger anzutreffen als in anderen. Dieses Phänomen kann dann auftreten, wenn den Versuchsteilnehmern bewusst oder unbewusst eine gewisse Erwartungshaltung der Versuchsleiterin (oder der Lehrerin) kommuniziert wird, und die Versuchsteilnehmer sich dann so verhalten, wie es von ihnen erwartet wird.[6] Weil das Phänomen auch dann auftreten kann, wenn nur die Versuchsleiterin über die Studie Bescheid weiß, ist im Idealfall ein *Double-blind*-Verfahren vorzuziehen: Weder die Person, die die Daten erhebt, noch die Teilnehmer wissen, was das erwartete Ergebnis ist.

---

[5] In vielen (psycho)linguistischen Experimenten ist Zeitdruck erforderlich, damit die Versuchspersonen ihre Entscheidungen spontan treffen, aber dieser Zeitdruck muss in allen untersuchten Bedingungen gleich sein.

[6] Der Effekt wurde schon 1968 für schulische Situationen von Rosenthal und Jacobson in einem einfachen Experiment nachgewiesen, in dem sie 20 % einer Gruppe von Schulkindern per Zufall auswählten und gegenüber ihren Lehrpersonen behaupteten, diese Kinder seien besonders intelligent – und diese Schüler verbesserten sich in der Tat im Laufe des Schuljahres deutlich stärker als ihre nicht-ausgewählten Schulkameraden.

Aber auch das reine Wissen um das Beobachtet-Werden kann das Verhalten von Menschen ändern (wenn Sie dies ganz einfach ausprobieren möchten, versuchen Sie, alles, was Sie morgen essen, in einer Liste auf dem Küchentisch aufzuschreiben – und schon nehmen Sie weniger zu sich). Diese Erscheinung nennt man den Hawthorne-Effekt; sobald man weiß, dass man für eine Studie ausgewählt worden ist, gibt man sich tendenziell mehr Mühe, seine Aufgaben zu erledigen. Das spiegelt aber keine echte (Lebens- oder Lern-) Situation wider.

Um hierfür ein Beispiel zu geben, kommen wir wieder auf die exemplarische Untersuchung zurück, in der die Schüler entweder am Computer oder mit Arbeitsblättern die unterschiedlichen Vergangenheitsformen üben. Die Lernsoftwaregruppe weiß, dass sie nach einer neuen Methode lernen wird, und auch die Lehrperson weiß das. Das kann die Motivation der Gruppe und der Lehrperson so erhöhen, dass – zumindest vorerst – bessere Ergebnisse erzielt werden als bei der anderen Gruppe, ohne dass dies tatsächlich auf die exzellente Aufbereitung der Lernsoftware an sich zurückzuführen wäre. Jedes Sich-Einstellen der Versuchspersonen auf ihre Situation im Experiment kann ihr Handeln beeinflussen (Übrigens sind hier auch weitere Störfaktoren möglich, worauf wir auch im Kapitel 6 „Experimentelle Untersuchungsdesigns" zurückkommen.).

Störfaktoren, die durch individuelle Charakteristika der Teilnehmer verursacht werden, sind weniger gut zu vermeiden. In diesem Fall helfen eine geschickte Stichprobenauswahl sowie eine Bewusstheit über die Hintergründe der Teilnehmer. Beim Forschungsbericht muss man, egal welches Forschungsparadigma man heranzieht, mögliche Störfaktoren erwähnen.

2.6.3 Kontrollvariablen (Kontrollfaktoren)

Um mögliche Gefahren für die Validität einer Untersuchung zu minimieren, sollten Sie bei der Planung und Durchführung einer Studie auf einige relativ einfache Dinge achten. Die wichtigsten davon sind:

Um Gefahren für die Testzuverlässigkeit zu reduzieren, können Sie (z.B. in einem Vortest) die oben genannten Verfahren einsetzen, wenn es um einen Test geht, den man teilen oder wiederholen kann oder bei dem man einen Paralleltest einsetzen kann. Um die Beurteilerzuverlässigkeit zu ermitteln, ist es empfehlenswert, die Kodierung der Daten durch zwei unabhängige Personen durchführen zu lassen.

Um Gefahren für die interne Gültigkeit[7] zu reduzieren, sollten Sie möglichst relevante biografische Daten von den Versuchspersonen erheben. Typischerweise werden bei Arbeiten zum Sprachenlernen Informationen dazu erhoben, welche Sprachen die Versuchsteilnehmer schon sprechen, wie lange und wo sie die Zielsprache schon gelernt haben, welches Sprachniveau sie

[7] Die folgende Darstellung lehnt sich an Mackey/Gass 2005, 118f sowie 128 an.

derzeit erreicht haben usw. Bei länger andauernden Untersuchungen sollten Sie darüber hinaus wissen, wie lange Ihnen die Versuchspersonen zur Verfügung stehen werden: Wenn Ihre Versuchspersonen zu großen Teilen Austauschstudenten sind, dann bringen Ihnen Erhebungen im Juni, August und Oktober wahrscheinlich wenig, da die meisten dieser Studenten Ende Juli wieder in die Heimat reisen werden. In psycholinguistischen Untersuchungen achtet man normalerweise darauf, dass die Versuchspersonen ein vergleichbares Alter haben, dass alle Rechtshänder sind, wenn die Lateralisierung[8] eine Rolle spielen könnte, dass man nicht Männer mit Frauen vergleicht usw. Vermeiden Sie gleichzeitig, soweit möglich, potentielle Störvariablen, indem Sie einen geeigneten Untersuchungsort und eine geeignete Untersuchungszeit suchen und keinesfalls Ihre Hypothesen schon vor oder während der Untersuchung bekannt geben.

Die externe Gültigkeit ist im Rahmen einer kleineren Arbeit, wie bei einer Seminar-, Master- oder Examensarbeit, nicht einfach zu erreichen. Prinzipiell hilft eine überlegte Auswahl der Versuchsteilnehmer (in den wichtigen Merkmalen ausgewogen zusammengestellte Gruppen, wenn es um ein experimentelles Verfahren geht, und für die Gesamtpopulation möglichst repräsentative Stichproben). Für größere Studien können Sie versuchen, genug Informationen über die Versuchsteilnehmer zu erheben und eine entsprechend große Stichprobe zu untersuchen, um eine statistische Repräsentativität zu erreichen.

Je nachdem, ob Sie eine Befragung, eine Beobachtung oder ein Experiment durchführen, gelten weitere Überlegungen, die wir erst in den nächsten Kapiteln bei den jeweiligen Forschungsparadigmen sowie Untersuchungsinstrumenten besprechen.

2.7 Zusammenfassung

Sie haben sich in diesem Kapitel mit den unterschiedlichen Überlegungen befasst, mit denen man sich bei der Planung einer empirischen Studie auseinander setzen muss: Auswahl und Eingrenzung eines Untersuchungsgegenstandes, Formulierung einer Fragestellung und von dazu passenden, empirisch überprüfbaren Hypothesen, Gütekriterien für empirische Studien, Orientierung auf einen Forschungsplan sowie die Beachtung von möglichen Stör- und Kontrollvariablen. Im nächsten Schritt geht es um die Datenerhebung, und die Auswahl eines passenden Forschungsparadigmas sowie passender Untersuchungsinstrumente.

---

[8] Unter „Lateralisierung" versteht man die Spezialisierung der beiden Hirnhälften auf verschiedene Funktionen, wobei große Teile der sprachlichen Fähigkeiten bei Rechtshändern in der linken Hirnhälfte repräsentiert sind.

Aufgaben

1. Formulieren Sie zu jedem Thema des Einführungskapitels eine Fragestellung und eine Hypothese, die sich darauf bezieht und die falsifizierbar ist.
2. Wir nehmen uns noch einmal den Fall des Gebrauchs der Vergangenheitstempora vor.
   a. Operationalisieren Sie „Perfekt“! Welche Bedingungen müssen erfüllt sein, damit etwas als „Perfekt“ gezählt wird? Erstellen Sie eine eindeutige Zählanweisung, die „Zustandsformen“ weitgehend ausschließt.
   b. Welche Art der Datenerhebung würden Sie vorschlagen, wenn es darum geht, den Gebrauch der Vergangenheitstempora bei Sprechern unterschiedlicher Konfession zu ermitteln (Beobachtung – Befragung – Experiment)? Legen Sie fest, wie Sie konkret bei der Form der Datenerhebung vorgehen könnten, die Sie gewählt haben.
   c. Angenommen, Sie sind folgendermaßen vorgegangen: Sie haben in der ländlichen Umgebung von Kiel, wo der größte Teil der Bevölkerung evangelisch ist, und in der ländlichen Umgebung von München, wo der größte Teil der Bevölkerung katholisch ist, jeweils 20 nach Schichtzugehörigkeit und Geschlecht sorgsam ausgewählten Dorfbewohnern die gleiche Aufgabe gestellt: „Erzählen Sie mir bitte detailliert, wie Ihr gestriger Tag verlaufen ist.“ Die Erzählungen haben Sie auf Band aufgenommen und die finiten Verbformen gezählt. Sie haben bei den Kielern 1356 finite Verbformen in Vergangenheitstempora erhalten, bei den Münchenern 1837. Davon waren bei den Kielern 1017 Präteritum, 258 Perfekt, der Rest andere Tempora oder unverständlich. Bei den Münchenern waren 1706 Perfekt und 93 Präteritum. Diskutieren Sie Validität und Geltungsbereich dieser Ergebnisse für eine Hypothesenprüfung: „Die Wahl der Vergangenheitstempora hängt ab von der Konfession der Sprecher, und zwar in der Art, dass Katholiken mehr Perfekt gebrauchen als Nicht-Katholiken.“
3. Sie haben aus pädagogischen Gründen einen Sprachstandstest so konzipiert, dass am Anfang leichte und erst später schwierigere Fragen gestellt werden, damit die Schüler Erfolgserlebnisse haben. Was bedeutet das für die Anwendung von Reliabilitätstests?
4. Stellen Sie sich vor, jemand plant als Untersuchung die Beantwortung der Forschungsfrage, warum amerikanische Studenten mit 4 Jahren Sprachunterricht nur das A2-Niveau erreichen. Welche Probleme sehen Sie für die Durchführung der Studie?
5. Sie wollen ein lexikalisches Entscheidungsexperiment durchführen. Mit welchen Störfaktoren rechnen Sie und welche Ideen haben Sie, um sie möglichst auszuschließen oder zu kontrollieren?

Schritt 2: Datenerhebung

Wir beschreiben in den folgenden Kapiteln die einzelnen gebräuchlichen Arten der Datenerhebung in der Sprachlehr-/-lernforschung. Das **Forschungsdesign** für eine spezielle Untersuchung kann durchaus erforderlich machen, dass man mehrere verschiedene **Erhebungsinstrumente** einsetzt. Wenn man z.B. ein Experiment im Unterricht durchführt, bei dem Lerner nach zwei verschiedenen Verfahren vergleichbaren Stoff lernen, dann kann es sein, dass man zusätzlich zur Messung ihres Lernerfolgs durch einen Test (Erhebungsinstrument) auch eine Befragung (Methode) in Form eines Lernerfragebogens (Erhebungsinstrument) durchführen will, in der man die Motivation der Lernenden, auch nach Ende des Experiments eines der Verfahren weiter anzuwenden, erfragt.

3 Die Beobachtung

Wann Beobachtung?

Die Beobachtung ist ein besonders aufwändiges Verfahren der Datenerhebung. Für eine Beobachtung entscheidet man sich deshalb normalerweise nur dann, wenn man anhand von Befragungen oder Experimenten nicht das tatsächliche Verhalten, über das man Aufschluss erlangen will, erfahren kann, wenn man sich zunächst ein Gesamtbild von einer Lernsituation machen möchte, oder wenn man Aktionsforschung betreibt (vgl. Altrichter/Posch 2007). Dies kann dann der Fall sein, wenn die zu befragenden Personen auf Grund der Fragestellung zu sehr beeinflusst würden (z.B. wenn sprachliche oder gesellschaftliche Normen im Spiel sind – man denkt üblicherweise von sich selbst, dass man „richtig" spricht bzw. sich als Lehrperson „richtig" verhält) oder wenn es um ein Phänomen geht, das lediglich in gesprochener Sprache zu beobachten ist, oder wenn das zu untersuchende Sprech- bzw. Kommunikationsverhalten nur im realen situativen Kontext vorkommt und nicht simulierbar ist.

Die Beobachtung ist auch deshalb ein besonders zeitraubendes und aufwändiges Verfahren, weil sie in der realen Situation stattfindet und anschließend dokumentiert werden muss. Das Verfahren der Beobachtung wird von Linguistinnen und Sprachlehrforscherinnen vor allem in der Konversationsanalyse und in der Unterrichtsbeobachtung als eine Methode zur Gewinnung von Informationen benutzt. Man kann sich als Beobachter grundsätzlich unterschiedlich verhalten, entweder beobachtet man „von außen" und gibt sich der beobachteten Gruppe gegenüber als Wissenschaftlerin zu erkennen, die für die Beobachtung Daten sammelt, z.B. durch Mitschriften, Audioaufnahmen oder Videoaufnahmen u.a.m., oder man versucht, als ein Mitglied der beobachteten Gruppe zu agieren und von der beobachteten Gruppe auch so wahrgenommen und akzeptiert zu werden („teilnehmende Beobachtung"). Diese Art von Beobachtung kommt in der Linguistik und Sprachlehrforschung praktisch nicht vor, deshalb befassen wir uns damit nicht.

3.1 Offene und verdeckte Beobachtung

Man unterscheidet bei der Beobachtung die offene und die verdeckte Beobachtung. Bei der verdeckten Beobachtung sind die Beobachteten sich während der Beobachtung nicht der Tatsache bewusst, dass sie beobachtet werden. Dies ist allerdings teils moralisch und oft auch gesetzlich problematisch. Die verdeckte Beobachtung ist der offenen dadurch überlegen, dass der Beobachter die Beobachteten nicht durch die Beobachtung beeinflusst. Wenn man weiß, dass man beobachtet wird, verhält man sich üblicherweise anders als in der normalen Situation, über die man ja Daten gewinnen will. Eine

Schulklasse mit einem videofilmenden Team von Wissenschaftlerinnen im Hintergrund benimmt sich – zumindest bei den ersten Erhebungen – nun einmal normalerweise nicht so, wie sie sich ohne dieses Team und seine Kameras verhielte. Aber natürlich möchte man wissen, wie die Schulklasse sich ohne Beobachtung verhielte. Das bedeutet, die Beobachtung kann dazu führen, dass man nicht mehr das Verhalten vorfindet, das man beobachten will (Beobachterparadoxon, man will das Verhalten beobachten, wie es ohne Beobachtung stattfindet). Zur Unterrichtsbeobachtung gibt es daher in einigen Laborschulen speziell für Unterrichtsmitschnitte gebaute Klassenräume, die eine verdeckte Beobachtung problemlos ermöglichen.[1] In diesen Räumen gibt es Möglichkeiten, von einem Nebenzimmer aus in den Klassenraum zu sehen und zu filmen, ohne dass das Nebenzimmer vom Klassenraum aus einzusehen wäre. Aus ethischen Gründen wird aber üblicherweise die Lehrperson vor der Beobachtung informiert, auch sind die Schüler und Eltern generell über die Existenz der Anlage informiert und werden über Aufnahmen wenigstens nachher unterrichtet. Sollen Aufnahmen aus solchen Beobachtungen veröffentlicht oder öffentlich vorgeführt werden, ist das übrigens nur mit Einverständnis aller gefilmten Personen, bei Minderjährigen auch der Eltern, möglich.

verdeckte Beobachtung

Ein Trick bei verdeckten Beobachtungen von kommunikativem Verhalten ist, dass man den bezahlten Versuchsteilnehmern mitteilt, leider habe sich der Beginn des Experiments, an dem sie teilnehmen sollen, verzögert, sie sollten bitte in einem Warteraum Platz nehmen. In diesem Warteraum „wartet" dann jeweils außer der bezahlten Versuchsperson eine instruierte Person, die aber als eine andere wartende Versuchsperson wahrgenommen wird. Die Reaktion der Versuchsperson auf das Verhalten der instruierten Person wird mit einer unauffälligen Anlage gefilmt. Natürlich werden die Personen nachträglich darüber aufgeklärt, dass sie genau für die Beobachtung dieser Situation engagiert und bezahlt wurden, und ihr Einverständnis für die Auswertung wird eingeholt. Trotzdem bleibt das Gefühl einer nicht ganz korrekten Vorgehensweise und nicht immer sind die so gewonnenen Daten tatsächlich aussagefähig, weil es den instruierten Personen meist nicht gelingt, sich in dieser Situation tatsächlich so zu verhalten, wie sie sich in der realen Situation verhalten würden.

offene Beobachtung

Der Normalfall bei der Beobachtung ist deshalb die offene Beobachtung, die zwar meist einfacher einzurichten ist, die jedoch anfälliger für Beobachtungseffekte ist. Die störenden Effekte des Beobachters auf das Beobachtete können vor allen Dingen durch möglichst unauffällige Apparaturen und die Gewöhnung der Beobachteten an die Beobachtungssituation reduziert werden. Beim fünften Auftauchen des Video-Teams ist das Gefilmt-Werden erfahrungsgemäß schon nicht mehr so aufregend, dass man deswegen sein ge-

[1] Natürlich funktioniert das nur, wenn diese Räume auch für normalen Unterricht genutzt werden, nicht so wie in einer den Autorinnen bekannten Schule mit einem solchen Beobachtungsraum, der nur aufgesucht wird, wenn der Unterricht beobachtet wird.

samtes Verhalten ändern würde. Trotzdem ist immer damit zu rechnen, dass Menschen, die plötzlich in die Situation geraten, Teilnehmer an einer wissenschaftlichen Untersuchung zu sein, ihr Verhalten ändern (der Hawthorne-Effekt). Man wird also möglichst vermeiden wollen, dass solche Verhaltensänderungen auftreten. Wenn es um sprachliches Verhalten geht, ist es oft noch relativ einfach, die Beobachtungseffekte gering zu halten, indem man die Vermutung darüber, was untersucht wird, auf etwas Nichtsprachliches lenkt. So kann man z.B. bei einer Untersuchung zu Interferenzerscheinungen zwischen zwei Sprachen einer bilingualen Person auch eine soziologische Frage stellen („Wie fühlt man sich als Person, die ständig zwei Sprachen benutzt?").

3.2 Beobachtungskategorien

Beobachtungskategorien

Ein praktisches Problem bei Beobachtungen ist das folgende: Bei der Beobachtung fallen erheblich mehr Informationen an, als in die Auswertung eingehen können.[2] Deswegen ist bei der Beobachtung ganz besonders wichtig, dass eine systematische Auswahl von Beobachtungskategorien getroffen wird, durch die diese Vielfalt an Informationen erheblich reduziert wird, und zwar auf diejenigen, die für die Fragestellung am wichtigsten sind. Wissenschaftliche Beobachtung muss immer durch explizit formulierte Fragen angeleitet sein; das bedeutet in diesem Zusammenhang, dass die Beobachtungskategorien vor der Durchführung der Beobachtung festgelegt sein müssen. Eine Herangehensweise der Art: „Wir sehen mal, was passiert, und analysieren es dann" hat also wenig Sinn, weil man dann gar nicht weiß, was man genau beobachten und analysieren soll.[3] Nur wenn man die Situation komplett aufgezeichnet hat (z.B. mit einer aussagefähigen Videoaufnahme), kann man dann noch etwas retten, weil man im Nachhinein die Situation noch beliebig oft ansehen kann, nachdem man seine Beobachtungskategorien entwickelt hat. Bei einer normalen Mitschrift im Unterricht sind die Ergebnisse nicht verwertbar, wenn die Beobachtungskategorien nicht vorher genau genug festgelegt waren.

Wahl der Kategorien

Welche Beobachtungskategorien man auswählt, hängt von der Untersuchungsfragestellung ab. Angenommen, Sie möchten herausfinden, bei welcher Unterrichtsmethode die Schüler besonders gut „bei der Sache" sind, dann müssten Sie sich Kriterien ausdenken, aus denen Sie schließen, ob die Schüler dem Unterricht folgen oder nicht. Sie könnten dabei die Aktivitäten der Schüler während des Unterrichts beobachten (schreiben sie mit, hören sie aufmerksam zu, tun sie Dinge, die nichts mit dem Unterricht zu tun haben?), Sie könnten aber auch z.B. alle am Ende der Stunde ein Protokoll mit den wichtigsten Ergebnissen der Stunde schreiben lassen und dann überprüfen,

[2] Die Darstellung orientiert sich in großen Teilen an Atteslander 1995.

[3] Für Studien im Rahmen der *grounded theory*, die wir hier nicht behandeln, gelten andere Vorgaben (Strübing 2004).

welche Inhalte fehlen. Im ersten Fall wären Ihre Beobachtungskategorien also direkt beobachtete Verhaltensweisen, im zweiten Fall wären es Ihre Analysen der Arbeitsergebnisse der Schüler.

Anzahl der Kategorien

Wie viele Beobachtungskategorien man benutzt, hängt auch sehr stark davon ab, wie viel Zeit für die Beobachtung zur Verfügung steht. Wenn die Beobachtung anhand von Videoaufnahmen dokumentiert ist, die man sich immer und immer wieder ansehen kann, hat man die Möglichkeit, sehr viele verschiedene Kategorien auf einmal zu beobachten. Wenn man allerdings auf den Einsatz von Audio- oder Videotechnik verzichtet (die Videokamera, vor allem mit „Kamerafrau", ist immer auffällig und führt daher zu stärkeren Beobachtungseffekten, Ähnliches kann bei Audioaufnahmen passieren) und in der Unterrichtsstunde selbst einzelne Verhaltensmerkmale protokollierend beobachtet, muss man sich auf sehr wenige beschränken, wenn die Beobachtung für diese Merkmale noch genau sein soll.

Umgang mit Videodaten

Um bei der Beobachtung möglichst viele verschiedene Phänomene berücksichtigen zu können, nimmt man oft das Beobachtete auf Video auf. So kann man das Geschehen – zumindest im gefilmten Ausschnitt – mehrmals betrachten und auch anderen Beobachtern zeigen. Forschung mit Hilfe von Videografie ist v.a. in den letzten Jahren verstärkt eingesetzt worden, weil es inzwischen bessere technische Hilfsmittel zur Aufzeichnung, Kodierung und Analyse gibt. Trotzdem bleiben die oben angeführten methodischen Probleme der Auswahl der relevanten Kategorien und deren Kodierung bestehen, und sie sind dadurch, dass so viele Daten zur Verfügung stehen, eher noch komplizierter als bei der direkten Beobachtung ohne Einschalten von Video-Aufzeichnungen, denn die Möglichkeit des praktisch unbegrenzten nachträglichen Betrachtens der Videoaufnahmen verführt dazu, seine Beobachtungskategorien nicht von vornherein klar genug festzulegen. Auch beim Einsatz von Video steht man vor der Frage, welche Ereignisse für die Datenauswertung selektiert werden sollen und was für eine Begründung man dafür gibt.

Bevor man mit Videoaufzeichnungen zu arbeiten beschließt, sollte man auch praktische Fragen bedenken, wie z.B.: Welche Kamerastandpunkte werden gebraucht (üblicherweise braucht man neben je einer Kamera für die beobachtete(n) Person(en) mindestens eine, die einen Gesamtüberblick über die Aktionen im Raum bietet)? Sind genug technische Gerätschaften für die benötigten Aufnahmen vorhanden und für den benötigten Zeitraum zugänglich? Wie werden Daten aufbereitet? Wie werden sie nachher aufbewahrt und werden sie einer größeren Öffentlichkeit zugänglich gemacht, sodass die nötigen Einverständniserklärungen eingeholt werden müssen? Soll Videoanalyse-Software[4] verwendet werden? Derartige Fragen sollte man rechtzeitig klären, wenn man sich für Videografie entscheidet.

---

[4] Die Software kann bei der Beschreibung helfen, indem u.a. das Vorkommen und die Dauer von Ereignissen beim Betrachten der Videoaufnahme durch Tastendruck markiert werden. Die Beobachtungskategorien und deren Kodierung muss man natürlich zunächst einmal selbst entwickeln.

3.3 Datenklassifikation

Datenklassifikation

Der nächste Schritt nach der unmittelbaren Beobachtung besteht darin, die beobachteten Rohdaten zu klassifizieren, was keineswegs einfach ist. Es geht hierbei um die Einordnung von einzelnen Verhaltensweisen in verschiedene Klassen von Sachverhalten, die als ähnlich beobachtet wurden. Hierbei ist es wichtig, sinnvolle und für das zu untersuchende Phänomen relevante Klassen von Verhaltensweisen zu erstellen. Die Einteilung der einzelnen Sachverhalte in die jeweiligen Klassen erfolgt durch Vergleichen der Sachverhalte untereinander.

In einem letzten Schritt schließlich geht es darum, offenzulegen, welche der aufgenommenen Signale aus den beobachteten Verhaltensweisen zur Klassifizierung als „X“ oder „Y“ geführt haben. Hierbei muss die Beobachterin auch die von ihr als bedeutungsvoll erachteten nicht-verbalen Signale (z.B. nimmt sie wahr, dass Schüler A die linke Schulter ca. 3 cm, die rechte ca. 2 cm anhebt und anschließend beide wieder absenkt, wobei er die Kopfposition nach links hinten verschiebt) in verbale (z.B. „Schüler A zuckt mit den Schultern“) übertragen. Dabei werden Informationen verändert, teilweise gehen Informationen verloren, teilweise wird interpretiert. Da die Beobachterin mit diesem dritten Schritt zunächst für sich selbst die Begründung ihrer Interpretation offenlegt, gibt sie sich selbst und später anderen die Möglichkeit, ihre Einschätzung zu verbessern.

Beispiel

Um diese sehr abstrakte Darstellung etwas zu veranschaulichen: Angenommen, wir vergleichen die Wirkung von zwei Unterrichtsmethoden, und eine der beobachteten Kategorien war „Schüler folgen der Lehrperson nicht (mehr)“. Gesehen haben wir Schüler, die unter dem Tisch Comic-Hefte lasen, Schüler, die mit Mitschülern sprachen, mit Mitschülern Briefchen oder Botschaften in Zeichensprache austauschten, Schüler, die aus dem Fenster guckten, Schüler, die sich ihrer Frisur oder ihrem Make-up widmeten u.a.m. Genau genommen sind dies hier schon teil-klassifizierte Daten, denn was wir genau gesehen haben, ist ja: „Erwin schneidet Grimassen zu Helga, die ihn amüsiert anguckt, Eva schreibt ein Briefchen, das Hans weiterreicht und an Erna gibt, die es liest und ein Briefchen zurückschreibt, Hugo faltet einen Papierflieger, Hans guckt aus dem Fenster, Susi hat einen Taschenspiegel hervorgeholt und verbessert ihren Lidstrich, Marion untersucht ihre Haarspitzen, Klaus flüstert dem neben ihm sitzenden Theo etwas ins Ohr, Mario stupst die vor ihm sitzende Elisabeth an, die sich umdreht, und er sagt etwas zu ihr usw. usf.“ Unsere endgültige Klassifikation könnte sich nun auf die Stimmung der Abgelenkten (fröhliche, missmutige Aktivitäten, „Den Clown/ Miesepeter machen“) oder auf die Art der Aktivität (Sprechen, Lesen, Schreiben, Körperpflege usw.) beziehen oder sie könnte Personenanzahl und räumliche Kriterien zugrunde legen (Einzelaktivitäten eines Schülers, Aktivitäten mit Banknachbarn, Aktivitäten über größere Distanzen). Für die Unterrichtssituation ist aber wohl vor allem wichtig, wie groß der Grad der Störung ist, der durch die Aktivität hervorgerufen wird. Insofern werden wir wohl die Anzahl der an der Störung Beteiligten wichtiger nehmen als die Stimmung der Beteiligten. Angenommen, unsere Klassifikation ginge einfach nach der Anzahl der Beteiligten, so wäre das Merkmal, das zur Klassenbildung führt, „1-2-3-4-5-usw. Beteiligte". Das Zuerkennen dieses Merkmals ist sicher einfach, wenn zwei Personen miteinander ein Comic-Heft ansehen, aber es dürfte genauer Begründung bedürfen, wenn man dem durch die Klasse fliegenden Papierflieger eine Anzahl Beteiligter zuerkennt (genügt das bloße Hinsehen usw.?).

Falsifikationsversuche

Es ist also nicht immer einfach, die eigene Datenklassifikation hieb- und stichfest zu begründen. Dieses Ziel wird aber vor allem mit dem vierten Schritt verfolgt, der systematischen Suche nach Signalen, die nicht zu der Interpretation passen, zu der man gelangt ist. Beim wissenschaftlichen Beobachten muss man sämtliche Interpretationen, die man vorgenommen hat, zunächst als zu prüfende Hypothesen behandeln. Diese Hypothesen muss man zu falsifizieren versuchen, d.h. man muss versuchen, jede einzelne Hypothese bzw. Interpretation als falsch zu erweisen. Dies erfolgt dadurch, dass man systematisch nach Gegenbeispielen sucht, die der jeweiligen Interpretation bzw. Hypothese widersprechen und sie damit infrage stellen. Kann das Gegenbeispiel mit der Hypothese bzw. vorliegenden Interpretation noch plausibel erklärt werden, so ist dieser Falsifikationsversuch gescheitert und die Validität der Hypothese hat sich erhöht. Kann das Gegenbeispiel beim besten Willen mit der vorliegenden Interpretation nicht mehr erklärt werden, so kann sie nicht mehr als allgemeingültige wissenschaftliche „Erkenntnis" angesehen werden und muss aufgegeben werden – sie ist falsifiziert. Bleiben wir bei unserem Papierflieger-Beispiel. Angenommen, wir haben beobachtet, dass 15 Personen dem Papierflieger zugesehen haben. Damit wäre es eine sehr große Störung, 15 Personen sind selten an einer Störaktion im Unterricht beteiligt. Wenn unsere Hypothese war: „Je mehr Personen an einer Störung beteiligt sind, desto schädlicher ist sie für den Unterrichtsverlauf", dann könnten wir beim Falsifizierungsversuch z.B. versuchen, herauszufinden, wie viele von den 15 Personen dabei den Ausführungen der Lehrperson noch folgen. Angenommen, es wären 13 gewesen, dann zeigt sich, dass unsere Art der Klassifizierung ungünstig war. Einen Teil seiner Aufmerksamkeit der Störaktion zu widmen, wäre nicht ausreichend, um das Merkmal „Beteiligung an der Störaktion" zuzuerkennen, es müsste schon ein so großer Teil der Aufmerksamkeit sein, dass man dem Unterrichtsgeschehen nicht mehr folgt. Insofern wäre unsere Zuerkennung von Beobachtungskategorien zu verbessern, für die Hypothese wäre dieser Falsifizierungsversuch nicht schädlich.

Validität

Die Validität einer Hypothese wird umso größer, je mehr der Sache angemessene Falsifikationsversuche eine Interpretation, ein Messverfahren oder eine sonstige Operationalisierung bestanden hat, ohne widerlegt worden zu sein. Im Idealfall findet sich keinerlei Gegenbeispiel, sodass größtmögliche Validität gegeben ist. Auch bei Bachelor-, Master- und Staatsexamensarbeiten ist es wichtig, auf diesen Punkt große Sorgfalt zu verwenden und eventuell auch den Bekannten- und Freundeskreis dabei einzubeziehen, sich Falsifizierungsmöglichkeiten für die eigene Hypothese und das benutzte Vorgehen einfallen zu lassen. Man übersieht leicht Schwächen der eigenen Vorgehensweise, begeht dieselbe Ungenauigkeit bei der Entwicklung und bei der Überprüfung, insofern kann der Rückgriff auf fremde Intuitionen den Wert der Untersuchung erheblich steigern.

Zuverlässigkeit

Es wäre wünschenswert, dass, wenn zwei Wissenschaftlerinnen dieselbe Situation nach denselben Kategorien und derselben Klassifizierung untersuchen, sie auch dasselbe Ergebnis erzielten. Das ist natürlich nur möglich, wenn die Kategorien und Klassifikationen so genau wie möglich beschrieben werden. In der Praxis ist es aber selten möglich, dass die Zuverlässigkeit so überprüft wird, schon deshalb, weil dieselbe Situation nicht noch einmal herstellbar ist. Nur wenn man wirklich aussagefähige Ton- oder Videoaufnahmen hat, kann es gelingen.

Gültigkeit

Ein weiteres Problem ist die Gültigkeit, die so gut wie möglich überprüfbar gemacht werden muss. Zum einen muss die Wissenschaftlerin, die die Beobachtung bzw. Studie durchführt, in ihrer Veröffentlichung sämtliche Interpretationen, die sie vorgenommen hat, systematisch und vollständig offenlegen, auch diejenigen, die zu den Klassifizierungen geführt haben. Dadurch wird es möglich, dass durch andere Wissenschaftlerinnen ein vielleicht vorhandenes und die Interpretationen beeinflussendes Beurteilungsmuster der interpretierenden Wissenschaftlerin – vorgefasste und als selbstverständlich erachtete Meinungen, ungeklärte Prämissen u.a.m. – aufgedeckt werden und der bisherigen eine alternative Interpretation entgegengesetzt werden kann. Zum anderen bewirken die schon besprochenen Falsifikationsversuche, sofern sie erfolglos sind, eine Erhöhung der Validität. Wichtig ist hierbei, dass gezielt nach Signalen gesucht wird, die nicht zu der vorgenommenen Interpretation passen.

3.4 Zur Wahl der Stichprobe

Stichprobe

Im Prinzip muss man für Beobachtungen dieselben Anforderungen an die Stichprobe stellen wie für alle empirischen Untersuchungen. Das Problem dabei ist, dass es oft ausgesprochen schwierig ist, Personen oder Schulklassen zu finden, die sich beobachten lassen, und dass man deshalb nur die Auswahl unter einer begrenzten Anzahl von möglichen Beobachtungsobjekten hat. Deshalb wird ein recht pragmatisches Vorgehen selbst bei Doktorarbeiten toleriert. Man sollte jedoch auf jeden Fall planvoll vorgehen, verschiedene Möglichkeiten prüfen und in seiner Arbeit darauf hinweisen, aus welchem Grund man sich für die beobachtete Gruppe entschieden hat und welche Einschränkungen der Generalisierbarkeit der Ergebnisse die Wahl der Stichprobe mit sich bringt.

Aufgaben

1. Sie wollen herausfinden, welche Arten von Korrekturen der Aussprache durch die Lehrperson im Fremdsprachenunterricht vorkommen und wie die Lerner darauf reagieren. Sie haben sich für eine Beobachtung im normalen Englischunterricht entschieden. Überlegen Sie, wie Sie genau vorgehen wollen und welche Auswertungskategorien Sie benutzen wollen. Ihre Vorüberlegungen sind, dass Sie jede Äußerung der Lehrperson als „Korrektur der Aussprache" auffassen, bei der mindestens ein Wort aus der Äußerung des Schülers mit einer anderen Aussprache durch die Lehrperson aufgegriffen wird.

2. Sie möchten herausfinden, mit welchen Mitteln erfolgreiche Gebrauchtwagenhändler zu Beginn eines Gesprächs mit Kunden dafür sorgen, dass eine gute Beziehung zum Kunden entsteht, also dass sie vom Kunden als vertrauenswürdig angesehen werden. Sie haben den Kontakt zu einem großen Gebrauchtwagenhändler mit verschiedenen, unterschiedlich erfolgreichen, Angestellten hergestellt, der Ihnen die Beobachtung erlaubt hat, unter der Bedingung, dass Sie später die als erfolgreich erkannten Methoden seinen Mitarbeitern erläutern und dass keine Kunden sich während des Kaufs beobachtet fühlen. Der Chef hat seine Mitarbeiter darüber informiert, dass irgendwann in nächster Zeit Ihre Beobachtung stattfinden werde und dass sie der Fortbildung diene. Sie schwanken nun zwischen zwei verschiedenen Möglichkeiten, Ihre Beobachtung durchzuführen:

   a. Sie gewinnen in Ihrem Freundeskreis einige Personen, die sich bereit erklären, „den Kunden zu spielen", die also vorgeben, ein Auto kaufen zu wollen, und sich von den Verkäufern beraten lassen. Diese Freunde von Ihnen nehmen verdeckt gehaltene kleine Rekorder mit, die das Gespräch aufzeichnen, und notieren unmittelbar nach dem Gespräch auf einem von Ihnen vorbereiteten Blatt mit vorgegebenen Kategorien ihre Beobachtungen zu einigen Phänomenen, die nicht per Band aufgenommen werden können, z.B. eingehaltener Körperabstand zum Kunden, Gesten, Lächeln u.ä.
   b. Sie nehmen an natürlichen Kundengesprächen teil und lassen sich den Kunden als neue Verkäuferin in der Ausbildung vorstellen, die erst einmal durch Zuhören ihr Handwerk lernt. Auch in dieser Situation haben Sie einen kleinen, nicht sichtbaren Rekorder mit, der die Gespräche aufzeichnet, und auch in diesem Fall soll nach jedem Gespräch ein Bogen ausgefüllt werden mit einigen vorgegebenen Kategorien zu nicht auditiv wahrnehmbaren Merkmalen des Gesprächs.

   Stellen Sie Überlegungen an zu den Vor- und Nachteilen der beiden Verfahren in Bezug auf Beobachtungseffekte und Validität der erhaltenen Ergebnisse.

4 Arbeiten mit Textkorpora

Wir beschäftigen uns in diesem Buch nicht mit der Suche nach und der Benutzung von vorliegenden Textkorpora. Für dieses Thema gibt es mit Scherer 2006 und Lemnitzer/Zinsmeister 2006 zwei gute deutschsprachige Einführungen. Uns interessiert für dieses Buch die Auswahl von Korpora und die Auswertung der Daten, die man mit ihrer Hilfe gefunden hat.

Wozu Korpora?

Das Arbeiten mit Textkorpora ist eine Alternative zur introspektiven Sprachanalyse (bzw. der Befragung einiger weniger „kompetenter Sprecher" einer Sprache). Wir haben es hier mit Beobachtungen natürlicher Sprache zu tun, wobei – im Falle von veröffentlichten Korpora zur allgemeinen Nutzung – jemand die Beobachtungsdaten bereits erhoben und aufbereitet hat. Das Arbeiten mit Textkorpora hätte man also auch in das Kapitel „Beobachtung" aufnehmen können, es ist im Prinzip vom Verfahren her eine Beobachtung. Viele Forscherinnen stellen sich für ihre Forschungsarbeit ein eigenes Korpus aus Texten oder Gesprächen zusammen. Wenn es um gesprochene Sprache geht, dann muss man sich überlegen, wie genau man die Besonderheiten der zu analysierenden Texte für den eigenen Forschungszweck dokumentieren muss, ob man z.B. ein Transkriptionssystem braucht, das gleichzeitiges Sprechen von mehreren Sprechern oder gleichzeitige Gesten in einer Partiturschreibweise wiedergeben kann, ob man phonetische Zeichen braucht oder ob man Abweichungen von der Normalaussprache auch mit der sogenannten „literarischen Umschrift" wiedergeben kann usw. Genauere Ausführungen zu Transkriptionsweisen finden sich in Albert 2007, 23-28. Bevor man aufwändiger transkribiert als für die eigene Fragestellung nötig und damit viel Zeit verliert, sollte man sich die Vor- und Nachteile der einzelnen Verfahren zur Verschriftlichung gesprochener Sprache für die eigene Untersuchung klarmachen.

Korpora als Datenerhebungsinstrument der *Beobachtung*

Man kann auch Beobachtungsdaten benutzen, die schon andere Personen erstellt und aufbereitet haben, und spart sich die Datenerhebung und die aufwändige Aufbereitung durch das Transkribieren gesprochener Sprache. Bei der Auswertung der Daten gelten keine anderen Bedingungen als für Beobachtungen allgemein, jedoch bieten veröffentlichte Korpora, die für die allgemeine Nutzung zur Verfügung gestellt werden, viele praktische Vorteile.

Ein linguistisches Korpus ist eine Sammlung von Texten, die heute meist EDV-lesbar vorliegt. Diese Sammlung kann je nach Größe des Korpus ein paar Hundert oder viele Millionen von Wörtern umfassen. Üblicherweise wird die Korpusgröße in *Tokens* angegeben, damit meint man jedes vorkommende Wort. Daneben gibt es den Begriff *Type*, die Types in einem Korpus sind die einzelnen Wörter, die unterschiedlich oft vorkommen und als Type nur einmal gezählt werden. Als Token werden sie so oft gezählt, wie sie im Korpus auftreten. Ein Korpus kann ein paar Hundert oder viele Millionen von Wörtern umfassen (gemeint hier als Tokens).[1] Aber auch eine Sammlung von Sätzen oder Texten, die die Forscherin selbst für ihre Untersuchung (aus tatsächlich beobachtetem Sprachmaterial, nicht aus selbst erfundenen Beispielen) erstellt hat, ist ein Korpus. Korpora, die in elektronischer Form vorliegen und die man für eigene Untersuchungen benutzen kann, sind meist sehr viel umfangreicher als eine selbst zusammengestellte Sammlung, aber nicht jede Textsorte ist ausreichend vertreten in Korpora, die für die allgemeine Nutzung zur Verfügung stehen, sodass man sich doch oft selbst ein Korpus zusammenstellen muss.

Manche allgemein nutzbaren Korpora sind von einzelnen Forscherinnen für ihre eigene Forschung zusammengestellt und dann veröffentlicht worden. Gerade wenn es um spezielle Gesprächsformen geht, wird man häufig noch auf solche meist in Buchform und nicht elektronisch veröffentlichten Korpora zurückgreifen. Daneben gibt es Korpora, die von Anfang an für unterschiedliche Benutzerinnen zusammengestellt wurden, wobei es den Erstellerinnen darum ging, eine möglichst große und möglichst repräsentative Menge an Texten zu sammeln und deren Nutzung so einfach wie möglich zu machen. Wenn man mit einem Korpus arbeiten will, muss man sich natürlich überlegen, ob die in diesem Korpus als Stichprobe zusammengestellten Texte tatsächlich repräsentativ sind für die Grundgesamtheit, über die man in seiner eigenen Arbeit Aussagen machen möchte. Z.B. kann man schlecht für eine Erscheinung, die in der gesprochenen Sprache erheblich häufiger vorkommt als in der geschriebenen, auf ein Korpus zur geschriebenen Sprache zurückgreifen. Viele der zur Zeit elektronisch nutzbaren Korpora enthalten auch Texte, die seit den 60er Jahren veröffentlicht wurden, was problematisch ist, wenn man Aussagen über prozentuale Anteile des Gebrauchs einzelner Formen im heutigen Deutsch machen will. Gute Korpora ermöglichen es aber auch, innerhalb des Gesamtkorpus nach eigenen Kriterien eine Auswahl zu treffen, sodass man dieses Problem reduzieren kann.

Repräsentivität

Wozu kann man Korpora nutzen? Das hängt natürlich von der Art des Korpus ab. Wenn nichts als der reine Text im Korpus gespeichert ist, kann man kaum mehr als Wörter suchen lassen. Viele Korpora bieten die Möglichkeit, dass automatisch zu einer Grundform alle ihre flektierten Formen mitberücksichtigt werden, ohne dass man diese alle einzeln eingeben müsste. Außer nach Einzelwörtern kann man auch nach Wortgruppen und auch nach gebundenen Morphemen suchen. „Annotierte" Korpora bieten aber viel mehr, sie enthalten auch eine syntaktische und morphologische Klassifizierung, sodass man auch nach syntaktischen oder morphologischen Phänomenen suchen kann, also z.B. nach erweiterten Partizipien I (*die geduldig lesende*

annotierte Korpora

[1] Als Type würde, wie erwähnt, jedes neu auftretende Lexem einmal gezählt, als Token jedes Vorkommen dieses Wortes. Das Wort *ist* im Deutschen z.B. kommt in einem Text von einer Seite Länge durchaus gelegentlich 20-mal vor und würde als Token auch so oft gezählt; als Type würde es im gesamten Korpus nur einmal gezählt.

Studentin) oder z.B. nach Sätzen mit zwei Konstituenten im Vorfeld (*Vor zwei Jahren in Heidelberg hast du genau das Gegenteil behauptet*).

Wenn das Korpus sehr groß ist, wird die Annotation nicht von einer menschlichen Bearbeiterin, sondern von einem Computerprogramm vorgenommen. Obwohl diese Programme oft erstaunlich gut funktionieren, können dabei Fehler entstehen, deshalb enthalten manche Korpora speziell ausgewiesene Teile, bei denen die automatisch erstellte Annotation noch einmal (meist von einer Linguistik-Studentin als studentischer Hilfskraft) kontrolliert wurde. In diesem Fall läge also auch bereits eine Datenklassifikation nach syntaktischen Kriterien vor, in vielen anderen Fällen wird man als Benutzerin des vorliegenden Korpus selbst die Daten klassifizieren, wie es bei Beobachtungsdaten normalerweise nötig ist, bevor man mit einer Auswertung beginnen kann.

Belege suchen

Die bei weitem häufigste Verwendung von Korpora ist die, dass man für bestimmte sprachliche Phänomene das tatsächliche Vorkommen in Texten sucht. Man lässt also per Computer nach einzelnen Wörtern oder Wortverbindungen suchen und sich jeweils die Umgebung anzeigen, in der sie vorkommen. Man kann auch einfach suchen, wie häufig sie vorkommen, z.B. im Vergleich zu konkurrierenden Formen. Alle elektronisch nutzbaren Korpora bieten die Möglichkeit, zu einem Wort seine Textumgebung anzusehen, viele auch gleich eine statistische Analyse, welche anderen Wörter besonders häufig mit diesem Wort vorkommen. Diese Möglichkeiten sind sehr praktisch, wenn man ein Lexikon erstellen oder überarbeiten will, wenn man verschiedene Varianten bei einem Wort, z.B. die Vorkommenshäufigkeit einzelner Lesarten von Verben, feststellen will, für Lehrmaterial besonders typische Beispiele für die Verwendung eines Worts sucht usw. Überhaupt können solche Frequenz-Analysen sehr gut für die Entwicklung von Lehrmaterial benutzt werden, begreiflicherweise sollte Lehrmaterial für eine Sprache die häufiger vorkommenden Erscheinungen vor den seltener vorkommenden behandeln. Sie sehen im Folgenden ein Beispiel für verschiedene Umgebungen/Vorkommensweisen eines Worts, wie man sie aus dem Falkokorpus abrufen kann (Abb. 1):

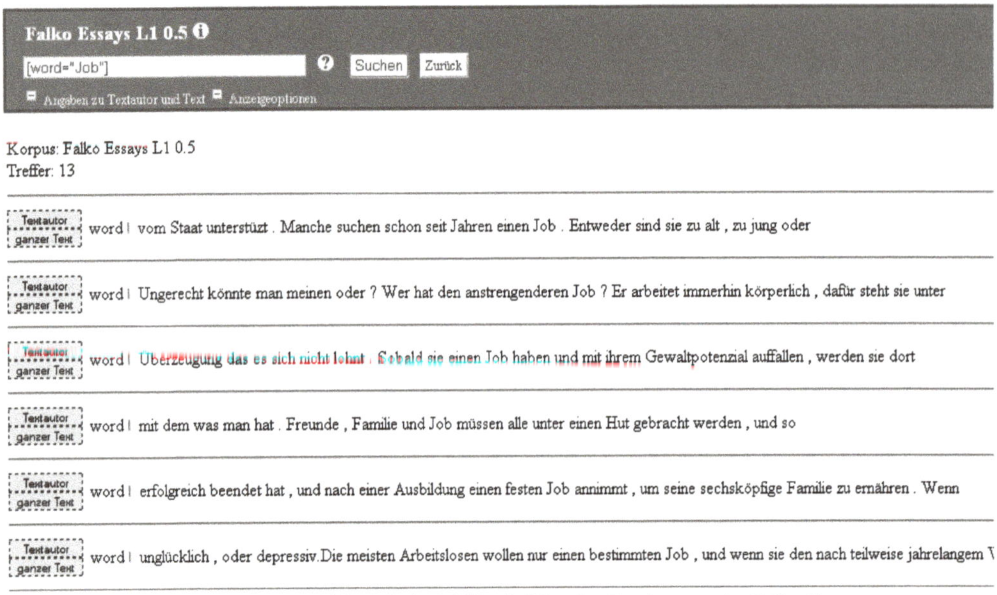

Abb. 1: Beispiel für ein Wort im Satzkontext im Falko-Korpus (http://korpling.german.hu-berlin.de/falko)

Man kann ein Korpus auch nutzen, um Aussagen über syntaktische Phänomene zu verifizieren. Man könnte sich fragen, ob der englische Satz *If I would have more money, I would buy a new computer* zu korrigieren ist in *If I had more money, I would buy a new computer*, wie wir es in der Schule gelernt haben, oder ob Muttersprachler des Englischen die Form *if I would have...* nicht auch recht häufig gebrauchen. Ob dies so ist, kann man anhand eines Korpus von englischen Texten, vor allem aus der gesprochenen Sprache, überprüfen. Das heißt, Vermutungen, die wir über den Gebrauch bestimmter sprachlicher Phänomene haben, können wir unter Benutzung eines geeigneten Korpus überprüfen, was weniger aufwändig als eine Befragung ist und weniger die Gefahr von Verzerrungen durch die Kenntnis grammatischer Regeln bei den Befragten mit sich bringt.

Auswertung

Wie wir bei der Auswertung vorgehen, hängt begreiflicherweise von der Fragestellung ab. Im Beispiel oben wären wir vielleicht schon zufrieden, wenn wir feststellen, dass 15 % der Konditionalsätze, die wir gefunden haben, die Form mit *would* enthalten, und wir würden sagen, es gibt Anhaltspunkte dafür, dass die Normvorgabe etwas zu strikt ist. Wir können aber natürlich auch Hypothesen prüfen anhand der Auswertung von Korpora. Wir stellen die Hypothese auf, dass die Vorgaben der Rechtschreibreform die einzelnen Möglichkeiten für das Partizip II von *staubsaugen*, in neuer Rechtschreibung *Staub saugen*, beeinflusst haben, d.h. also wir sagen vorher, dass sich nach Einführung der neuen Schreibung *Staub gesaugt* gegenüber *gestaubsaugt* und *staubgesaugt* stärker verbreitet hat. Wir suchen in Korpora geschriebener Sprache, und zwar deshalb, weil bei Transkripten gesprochener Sprache eine

Interpretation der Transkript-Erstellerinnen zur Wahl zwischen *Staub gesaugt* und *staubgesaugt* geführt hat, wir also nicht wissen, welche Version die Textproduzenten bevorzugt hätten. Wir suchen also Belege aus der Zeit von 1986-1996 und 1998-2008 (die Zeit dazwischen werten wir als Übergangszeit, in der sich niemand sicher war über die Schreibung). Unser (hypothetisches) Ergebnis ist (Tabelle 1):

Tabelle 1: Beispiel für gefundene Tokens

	Staub gesaugt	staubgesaugt	gestaubsaugt
1986-1996	1	13	9
1998-2008	19	4	2

Wenn bei der Analyse des Korpus numerische Daten entstehen, dann werden sie so wie bei den anderen Verfahren der Datenerhebung ausgewertet und mit denselben statistischen Verfahren weiter untersucht. Beispiele dafür finden sich in Kapitel 8 bei der beschreibenden Statistik und in Kapitel 9 bei der Darstellung des Chi-Quadrat-Tests.

Korpora finden

Wenn Sie selbst einmal das Benutzen von Korpora ausprobieren wollen:

Die Adresse http://www.ids-mannheim.de/service//#korpora bietet eine Übersicht über die vom IdS (Institut für Deutsche Sprache) zur Verfügung gestellten Korpora des Deutschen und erläutert auch für die einzelnen Korpora, wie man Zugang zu ihnen bekommt. Es gibt dort außerdem verschiedene Hilfen, mit denen man das Suchen in den Korpora lernen kann. Viele der dort aufgeführten Korpora sind für eine begrenzte Zeit (aktuell 60 Minuten) ohne Nutzungsgebühr einsehbar, allerdings wird man bei „Nicht-Aktivität" sehr schnell vom IdS-Rechner getrennt. Das Angebot reicht auf jeden Fall zum Ausprobieren, ob man mit dem Korpus arbeiten könnte. In Zeiten der Unterfinanzierung wissenschaftlicher Institutionen ist leider die kostenlose Nutzung der mit viel Arbeit erstellten Korpora schwieriger geworden. Zeitlich unbeschränkt kostenlos nutzen kann man das annotierte Korpus von Zeitungstexten (20.602 Sätze, alle aus der „Frankfurter Rundschau") der Computerlinguisten der Universität Saarbrücken, http://www.coli.uni-sb.de/sfb378/negra-corpus. Man muss sich allerdings erst einmal anmelden, dann kann man als Wissenschaftlerin an einer Non-Profit-Organisation auch die sehr umfangreiche Annotierung nutzen, die sogar syntaktische Analysen enthält.

Einige weitere für unsere Themenbereiche nützliche Korpora sind das Falko-Korpus (Fehlerannotiertes Lernerkorpus des Deutschen als Fremdsprache, http://korpling.german.hu-berlin.de/falko) und das sehr umfangreiche und für mehrere Sprachen eingerichtete CHILDES-Korpus (Child Language Data Exchange System, http://childes.psy.cmu.edu).

Natürlich gibt es erheblich mehr Korpora und keineswegs nur für das Deutsche. Lemnitzer/Zinsmeister ^{2}2010 versprechen, eine Internetseite über nutzbare Korpora aktuell zu halten unter: www.lemnitzer.de/lothar/KoLi.

Eine sehr nützliche Adresse für Transkripte gesprochener Sprache ist übrigens die Mailliste zur Gesprächsforschung, auf die sehr viele Sprachwissenschaftlerinnen abonniert sind, die sich mit gesprochener Sprache beschäftigen. Man kann dort Fragen stellen und bekommt meist nützliche Tipps und man kann Partnerinnen finden, mit denen man Transkripte tauschen kann (mailliste@gespraechsforschung.de, z.Z. 8 € jährlich).

Aufgabe

Angenommen, Sie wollen mit Hilfe von Korpusanalysen Zählungen machen, die Aufschluss darüber geben, wie häufig ein bestimmtes Phänomen (oder auch nur ein bestimmtes Wort) in der gesprochenen und in der geschriebenen Sprache vorkommt. Sie wollen beim Worthäufigkeitsvergleich die Anzahl der Tokens in zwei Korpora, einem für gesprochene, einem für geschriebene Sprache, für Ihr Sie interessierendes Wort vergleichen, bei den Types wollen Sie dasselbe tun.

Stellen Sie Überlegungen dazu an, welche Probleme der Abgleich von Types und Tokens machen könnte. Achten Sie u.a. auf Realisierungen der Wörter *das* und *es*! Zur Illustration ist ein Transkript[2] aus einem Korpus gesprochener Sprache beigefügt.

```
Siglen:
V:  Verkäuferin
K:  Kunde

V:  Guten Tag!
K:           /_Haben Sie'n Wörterbuch?. Deutsch.
               langsam, zögernd
1
V:                                            wo alle
K:  Französisch, Deutsch-Spanisch?_/ Beides.
2
V:  beide drin sin?                  /_Ich wollt grad sagen,
                                     lebhaft
K:          beides, beides, bitte, ja.
3
```

2 Aus: Ruth Brons-Albert 1995. *Verkaufsgespräche und Verkaufstrainings*. Opladen: Westdeutscher Verlag, 179-180.

V: nämlich beides in einem Band, das gibt also /_/
K: /_nee, nee, nee, nee,
lebhaft

4
K: Entschuldijung!_/ Dat war jetzt, e,. mein Irrtum!

5
V: Wolln Sie diese Größe oder. größer oder kleiner?

6
V: Für welchen Zweck soll's denn sein?
K: Kleinere hätte

7
V: Für'n Urlaub? Dann brauchen Se die
K: ich gerne. Ja Nur

8
V: Kleinen! /_Da
ruhig
K: für unterwegs. um / um. einigermaßen...

9
V: reichen die vollkommen aus. Kleinere gibt's auch

10
((Geräusch Kasse eintippen))
V: nich mehr!_/ ((16 s)) ((6 s))
. . . . *ruhig*

11
((Geräusch
V: Dreizehn Mark sechzig! Geht
K: So! Was hätten Sie gerne?

12
Kleingeld)) ((Geräusch Kleingeld,
V: das so, oder `ne Tüte? Ja?
K: Ja. Ja. Ja!

13
Geräusch Kasse öffnen 16 s))
K: Dat sin ja vierzehn! Hab

14
K: ich denn jetzt, eins, zwei, drei, vier, fünf, sechs,

15

V: (dreizehn, ne) Und zehn
K: . . . . doch, dat stimmt! /_Dat is (richtig)._/
geflüstert

16

((Geräusch Geld ein-
V: Mark zurück! Hm, dankeschön!
K: Bitteschön (Hoffentlich nehm

17

sortieren))
V: /_Jaha_/
amüsiert

K: ich sie auch mit!) sons nützet mir alles nix!

18

V: Richtig! ((3 s)) Wiedersehen!
K: Wiedersehn!

19

K: /_Ihr seid ja so still, ihr zwei! Ihr seid ja so
zu zwei Wellensittichen im Laden

20

K: still! Hm?

21

5 Die Befragung

Befragungssituation

Die einfachste Art der Datenerhebung ist die Befragung, weil man so mit relativ geringem Aufwand zu seinen Ergebnissen kommt. Man kann sie in allen Situationen anwenden, in denen man davon ausgehen kann, dass das Verhalten, über das man forscht, von den Befragten so wahrgenommen wird, wie es tatsächlich stattfindet.[1] Natürlich gibt es aber viel zu beachten, wenn die Befragung Erfolg haben soll.

Eine Befragung ist nicht ein reines Einholen von Informationen, sondern auch eine Kommunikation zwischen zwei oder mehreren Personen. Sie geschieht in einer Kommunikationssituation und wird geprägt durch gegenseitige Erwartungen. Die Antworten stellen die Erinnerung an Ereignisse dar, die die befragte Person erlebt hat, oder sie spiegeln ihre Meinungen und Bewertungen wider. Die Befragung zeigt also eine Art „gefilterte Wirklichkeit", wobei einer der „Filter" die Versprachlichung ist, ein anderer die Erinnerung. Der genaue Ablauf einer Unterrichtssequenz z.B. bleibt den Beteiligten nämlich normalerweise gar nicht in Erinnerung, sondern eher Ergebnisse oder besondere Vorkommnisse. Daneben gibt es natürlich auch die Einflüsse, die durch die o.a. gegenseitigen Erwartungen, die Kommunikationssituation u.a.m. verursacht werden. Wenn man die Einteilung nach der Situation, in der sich die Antwortenden befinden, vornimmt, gibt es zwei verschiedene Arten von Befragungen, nämlich einmal die persönliche Befragung, in der einer Person – der Interviewerin – mündlich geantwortet wird, und andererseits die schriftliche Befragung, in der die befragte Person beim schriftlichen Beantworten von schriftlich gestellten Fragen allein ist. Dazwischen liegt die telefonische Befragung, in der man zumindest seinen Gesprächspartner nicht sieht. In allen diesen Situationen ist damit zu rechnen, dass gegenseitige Erwartungen das Antwortverhalten beeinflussen.

Interviewer-Effekte

Bei jeder Art von Befragung ist mit sogenannten „Interviewer-Effekten" zu rechnen. Die befragte Person wird mit einer mündlich oder schriftlich formulierten Frage konfrontiert und reagiert darauf. Sie nimmt nicht nur die wörtliche Bedeutung der Frage wahr, sondern auch allerhand Merkmale der Situation, sie analysiert und bewertet alle diese Informationen und überlegt sich eine Antwort oder reagiert mit einer Antwortverweigerung, z.B. wenn die Frage oder die Befragung insgesamt als Zumutung empfunden wird. Jeder dieser Schritte ist von Erwartungen und von sozialen Normen beeinflusst. Bei persönlichen Interviews ist dies für jeden offenkundig. Das Aussehen der Interviewerin, ihre Art zu fragen, ihre Formulierungen, ihre Art, während der

---

1 Wenn das unwahrscheinlich ist, muss man die aufwändigeren Verfahren Beobachtung oder Experiment wählen.

Antwort zu reagieren, all das beeinflusst ganz offensichtlich das Verhalten der interviewten Person. [2]

Interviewereinflüsse gibt es aber nicht nur bei persönlichen Befragungen. Sie sind auch nicht auf eindeutig suggestive Fragen bei schriftlichen Befragungen beschränkt. Sehr viel weniger wird beachtet, dass Interviews sehr häufig den Befragten durch die Situation suggerieren, sie müssten auf jeden Fall eine Antwort auf die gestellte Frage oder eine Meinung zu dem infrage stehenden Problem haben. Atteslander 1984, 100 berichtet von einer Befragung, in der dieselbe Frage nach der Akzeptanz einer militärischen Vereinbarung zwischen Amerika und Russland einmal so gestellt wurde, dass die Befragten einfach ihre Meinung dazu äußern sollten, und einmal so, dass zunächst gefragt wurde, ob sie schon eine Meinung dazu hätten und, wenn ja, welche. Im ersten Fall gab es nur 15,2 % Unentschiedene bzw. nicht antwortende Befragte, im zweiten Fall erklärten 56,2 % der Befragten, sie hätten zu diesem Thema noch keine Meinung. Die Situation, die das Interview schafft, beeinflusst also ganz deutlich die Antworten. Effekte wie die oben angegebenen ergeben sich natürlich auch aus der Situation, dass die Befragende ein ganz anderes Interesse an den Ergebnissen des Interviews hat als der Befragte. Befragende, die meist ein klares Ergebnis für ihre Untersuchung haben wollen, sind an „Weiß nicht"-Antworten im Normalfall nicht interessiert.

Die übliche Methode, die Interviewer-Effekte so gering wie möglich zu halten, ist eine möglichst starke Lenkung der Interviews oder Befragungen. Dadurch kann man sicherstellen, dass wenigstens alle Befragten dieselben Fragen erhalten haben, selbst wenn unterschiedliche Interviewerinnen die Fragen gestellt haben. Die starke Festlegung und die damit verbundene Reduzierung von Interviewer-Effekten haben allerdings auch Nachteile in Bezug auf eventuell bei der Erstellung der Fragenfolge nicht bedachte Einzelheiten. So kann es sein, dass in einem wenig strukturierten Interview die Befragten von selbst Aspekte einbringen, an die die Interviewerin nicht gedacht hätte. Deswegen wird empfohlen, bevor man mit stark gelenkten Interviews eine größere Menge von Personen befragt, zunächst einmal explorativ nicht so stark gelenkte Interviews mit am Thema interessierten Personen vorzunehmen, die eventuell von sich aus mögliche weitere Aspekte, nach denen man fragen könnte, einbringen.

Interviewerverhalten

Für die Interviewerinnen gibt es Anweisungen, wie sie sich verhalten sollten. Dabei ist ganz wichtig, dass sie Hörersignale (z.B. *hmhm, hm*) geben, die nicht als Bewertung der Antwort – wohl aber als Interesse – aufzufassen sind, und dass sie sich dabei unter Kontrolle haben, sodass sie nicht bei von ihnen erwünschten Antworten viel mehr solche Signale abgeben als bei nicht er-

2 Zur nonverbalen Ebene der Kommunikation bei der Befragung ist noch keineswegs alles erforscht. So gibt es z.B. keine Anleitungen zum Umgang mit offensichtlichen Ironiesignalen bei Interviewten usw.

wünschten.[3] Interviewerinnen in persönlichen Interviews sollen freundlich-interessiert wirken, eine eigene Meinung darf man ihnen nicht anmerken. Es erfordert ein gewisses Training, so zu wirken. Am geeignetsten für die Befragung sind tatsächlich Personen, die keinerlei Interesse an einem bestimmten Ergebnis der Untersuchung haben, denen also die untersuchte Frage ziemlich egal ist. Dies gilt für die Fälle, in denen es um die Erhebung von Meinungen oder um Berichte über Verhalten geht. Wenn die Frage nur darauf abzielt, Sprache aufzunehmen, weil z.B. die Art der Realisierung des Phonems /r/ untersucht werden soll oder ein bestimmtes grammatisches Phänomen elizitiert werden soll, sind die Gefahren von Interviewer-Effekten geringer. Aber auch hier sollte die Interviewerin nicht eine der möglichen Varianten selbst vorgeben in der Frage, die sie stellt.[4]

schriftliche Befragung

Auch die schriftliche Befragung ist natürlich eine Möglichkeit zur Reduktion von Interviewer-Effekten, zumindest sind die Interviewer-Effekte dann reduziert auf diejenigen, die die Fragebogenschreiberin zu verantworten hat. Jeder Befragte bekommt dieselben Fragen und niemand wird beeinflusst durch eventuelle Reaktionen seiner Gesprächspartnerin. Das ist nur **ein** Vorteil der schriftlichen Befragung, ein weiterer Vorteil ist, dass man in erheblich kürzerer Zeit viel mehr Personen befragen kann und somit leichter auf eine akzeptable Größe der Stichprobe kommt. Trotzdem gibt es einige Probleme. Bei der schriftlichen Befragung ist die Befragungssituation kaum kontrollierbar. Es können andere Personen die Antworten des Befragten beeinflussen, eventuell wird der Fragebogen, wenn er verschickt wird, gar nicht von der Person ausgefüllt, die für die Befragung ausgewählt wurde und zur Stichprobe gehört. Man hat die Erfahrung gemacht, dass in Firmen Fragebögen, die sich an den Chef richteten, sehr häufig von den Sekretärinnen ausgefüllt wurden. Dies ist ein Fall, in dem wenigstens ein Rücklauf des Fragebogens erfolgt, sehr häufig werden aber schriftlich zugestellte Fragebögen überhaupt nicht beantwortet. Beantwortet werden sie nur von Personen, die ein besonderes Interesse an der jeweiligen Fragestellung haben oder die aus irgendwelchen Gründen gern Fragebögen ausfüllen. Häufig beträgt der Rücklauf bei derartigen Fragebogenaktionen um die 20 %, man spricht dann von einer „Selbstselektion der Stichprobe". Das ist insofern problematisch, als sich die Personen, die den Fragebogen beantworten, von der Grundgesamtheit, über die man Aussagen machen will, in wesentlichen Merkmalen unterscheiden könnten. Denken Sie z.B. an Fragen zum Sprachunterricht. Diejenigen, die unbedingt ihren Frage-

Selbstselektion

---

[3] Auch die Art der Hörersignale ist wichtig. Das Hörersignal *ja*, das vor allem Frauen häufig benutzen, um zu zeigen, dass sie die Ausführungen des Sprechers verstehen, wird oft als Zustimmung missverstanden. Auch *hmhm* sollte nicht mit bejahender oder verneinender Intonation verwendet werden.

[4] Wenn es z.B. um den Gebrauch der Tempora bei der Bezeichnung von Zukünftigem geht, ist weder die Frage: „Was machen Sie im nächsten Urlaub?" noch „Was werden Sie im nächsten Urlaub machen?" sinnvoll, sondern etwas wie „Was sind Ihre Pläne für den nächsten Urlaub?".

bogen einschicken wollen, sind oft die ganz Begeisterten und die stark Verärgerten oder die besonders Enttäuschten. Damit hat man aber nur Befragungsergebnisse zu den Extremgruppen. Was die breite Mehrheit denkt, erfährt man nicht. Es gibt einige Verfahren, dieses Problem wenigstens teilweise in den Griff zu bekommen. Wenn man die Fragebögen nicht persönlich austeilt, sondern mit der Post schickt, dann gibt es die Möglichkeit, bei ungenügendem Rücklauf telefonisch oder schriftlich zu mahnen. Bei schriftlichen Mahnungen verschickt man sinnvollerweise gleich den Fragebogen wieder mit, damit die angeschriebene Person nicht ihren alten Fragebogen suchen muss. Dies ist natürlich auch ein Kostenfaktor, denn bei jeder solchen Mahnung muss wieder ein frankierter Rückumschlag beigelegt werden. Man geht aus Kostengründen mehr und mehr dazu über, die Fragebögen per Mail (oder mit Verlinkung zu einer Online-Befragung) zu verschicken, was allerdings die Probleme mit dem Rücklauf keineswegs löst und zudem, wenn keine nur einmal gültigen Zugangsdaten gegeben werden, ermöglicht, den Fragebogen mehrmals auszufüllen. Wenn Erhebungen in Schulen oder mit Studierenden-Gruppen gemacht werden, so hat sich das Verfahren bewährt, dass man die Fragebögen in Anwesenheit der Verteilenden ausfüllen lässt und danach gleich wieder einsammelt. So kommt man zu akzeptablen Rücklaufquoten. Wenn die Schüler oder Studierenden die Fragebögen mit nach Hause nehmen, so kommt nur ein erheblich geringerer Teil wieder an die Befragerinnen zurück.

Fragebogenlänge

Die Länge des Fragebogens spielt ebenfalls eine Rolle für die Rücklaufquote, weil die zu Befragenden meist nicht viel Zeit investieren wollen (auch deswegen sollte man direkt am Anfang der Befragung einen Hinweis geben, wie viel Zeit die Befragung in Anspruch nehmen wird). Fragebögen von mehr als vier Seiten werden deshalb seltener ausgefüllt, vor allem wenn sie auch noch offene Fragen enthalten, bei denen die Befragten selbst eine Antwort formulieren müssen. Das wirkt sich umso stärker aus, je weniger interessant die Befragten das Thema und die Gestaltung des Fragebogens finden. Ebenso zu beachten ist, dass, wenn man sich für eine Online-Befragung entscheidet, nicht mehr als eine Frage pro Bildschirmseite gestellt werden soll, und bei jeder Frage ein Hinweis erscheinen soll, wie viele Fragen noch zu beantworten sind, z.B. „Frage 4/21“). So vermeidet man Motivationsverlust, der durch ein falsches Einschätzen der Fragebogenlänge entstehen kann.

5.1 Die Wahl der Stichprobe

5.1.1 Auswahl der Befragten

Wenn wir eine Befragung durchführen, haben wir selten die Möglichkeit, alle Betroffenen, über die wir gern eine Aussage machen wollen, auch tatsächlich zu befragen. Wir wählen also nur einen Teil der Betroffenen aus, eine sogenannte Stichprobe (alle Betroffenen wären die „Grundgesamtheit“). Die Frage nach der Auswahl der Stichprobe stellt sich zwar bei jeder empirischen

Stichprobe vs. Grundgesamtheit

Untersuchung, aber da es bei Befragungen relativ leicht möglich ist, eine akzeptable Auswahl der Stichprobe zu erreichen, wird bei Befragungen erheblich mehr als bei anderen Untersuchungen darauf geachtet, dass die Wahl der Stichprobe angemessen ist.

Was wir erreichen wollen, ist immer eine Aussage, die generell oder doch für einen möglichst großen Anwendungsbereich gilt, nicht nur für die eingeschränkte Gruppe, die wir tatsächlich untersucht haben (wer interessiert sich für das Ergebnis „In der Klasse 5b des Herder-Gymnasiums in Immekeppel funktioniert der Englischunterricht mit der Grammatik-Übersetzungsmethode besser als der mit einem aufgabenorientierten Unterricht"?). Wir können aber nicht jeden Sprachenlerner untersuchen. Also müssen wir unsere Aussage anhand der Untersuchung einer sogenannten Stichprobe machen. Meinungsforschungsinstitute tun nichts anderes: Sie fragen am Tag der Wahl 2000 Deutsche, wen sie gewählt haben, errechnen das Wahlergebnis, das sich bei diesen 2000 – allerdings sehr gut ausgewählten – Leuten ergeben hätte, und sagen vor der Auszählung schon, wie das Ergebnis der Wahl sein dürfte. Das Verblüffende ist: Sie irren sich selten in mehr als ein bis zwei Prozent, obwohl sie doch einen verschwindend kleinen Anteil von der gesamten Anzahl der Wähler befragt haben. Das Geheimnis des Erfolgs der Stichprobenwahl liegt nicht darin, dass man einen möglichst großen, sondern einen möglichst gut ausgewählten Teil der Grundgesamtheit untersucht.[5]

Zufallsstichprobe

Das kann man mit zwei verschiedenen Verfahren erreichen. Das eine Verfahren nennt man „Zufallsstichprobe". In diesem Fall muss man mit geeigneten Verfahren sicherstellen, dass jedes Mitglied der Grundgesamtheit die gleiche Chance hat, in die Stichprobe zu kommen. Echte Zufallsstichproben lassen sich z.B. erzielen, wenn man eine Kartei/Datenbank der infrage kommenden Personen hat, aus der man blind diejenigen wählen kann, die man in die Stichprobe nimmt. Idealerweise sind die Personen in einer Liste nummeriert, dann kann man sich vom Computer Zufallszahlen für die entsprechende Anzahl geben lassen. So etwas hat man aber meist nicht. Sehr häufig werden Zufallsstichproben (immer noch) aus Telefonbüchern genommen. Wenn man z.B. für eine Untersuchung zu den Trinkgewohnheiten in Köln Interviewpartner sucht, dann schlägt man blind eine Seite des Kölner Telefonbuchs auf und tippt auf einen Eintrag, dann wiederholt man das so lange, bis man die gewünschte Zahl an Personen hat, oder man nimmt einen sogenannten Zufallsrechner zu Hand. Man muss sich darüber im Klaren sein, dass man so genau genommen keine Aussagen über die Gesamtbevölkerung Kölns macht, sondern höchstens eine Aussage über diejenigen Kölner Telefonbesitzer, die im Telefonbuch verzeichnet sind. Aber selbst bei den etwa 88 % der Bevölkerung Deutschlands, die ein Telefon im Haushalt haben, hat nicht jeder die gleiche Chance, in die Stichprobe aufgenommen zu werden.

5 Es gibt natürlich Untergrenzen, die man einhalten muss. Wenn man extrem kleine Gruppen untersucht, gibt es keine Chance mehr, dass Einzelfälle, die sich deutlich vom Durchschnitt unterscheiden, in der Masse untergehen.

Arbeitsmigranten haben z.B. weniger Festnetzanschlüsse, Singles haben ein Telefon für sich alleine, Familienmitglieder im Normalfall nicht, und immer mehr Menschen haben überhaupt keinen Festnetzanschluss, sondern nur ein Mobiltelefon. Damit werden Singles in der Stichprobe überrepräsentiert sein, Arbeitsmigranten unterrepräsentiert. Zudem ist nicht jeder Telefonbesitzer im Telefonbuch eingetragen, vor allem alleinstehende Frauen und Akademiker lassen sich oft nicht ins Telefonbuch eintragen. Ein weiteres Problem ergibt sich erst mit der Art der Kontaktaufnahme mit den betreffenden Mitgliedern der Stichprobe. Im Telefonbuch stehen meist die Haushaltsvorstände, wenn man sich also schriftlich an die eingetragenen Personen wendet, sind die Haushaltsvorstände überrepräsentiert. Ruft man aber an, sind diejenigen überrepräsentiert, die mit Begeisterung ans Telefon gehen, und das sind häufig die Kinder und Jugendlichen im Haushalt. Die Besitzer von Anrufbeantwortern werden in einer solchen Umfrage dagegen eher unterrepräsentiert sein, wenn man es nicht immer wieder bei ihnen versucht – die Wahrscheinlichkeit, dass jemand für eine Umfrage zurückruft, ist sehr gering. Da Telefonbücher die einzigen jedermann zugänglichen Listen von möglichen Befragten sind, werden trotz all dieser Mängel oft Zufallsstichproben aus Telefonbüchern gezogen. Eine echte Zufallsauswahl ist wegen der geschilderten Probleme häufig nicht möglich, dennoch ist die Telefonbuch-Methode immer noch besser als eine Auswahl aufs Geratewohl.[6]

Quotenverfahren

Die andere Möglichkeit der Zusammenstellung der Stichprobe ist das Quotenverfahren. Bei diesem Verfahren wählt man seine Stichprobe nach bestimmten Merkmalen, die für die Untersuchung relevant sein könnten, und stellt die Stichprobe so zusammen, dass sie im Hinblick auf diese Merkmale der Grundgesamtheit entspricht. Die Merkmale der Grundgesamtheit findet man, wenn die Grundgesamtheit die Bevölkerung der BRD ist, im Statistischen Jahrbuch, das jedes Jahr vom Statistischen Bundesamt herausgegeben wird und u.a. in jeder Universitätsbibliothek zu finden ist. Für unser Beispiel mit der bevorzugten Lehrmethode im Englischunterricht der Schule könnten z.B. folgende Merkmale relevant sein: Alter, besuchter Schultyp, Geschlecht, Stadt-/Landbevölkerung. Wir müssten darauf achten, dass die Verteilung bei diesen Merkmalen in etwa der Verteilung in der Grundgesamtheit der Schüler in diesem Land entspricht. Diese Daten können wir gut anhand des Statistischen Jahrbuchs mit dem Quotenverfahren an die Grundgesamtheit angleichen. Was Art und Dauer des bisher erteilten Unterrichts, Englisch als 1. oder spätere Fremdsprache und eventuell noch weitere uns interessierende Merkmale betrifft, kann uns das Jahrbuch allerdings nicht helfen, eventuell ist es nötig, selbst Zahlen zu erheben. Professionelle Marktforschungsinstitute und die erwähnten Wahlforscher arbeiten mit solchen nach dem Quotenverfahren zusammengestellten Stichproben. Wenn Sie selbst so eine

[6] Sollten Sie sich zu diesem Vorgehen entschließen, nennen Sie aber die damit verbundenen Probleme in Ihrem Bericht, damit man nicht denkt, Sie würden ganz naiv davon ausgehen, so könne man eine gute Zufallsstichprobe zusammenstellen.

Stichprobe zusammenstellen wollen, überlegen Sie sich genau, welche Merkmale wirklich relevant sind. Je mehr Merkmale Sie berücksichtigen wollen, umso schwieriger wird es, die Personen so auszuwählen, dass sie die Grundgesamtheit genau abbilden, weil jede befragte Person mehrere Merkmale hat. Am Ende brauchen Sie sonst, um die Anforderungen der Quote zu erfüllen, z.B. einen Jungen aus einem ländlichen Kreis in Berlin, der Englisch in der Grundschule lernt und 17 Jahre alt ist.

5.1.2 Die Größe der Stichprobe

Stichprobengröße

Da wir nur eine Auswahl aus der Gesamtzahl der interessierenden Personen befragen, erhebt sich die Frage, wie viele wir insgesamt befragen müssen. Sollten wir zum Beispiel wissen wollen, was Studierende über ihren Kultusminister denken, dann bilden alle eingeschriebenen Studierenden des Landes die Grundgesamtheit. Wenn wir wissen wollen, ob Germanistik-Studierende einer bestimmten Hochschule mit ihrem Studiengang zufrieden sind, dann bilden alle Germanistikstudierenden dieser Hochschule zusammen die Grundgesamtheit. Weil auch bei diesen noch überschaubaren Gruppen in der Regel nicht die Gesamtzahl befragt werden kann, muss eine Stichprobe gemacht werden. Als Hilfestellung bei der Ermittlung, wie groß diese Stichprobe sein muss, wenn es sich um eine Zufallsstichprobe handelt, kann man ein Programm benutzen. Das Internet bietet eine Reihe solcher „Stichproben-Rechner“, die üblicherweise auch Erläuterungen enthalten, sodass man die nötige Stichprobengröße berechnen kann. Man findet sie über die gängigen Suchmaschinen mit dem Suchbegriff *sample size calculator*. Da die Stichprobengröße, die für eine repräsentative Untersuchung nötig ist, in der Praxis bei Bachelor- und Masterarbeiten nie erreicht wird, verzichten wir auf eine ausführliche Besprechung.

5.2 Befragungsarten

5.2.1 Offene Konzepte, explorative Interviews

offene Befragung

Unter einer „offenen Befragung“ versteht man eine Befragung, bei der die Befragten frei antworten können und Gelegenheit haben, eigene Formulierungen und Gedanken einzubringen. Zunächst mag es so aussehen, als sei „offen“ und „nichtstandardisiert“ dasselbe, aber der Unterschied liegt in den einzelnen Fragen, die „offen“ (d.h. ohne vorgegebene Antwortkategorien) oder „geschlossen“ (mit vorgegebenen Antwortkategorien) sein können. Man kann also auch eine standardisierte Befragung mit offenen Fragen durchführen, dies ist allerdings nicht üblich, weil man offene Befragungen meist ohne feste Abfolge der Fragen mit einer kleinen Gruppe durchführt. Die offene Befragung wird oft vor einer geschlossenen Befragung angewandt, um zunächst einmal einen Überblick darüber zu bekommen, welche Themenbereiche angesprochen werden könnten und welche Arten von Antworten gegeben werden. Sie können in der explorativen Phase der Forschungsarbeit helfen, genauer zu erfahren, welche Fragen in der endgültigen Befragung bei einer größeren Gruppe angesprochen werden sollten. Manche Details kann eine Forscherin nicht schon vorher wissen, sondern erhebt sie in Gesprächen mit Experten oder mit Betroffenengruppen. Wer eine qualitative Studie durchführt, arbeitet meist mit offenen Befragungen.

Angenommen, Sie führen eine Befragung zum Korrekturverhalten von Lehrpersonen durch, wobei Sie wissen wollen, was die Schüler akzeptieren und was sie stört. Dann werden Ihnen einige offene Befragungen mit Schülern helfen, erst einmal das Spektrum von vorkommenden – beliebten und unbeliebten – Korrekturtechniken zu erfahren. Nach diesen Techniken können Sie dann später präzise fragen. Auch die günstigste Reihenfolge der Fragen kann in der explorativen Phase der Untersuchung durch offene Fragen ermittelt werden (welche Themen sprechen die befragten Personen von sich aus in welcher Reihenfolge an?).

Reihenfolge

Die Reihenfolge der Fragen ist nämlich nicht beliebig. Zu Beginn des Interviews braucht der Befragte meistens einige Fragen als Anlaufphase, um sich an die Situation des Interviews zu gewöhnen. Auch bei einem Themenwechsel braucht der Interviewte eine gewisse Zeit, um sich auf das neue Thema einzustellen und an Details zu erinnern. Daher ist es ungünstig, die wichtigsten Fragen gleich zu Anfang zu stellen. Die Befragung sollte mit einigen leicht zu beantwortenden Fragen eingeleitet werden. Solche Einleitungsfragen können außerdem zum Aufbau der sozialen Beziehung zwischen Interviewerin und Interviewtem genutzt werden sowie zu einer allgemeinen Orientierung über den Kontext der Befragung. Bleiben wir bei unserem Beispiel mit dem Korrekturverhalten. Ein allgemeiner Kontext, der den Interviewten auch anhand der ersten Fragen klar werden sollte, wäre z.B., dass es um eine wissenschaftliche Untersuchung über die Effektivität verschiedener Korrekturverhaltensweisen geht, und nicht etwa um die Ermittlung der Zufriedenheit mit einzelnen Lehrpersonen. Bei linguistischen Befragungen, bei denen selten nach Dingen gefragt wird, die ungern preisgegeben werden, stehen am Anfang oft die Fragen zur Person (Altersgruppe, Dialektgebiet, in dem die Person aufgewachsen ist, Familiensprachen u.ä.).[7]

Antwortkategorien finden

Auch die relevanten Antwortkategorien werden häufig in der offenen Befragung eruiert. Der Forscherin ist oft nicht klar, welche Antwortkategorien bei den Befragten später auftauchen werden, und ob sie selbst alle Antwortkategorien bedacht hat, die die Befragten später produzieren würden. In minimal strukturierten Interviews, in denen so wenig Themenkontrolle wie möglich ausgeübt wird, kann die Vollständigkeit und Klarheit der vorgesehenen Antwortkategorien überprüft werden, und wenn einige Antwortka-

7 Z.B. Fragen nach dem Einkommen werden häufig nicht gern beantwortet und deshalb in Interviews oft ans Ende gestellt; sie werden aber in linguistischen Befragungen kaum gestellt.

tegorien sich als unvollständig oder unnötig erweisen, kann man sie verbessern.

Während der wenig strukturierten Interviews zu Beginn der Untersuchung kann man oft auch Informationen über mögliche Interviewpartner für die Hauptuntersuchung bekommen. Bei Lehrerbefragungen z.B. erfährt man meist, wer sich mit dem zu untersuchenden Thema besonders beschäftigt hat und Interesse an der Untersuchung hätte.

sprachliche Besonderheiten

Auch sprachliche Besonderheiten der untersuchten Gruppe können in den explorativen Interviews festgestellt werden. Das trifft sowohl für Dialektsprecher als auch für die Sprache von einzelnen Gruppen, z.B. Jugendlichen, zu. Es ist ungünstig, wenn man in den eigentlichen Interviews Dinge nicht kodieren kann, weil man die Antworten auf Grund ungewohnter Ausdrücke nicht versteht (z.B.: Ist nun *urst* gut oder schlecht?).

Ein weiterer Vorteil der offenen Befragung ist das Abbauen von Hemmschwellen. Es kann durchaus sein, dass Kommunikationspartner, die wir befragen, uns gegenüber behaupten, sie würden sich normgerecht verhalten. Das betrifft durchaus auch sprachliches Verhalten. Sprecher schämen sich oft für ihr sprachliches Verhalten, wenn sie gelernt haben, dass dieses Verhalten falsch sei (*Ich bin die Kuh am Stall am Schwanz am raus am Ziehen* sagen z.B. alle rheinischen Grundschullehrpersonen ihren Schülern, um ihnen Wendungen wie *Ich bin am Arbeiten* abzugewöhnen. Folglich sagen befragte Rheinländer auch meist, dass sie diese Form nie verwenden). In solchen Fällen kann man Hemmschwellen abbauen, indem nicht nach einem festgelegten Schema („inquisitorisch"), sondern locker gefragt wird. In Extremfällen kann auch die Interviewerin selbst die nicht normgerechte Form benutzen.

Experteninterviews

Es kann auch sein, dass es sinnvoll ist, erst mit Menschen zu sprechen, die Erfahrung haben im Umgang mit den Personen, die wir eigentlich untersuchen wollen. In unserem Fall sind das häufig ihre Lehrpersonen.[8]

Eine weitere Möglichkeit, „offen" zu Fragestellungen für die eigene Untersuchung zu kommen, sind Gruppendiskussionen, die man als Forscherin beobachtet oder anregt. Sie haben aber nur Sinn, wenn die Gruppe in Gegenwart der Forscherin auch normal diskutiert. Gruppendiskussionen unterscheiden sich von Gruppenbefragungen dadurch, dass die Teilnehmer an der Gruppendiskussion nicht nur Fragen beantworten, sondern auch selbst Fragen stellen. Indem die Gruppenmitglieder auch untereinander diskutieren und eigene Themen einführen, können Aspekte aufkommen, auf die die Forscherin als Außenstehende nicht gekommen wäre.

[8] Wir vermeiden hier den unklaren Begriff „Experteninterview", weil damit recht verschiedene Dinge gemeint sein können. Auf sich als qualitativ verstehende Arten von Interviews gehen wir, wie im einleitenden Kapitel erwähnt, in diesem Buch nicht ein.

5.2.2 Geschlossene Konzepte, festgelegte Fragefolgen

Interviews

Wenn man Meinungen erfahren will, ist wohl das gebräuchlichste Verfahren das Interview, das mündlich anhand eines stark strukturierten Fragebogens (Interviewleitfadens) als Einzelinterview geführt wird. Die Fragen werden dabei in einer vorher festgelegten Reihenfolge gestellt, eigene Ideen oder Exkurse der Befragten sind bei einem so schematischen Vorgehen allerdings kaum zu verwerten. Auf den Aufbau eines solchen das Interview strukturierenden Fragebogens sowie auf die dabei verwendeten Fragearten gehen wir im nächsten Abschnitt ausführlicher ein. Die mündliche Befragung anhand eines strukturierten Fragebogens kann im direkten *Face-to-face*-Gespräch durchgeführt werden oder als telefonisches Interview. Bei der schriftlichen Befragung soll der Befragte, wie erwähnt, ohne Kontakt mit einer Interviewerin einen Fragebogen ausfüllen. In den überwiegenden Fällen wird dieser Fragebogen einer nach dem Quotenverfahren zusammengestellten Gruppe per Post oder Mail zugeschickt und es wird erwartet, dass die Antwort in vorbereiteten Rückantwort-Umschlägen oder per Mail an die Untersuchungsleiterin zurückgeschickt wird. Einige Nachteile dieser Art der Befragungen wurden bereits erwähnt, nämlich dass keine Kontrolle der Interviewsituation vorliegt, sodass der Befragte die Fragen nicht in der vorgegebenen Reihenfolge zu bearbeiten braucht und sich sehr lange Zeit nehmen kann, um sich mit bestimmten Fragen auseinanderzusetzen, sodass keine spontanen Antworten gegeben werden, wobei man außerdem nie ganz sicher sein kann, wer einen schriftlichen Fragebogen ausgefüllt hat und unter welcher Beeinflussung durch Dritte. Ein weiterer Nachteil der schriftlichen Befragung ist, dass offensichtliche Missverständnisse nicht durch eine Ansprechpartnerin zu klären sind. Die befragte Person hat keine Möglichkeit, Rückfragen zu stellen. Ein ungelöstes Problem bei schriftlichen Befragungen ist nach wie vor auch die Rücklaufquote. Es ist keineswegs so, dass die Rücklaufquote nur vom Fragebogen selbst beeinflusst wird. Die Länge des Fragebogens spielt eine gewisse Rolle; längere Fragebögen kommen noch seltener zurück als kürzere, aber der Unterschied liegt nur bei etwa 5 %.

Fragebogen

standardisiertes vs. nichtstandardisiertes Interview

Die Unterscheidung in „standardisiertes" und „nichtstandardisiertes Interview" bezieht sich auf die Art der vorgegebenen Antwortkategorien. Als „standardisiert" wird ein Interview bezeichnet, wenn die Antworten zu den einzelnen Fragen vorab in Kategorien zusammengefasst wurden. Beim nichtstandardisierten Interview wird die Kategorisierung der Antworten von den Auswerterinnen später vollzogen, die Interviewerin nimmt auf Tonband auf oder (seltener) schreibt alles mit. Wenn man die Antwortkategorien vorher festlegt, dann können die Antwortkategorien den Befragten mit der Frage gleichzeitig vorgelegt werden, in persönlichen Interviews können sie aber auch nur der Interviewerin bekannt sein. Ihre Aufzeichnungsarbeit wird natürlich dadurch erleichtert, dass sie nur die richtige Antwortkategorie ankreuzt, nicht die Antwort mitschreibt (allerdings muss sie unerwartete Ant-

vorgegebene Antwortkategorien

worten unter Zeitdruck kategorisieren, was eine Fehlerquelle darstellen kann).

Wenn es um Meinungsbefragungen geht, dann stellt sich die Frage, ob eine einfache *Ja-Nein*-Antwortmöglichkeit angemessener ist, oder ob mehrere Kategorien besser geeignet sind, die verschiedenen Meinungen wiederzugeben. Für die *Ja-Nein*-Alternative spricht, dass die Befragten zu einer klaren und eindeutigen Stellungnahme gezwungen werden, während mehrere Alternativen die Möglichkeit des Ausweichens auf eine mittlere Kategorie geben, die erfahrungsgemäß sehr häufig genutzt wird, wodurch man kein aussagefähiges Ergebnis bekommt. Das ist nicht wünschenswert, wenn die Befragten durchaus zu einer der Alternativen tendieren, ihnen jedoch in der Befragungssituation die mittlere Kategorie als der „sichere Weg“ erscheint. Umgekehrt kann man auch unerwünschte Effekte bei der *Ja-Nein*-Alternative bekommen. Es könnte sein, dass die befragten Personen eigentlich „weiß nicht“ oder „mal so, mal so“ antworten wollen und durch das alleinige Vorgeben von „Ja“ und „Nein“ zu einer Antwort gezwungen werden, die das Ergebnis verfälscht. Es empfiehlt sich also in vielen Fällen, Ausweichkategorien zu geben. Wie immer man die Antwortkategorien vorgibt, die Gefahr einer Beeinflussung der Ergebnisse der Befragung besteht. Man sollte darüber nachdenken, was für die eigene Untersuchung die bessere Lösung ist, und diese Überlegungen auch im Forschungsbericht erwähnen.

Um eine Suggestiv-Wirkung zu verhindern, sollte bei der Antwortvorgabe auf jeden Fall darauf geachtet werden, dass beide Alternativen bereits in der Frage enthalten sind (Beispiel: „Bevorzugen Sie einsprachigen Unterricht oder ist es Ihnen lieber, wenn die Lehrperson gelegentlich muttersprachliche Erklärungen gibt?“). Das macht einfache *Ja-Nein*-Antworten schwierig, denn bei Fragen, die mit *ja* oder *nein* zu beantworten sind, fehlt normalerweise eine der beiden Alternativen. Wenn man mehrere Antwort-Alternativen vorgibt, sollten sie sich nicht inhaltlich überschneiden, und vor allem sollte auf ein Gleichgewicht zwischen positiven und negativen Antwortkategorien geachtet werden.[9] Ein Beispiel:

Sprechen Sie mit Ihrer Frau Dialekt?
❍ immer ❍ häufig ❍ gelegentlich ❍ selten ❍ nie

Man kann dieselbe Frage auch so stellen, dass man eine Anzahl von Ziffern vorgibt, wobei eine Ziffer für „immer“ und eine Ziffer für „nie“ steht und die Befragten im Interview die Zahl nennen, bzw. in der schriftlichen Befragung eine Zahl umkringeln können, ohne dass sie eine direkte Verbalisierung für

[9] Falsch wäre also z.B. eine solche Beschriftung der Antwortkategorien:

Sprechen Sie mit Ihrer Frau Dialekt?
❍ immer ❍ wenn wir miteinander allein sind ❍ gelegentlich ❍ selten ❍ fast nie

die Zwischenkategorien finden müssen. Diese Form wird vor allem bei schriftlichen Befragungen häufig verwendet, auch mit anderen Eckpunkten, und wird als „Likert-Skala" bezeichnet.

> Es sollte mehr Fremdsprachenunterricht an Schulen geben
> vollkommen einverstanden 1 2 3 4 5 6 7 überhaupt nicht einverstanden

Wichtig bei Reihen von Aussagen dieser Art, die jeweils anzukreuzen oder zu umringen sind, ist, dass man die Befragten durch die Art der Fragestellung nicht dazu verleitet, immer dieselbe Zahl zu nennen oder die gesamten Reihen immer an derselben Stelle anzukreuzen. Das geht meist recht einfach, indem man gelegentlich auch verneinte oder anders zu wertende Aussagen einfügt.

> Es sollte mehr Fremdsprachenunterricht an Schulen geben
> sehr einverstanden 1 2 3 4 5 6 7 überhaupt nicht einverstanden
>
> Der jetzige Umfang des Fremdsprachenunterrichts reicht völlig aus
> sehr einverstanden 1 2 3 4 5 6 7 überhaupt nicht einverstanden

nichtstandardisiert

Beim nichtstandardisierten Interview wird auf eine vorgegebene Kategorisierung der Antworten verzichtet. Das bedeutet, nicht der Befragte oder die Interviewerin klassifiziert die Antworten nach der Zugehörigkeit zu bestimmten Kategorien, sondern das geschieht nachträglich durch die auswertende Forscherin. Der Vorteil dabei ist, dass viel Zeit für die Klassifizierung zur Verfügung steht, andererseits besteht dann keine Möglichkeit mehr für Rückfragen.

5.2.3 Die Wahl zwischen offenen und geschlossenen Fragen

offene vs. geschlossene Fragen

Wie erwähnt, geht es um den Spielraum, der bei der einzelnen Frage für die Antworten gelassen wird. Die offene Frage enthält keine festen Antwortkategorien. Eine offene Frage wäre z.B. „Wie gefällt Ihnen Ihr Sprachlehrbuch?". Die befragte Person kann ihre Antwort völlig selbstständig formulieren und die Interviewerin hat die Aufgabe, die Äußerungen der Auskunftsperson so genau wie möglich zu notieren bzw. auf Tonträger aufzunehmen. Erst bei der späteren Auswertung werden die Antworten bestimmten Kategorien zugeordnet. Bei der geschlossenen Frage werden den Befragten mit der Frage auch alle für die Auswertung vorgesehenen Antworten nach Kategorien geordnet vorgelegt. Die Aufgabe besteht lediglich darin, dass sie aus diesen Antwortmöglichkeiten ihre Antwort auswählen. Geschlossene Fragen wären z.B. „Gefällt Ihnen Ihr Sprachlehrbuch? ja – teilweise –

nein." oder „Wie würden Sie Ihr Sprachlehrbuch am ehesten charakterisieren? sehr interessant – interessant – geht so – langweilig – sehr langweilig".[10]

In der Beurteilung der offenen versus geschlossenen Frageform wird als grundsätzlicher Unterschied angeführt, dass offene Fragen vom Befragten verlangen, sich an etwas zu erinnern, geschlossene Fragen dagegen, etwas wiederzuerkennen. Sich-Erinnern ist schwieriger als Wiedererkennen; auf offene Fragen erhält man daher in der Regel weniger Antworten als auf geschlossene Fragen. Andererseits besteht bei geschlossenen Fragen die Gefahr der Suggestivwirkung, vor allem bei Meinungsfragen, über die der Befragte nie oder kaum nachgedacht hat oder zu denen er sich noch keine Meinung gebildet hat. Offene Fragen helfen, Unwissenheit, Missverständnisse und unerwartete Einordnungen der Frage zu entdecken.[11] Bei unserem Beispiel mit der Frage zum Sprachlehrbuch könnte z.B. herauskommen, dass die Interviewten das Buch in Bezug auf die äußere Aufmachung beurteilen, während die Untersuchungsleiterin an den Inhalt gedacht hatte.

Offene Fragen können auch den Gesprächskontakt und das Interesse am Interview fördern, weil sie einer normalen Gesprächssituation nahekommen. Der Befragte fühlt sich als Gesprächspartner ernst genommen. Geschlossene Fragen erbringen dagegen eine größere Einheitlichkeit der Antworten und erleichtern dadurch die Vergleichbarkeit. Sie erleichtern der Interviewerin die Aufnahmearbeit und der Forscherin die Auswertung. Sie sind auch weniger anfällig für Interviewereffekte, es sei denn, es fehlen Antwortmöglichkeiten, die die Befragten in einer offenen Befragung geäußert hätten.

5.2.4 Direkte und indirekte Fragen

direkte vs. indirekte Fragen

Die Technik der indirekten Befragung versucht, eine Gesprächssituation zu schaffen, in der der Befragte sich auch offen zu Themen äußert, bei denen Normvorstellungen eine Rolle spielen. Die indirekte Befragung eignet sich außerdem dazu, Informationen über Zusammenhänge, die dem Befragten selbst nicht bewusst sind, zu erhalten.

Nun erheben wir als Sprachwissenschaftlerinnen oder Sprachlehrforscherinnen ja selten sehr sensible Daten, trotzdem haben wir auch manchmal mit Normvorstellungen zu tun, z.B. über den richtigen Unterricht oder über das richtige Sprachverhalten. In diesen Fällen kann es vorkommen, dass auch wir indirekte Fragetechniken gebrauchen sollten. Manchmal besteht die

---

10 Hier ist sehr klar festgelegt, welche Dimension gemeint ist. Bei offenen Fragen können völlig verschiedene Dinge angesprochen werden, was es sehr schwierig macht, hinterher eine Kategorisierung zu finden, die das Gesagte wiedergibt, aber trotzdem einen schnellen Überblick ermöglicht. Antworten auf dieselbe offene Frage könnten z.B. sein „Viel zu teuer" oder „Geht mir zu schnell vor, hätte es lieber kleinschrittiger" oder „Manche Bilder sind unrealistisch" usw.

11 Eine Linguistin, die Grammatikalitätsurteile erheben wollte, musste erstaunt feststellen, dass ihr ein Befragter zum zu beurteilenden Satz *Fritz ist größer wie Paul* sagte, er könne zu dessen Korrektheit kein Urteil abgeben, da er weder Fritz noch Paul kenne.

Möglichkeit, eine besonders raffinierte Methode der indirekten Fragetechnik anzuwenden und die Frage so zu stellen, dass eine „richtige" Antwort gar nicht möglich ist. So etwas wurde z.B. gemacht, um Einstellungen verschiedener Personen zu unterschiedlichem Sprachverhalten zu ermitteln. Die Versuchspersonen hörten Bandaufnahmen von jeweils demselben Sprecher. Ihnen wurde aber gesagt, dass es sich um unterschiedliche Sprecher handele. Aufgabe der Versuchspersonen war, den Beruf dieser angeblich unterschiedlichen Sprecher zu erraten. Auf den Bandaufnahmen, die zu beurteilen waren, sprach ein geschulter Schauspieler in unterschiedlichen amerikanischen Soziolekten. Entsprechend bestimmten Merkmalen seiner Sprache wurden ihm Berufe aus einem Spektrum zwischen „Arzt" und „Hafenarbeiter" zugeordnet. In einer direkten Befragung mit Fragen wie beispielsweise „Würden Sie doppelte Verneinung als ein Kennzeichen von Unterschichtsprechern ansehen?" wären wahrscheinlich nicht dieselben Ergebnisse erzielt worden.

5.3 Aufbau eines Fragebogens

Aufbau des Fragebogens

Der Fragebogen/Interviewleitfaden ist das wichtigste Instrument der Befragung; insofern kann man kaum genug Sorgfalt in seine Entwicklung stecken. Üblicherweise geht man beim Aufbau eines Fragebogens nach den folgenden Prinzipien vor. Fragen, von denen man erwartet, dass sie das Interesse des Befragten am ehesten zu wecken vermögen, werden zu Beginn gestellt. Wenn sein Interesse geweckt ist und er sich am Interview zu beteiligen beginnt, wird er eher bereit sein, auf Fragen, die ihn weniger interessieren oder die mehr Überlegungen und Anstrengungen verlangen, zu antworten. Sollen auch heikle Fragen gestellt werden, dann möglichst gegen Ende der Befragung, und zwar aus zwei Gründen.[12] Erstens kann es durchaus sein, dass durch den Ablauf des Interviews der Befragte Zutrauen zur Interviewerin gefasst hat und daher auch bereit ist, auf heikle Fragen einzugehen, und zweitens, wenn der Befragte bei solchen Fragen beginnt, das Interview zu verweigern oder in seinen Antworten höchst zurückhaltend wird, so hat die Interviewerin zumindest die Antworten auf die vorher gestellten unproblematischen Fragen erhalten.

Ein Trick bei Fragen nach negativ bewertetem Verhalten ist, dass man den eigentlichen Fragen einleitende Bemerkungen zum Abbau konventioneller Schranken voranstellt. Ein Beispiel dafür wäre „Viele Schüler benutzen ja Hilfsmittel während der Klassenarbeiten. Könnten Sie mir sagen, wann Sie zum letzten Mal in einer Klassenarbeit ein unerlaubtes Hilfsmittel benutzt haben?" Bei einer solchen – im zweiten Teil sicherlich suggestiven – Frage bekommt man vermutlich mehr zutreffende Antworten, als wenn man direkt fragt „Wann haben Sie zuletzt gemogelt?" (Selbstverständlich sollte man oh-

12 Heikle Fragen wären z.B. Fragen an die Lehrperson zu als unerwünscht geltendem Lehrerverhalten u.ä.

nehin negativ wertende Ausdrücke in derartigen Fragen vermeiden). In manchen Fragebögen sind auch Kontrollfragen eingebaut, die überprüfen sollen, ob die Versuchspersonen übertrieben haben, unaufrichtig waren oder in ihren Urteilen schwanken.[13] Bei linguistischen Fragebögen zur Akzeptanz bestimmter sprachlicher Erscheinungen gibt es immer mehrere Beispiele für ein als gleich angesehenes Phänomen, einerseits wegen der erwähnten möglichen Schwankungen des Urteils, und andererseits, weil man nicht sicher sein kann, dass in einem einzelnen vorgelegten Satz oder einer einzelnen vorgelegten Textpassage nicht irgendetwas zur Wertung durch den Befragten führt, was mit der Untersuchungsfrage gar nichts zu tun hat (er mag oder kennt beispielsweise ein bestimmtes Wort nicht).

Wie bereits erwähnt, ist es wichtig, dass der Fragebogen nicht zu lang wird. Die Befragten sind selten bereit, über eine längere Zeitspanne konzentriert zu antworten. Bei allen Fragen, die man stellen will, muss man sich deshalb überlegen, ob man die möglichen Antworten überhaupt für die Untersuchung verwerten kann.

Am besten geht man wie folgt vor, wenn man seinen Fragebogen/Interviewleitfaden aufstellt:

1. Analyse der Literatur zum Thema, Festlegen der zu erfragenden Inhalte
2. Festlegen der zu befragenden Stichprobe
3. Entscheidung über die Art der Fragen
4. Festlegen von Formulierungen und Reihenfolge der Fragen
5. Erprobung an einer kleinen Gruppe
6. Kontrolle:
   - Wurden alle Fragen verstanden?
   - Ist die Reihenfolge ideal?
   - Liefern alle Fragen ein für die Untersuchung interessantes Ergebnis? (In vielen Untersuchungen braucht man keine Fragen, die immer gleich beantwortet werden.)
   - Sind die Ergebnisse aller Fragen auswertbar?
7. Überarbeitung des Fragebogens
8. Zusammenstellen der zu Befragenden

Ein ausführlicheres Beispiel für die Entwicklung eines Fragebogens findet sich im Internet-Material zum Buch im Zusammenhang mit Aufgabe 4.

---

[13] Zum Beispiel können an verschiedenen Stellen im Fragebogen die folgenden Aussagen stehen, die mit einer Likert-Skale beurteilt werden sollen:
Ich möchte nicht korrigiert werden, wenn ich die Fremdsprache spreche.
Ich finde es wichtig, dass meine Fehler beim Sprechen korrigiert werden.
Es stört, wenn die Lehrperson mit Korrekturen eingreift, wenn jemand gerade spricht.

5.4 Umgang mit der Gefahr von Artefakten

Artefakte

Es lässt sich niemals völlig vermeiden, dass die Befragung selbst die Ergebnisse der Befragung beeinflusst, und die bereits behandelten Interviewer-Effekte sind nur eine der Möglichkeiten dazu. Man kann jedoch den Grad der Verfälschung in gewisser Weise unter Kontrolle halten. Einerseits muss man die Art der Befragung vollständig dokumentieren, sodass andere Wissenschaftlerinnen überprüfen können, in welcher Weise mögliche Beeinflussungen stattgefunden haben können. Andererseits muss man seinen Fragebogen so sorgfältig zusammenstellen, dass aus dem Fragebogen nicht geschlossen werden kann, welches Ergebnis die Untersuchende selbst bevorzugen würde. Dafür ein schlichtes Beispiel: In einer Untersuchung sollen die Probanden Sätze auf ihre Grammatikalität hin beurteilen. Wenn Studierende für eine solche Umfrage einen Fragebogen entwerfen sollen, gehen sie häufig fälschlicherweise so vor, dass sie die Beispielsätze, die die Probanden beurteilen sollen, schon im Fragebogen in einer gewissen Ordnung angeben: Sie bringen zuerst die Sätze, die sie selbst für grammatisch korrekt halten, dann die, bei denen sie selbst zweifeln, dann die, die sie für völlig ungrammatisch halten. Das ist ganz logisch in der Vorgehensweise, und bei der Planung des Fragebogens ist es auch sicher ein wichtiger Schritt (es sollten schließlich auch genügend akzeptable Sätze in der Befragung vorkommen, und die erwartete Verteilung von akzeptablen, zweifelhaften und ungrammatischen Sätzen lässt sich so gut abschätzen). Der Fehler bei einem solchen Verfahren ist jedoch offensichtlich: Die Befragten können – bewusst oder unbewusst – eine Ordnung erkennen, nämlich die Wertung der Autorin des Fragebogens, werden davon beeinflusst und neigen im Allgemeinen dazu, sich diesen impliziten Wertungen des Fragebogens anzuschließen, ohne sich selbst noch weitere Gedanken zu machen. Dass das Ergebnis einer solchen Umfrage dann weitgehend unbrauchbar ist, versteht sich von selbst: Man hat nicht empirisch die Meinungen mehrerer sprachkompetenter Probanden eingeholt, sondern sich im Wesentlichen lediglich die Meinung einer Sprecherin bestätigen lassen. Diese ist als die Linguistin, die den Fragebogen entworfen hat, auch noch eine für ein unbefangenes Grammatikalitätsurteil besonders ungeeignete Person, denn sie hat bereits eine Hypothese im Hinterkopf. Um derartige Beeinflussungen der Probanden so weit wie möglich zu vermeiden, ist es daher wichtig, die zu beurteilenden Beispielsätze möglichst gut gemischt und ohne erkennbares Ordnungsprinzip zu präsentieren.

Distraktoren

Insbesondere wenn es um die Untersuchung sprachlicher Normen geht, ist es auch wichtig, dass die Befragten möglichst nicht erkennen können, um welches grammatische Phänomen es in der Untersuchung geht. Denn wenn sie ein solches Wissen über die Ziele der Untersuchung haben oder meinen zu haben, sind sie in ihrem Urteil nicht mehr die unmittelbar und intuitiv-unreflektiert antwortenden Sprachbenutzer bzw. kompetenten Sprecher, sondern fangen möglicherweise an, sich über das Phänomen Gedanken zu machen, und stellen dazu bewusst eigene Regeln auf oder greifen auf vorhandenes Regelwissen zurück. Da man mit der Untersuchung aber nicht das Wissen der Sprachbenutzer über normative Regeln des Duden oder ähnlicher normierender Instanzen testen möchte, sondern etwas über den Sprachgebrauch und das Sprachempfinden kompetenter Sprecher herauszufinden beabsichtigt, lenkt man die Befragten durch sogenannte Distraktoren vom eigentlichen Thema ab. Distraktoren sind beispielsweise Ablenkersätze, d.h. zusätzliche Beispielsätze, die für das eigentliche Ziel der Untersuchung gänzlich irrelevant sind und in denen es um ein ganz anders gelagertes grammatisches Phänomen oder andere sprachliche Erscheinungen geht.

5.5 Das Klassifizieren von umfangreichen Befragungsdaten für eine differenzierte Auswertung

Wenn wir unsere Befragung auswerten, wollen wir normalerweise nicht nur wissen, wie viel Prozent der Befragten auf welche Frage wie geantwortet haben, wir möchten auch Beziehungen zwischen den Antworten auf die einzelnen Fragen herstellen. Wir möchten z.B. wissen, was die Frauen geantwortet haben im Vergleich zu den Männern oder die Personen, die schon mehr als zwei Fremdsprachen gelernt haben, im Vergleich zu denen, die ihre erste oder ihre zweite Fremdsprache lernen, oder wir wollen wissen, ob diejenigen, die Komparative mit *wie* ablehnen, auch das Doppelplusquamperfekt (*als ich kam, hatte er den Mantel schon angezogen gehabt*) ablehnen. Das geht bei größeren Mengen von Antworten nur, indem wir die Antworten kodieren, sodass wir den Computer die Zusammenstellung machen lassen können. In der folgenden Tabelle sehen Sie ein Beispiel dafür, wie eine solche Kodierung aussehen kann. Die befragten Personen sind durchnummeriert, männliche Personen sind mit „1“, weibliche mit „2“ kodiert. Beim Schulabschluss wurde „1“ für „Hauptschule oder weniger“, „2“ für „höherer Abschluss als Hauptschule bis Abitur inklusive“ und „3“ für „Studium“ vergeben. Die Anzahl der gelernten Sprachen außer der Erstsprache ist mit der Ziffer für ihre Anzahl kodiert, beim Alter wurde eine Kodierung für Altersgruppen vergeben „1 = bis 25, 2 = 26-40, 3 = 41-60, 4 = über 60“ und in der letzten Spalte findet sich die Kodierung der Antworten zum Satz *Fritz ist größer wie Paul* (1 = völlig okay, 2 = gefällt mir nicht, aber man hört es oft, 3 = falsch).

Wenn Sie Ihre Daten so aufbereitet haben, können Sie ganz schnell ermitteln, was denn junge Frauen mit Hauptschulabschluss zur Grammatikalität des Satzes sagen im Vergleich zu älteren Herren mit Studium usw. (Tab. 1):

Tabelle 1: Hypothetische Klassifizierung von Befragungsdaten

Versuchsperson	Geschlecht	Schulabschluss	Gelernte Sprachen	Alter	Beurteilung Satz 3
1	1	1	0	1	2
2	1	2	2	1	2
...	...	...	...	...	...

Aufgaben

1. Eine Aufgabe, zu der wir keine Musterlösung geben können, die sich aber sicher für Sie lohnen kann: Lassen Sie sich einmal von einer der zahlreichen Interviewerinnen in einer Fußgängerzone ansprechen (ein Interviewer ist natürlich auch gut, aber Sie werden sehen, es sind meistens junge Frauen) und beobachten Sie beim Interview das Interviewerverhalten. Da diese Fußgängerzonen-Interviewer meist nur eine Kurzausbildung erhalten haben, werden Sie sicher einige Fehler feststellen können, eventuell auch im Aufbau des Interviewleitfadens. Überlegen Sie, wie sich diese Fehler auf das Ergebnis der Befragung auswirken könnten.

2. Angenommen, Sie wollen wissen, welche Gruppen der Bevölkerung eine bestimmte Meinung vertreten (z.B., dass an Schulen zu wenig Sprachunterricht erteilt wird). Sie haben dazu mit einem Fragebogen Informationen gesammelt. Im Folgenden sind die (hypothetischen) Daten für zwölf Befragte angegeben. Wie es leider häufig vorkommt, haben nicht alle Personen alle Fragen beantwortet. Sie müssen also mit fehlenden Werten umgehen.

   a) Erstellen Sie aus den Daten unten eine Kreuztabelle, in der Sie (in absoluten Zahlen) angeben,
   (a1) wie viele Befragte in den einzelnen Altersgruppen diese Meinung vertreten
   (a2) welchen Schulabschluss die befragten Männer und Frauen hatten
   (a3) wie die Einkommensgruppen sich auf die Altersgruppen verteilen.

   b) Erstellen Sie eine neue Kreuztabelle, in der Sie nicht die absoluten Zahlen, sondern Prozentwerte angeben.

Versuchs-person	Geschlecht	Schul-abschluss	Ein-kommen	Alter	Votum
1	1	1		1	2
2	1	2	2	1	2
3	2	2	2	2	1
4	1	1	1	1	3
5	1	3	2	1	1
6	2	3	3	3	1
7	2	2	2	3	1
8	1	3	1	4	1
9	1	2			1
10	2	1	2	1	2
11	1	1	3	1	1
12	2	2	3	3	1

Hierbei gilt:

Versuchsperson: weist jeder befragten Person eine Nummer zu
Geschlecht: 1 = männlich, 2 = weiblich
Schulabschluss: 1 = Abitur, 2 = Fachhochschulabschluss, 3 = Universitätsdiplom, Magister oder Promotion
Einkommen: 1 ≤ € 50.000, 2 = € 50.001-80.000, 3 > € 80.001 jährlich
Alter: 1 ≤ 18 Jahre, 2 = 19-30, 3 = 31-59, 4 ≥ 60 Jahre
Votum: 1 = „ja“, 2 = „nein“, 3 = „weiß nicht“

3. Der im Folgenden dargestellte Fragebogen soll für eine Befragung zur Akzeptanz der Vergangenheitstempora „Doppelperfekt“ (*Es hat geregnet gehabt*) und „Doppelplusquamperfekt“ (*Es hatte geregnet gehabt*) bei Studierenden der Philipps-Universität Marburg benutzt werden. Er soll an 300 Studierende am Eingang der Mensa verteilt werden und beim Herausgehen wieder eingesammelt werden. Kommentieren Sie dieses Vorgehen und die Qualität des Fragebogens!

Philipps-Universität Marburg

Fachbereich 09 „Germanistik und Kunstwissenschaften“

Prof. Dr. Erna Anfänger/Eva Neumann
Philipps-Universität Marburg, D-35032 Marburg
FB 09, Institut für Germanistische Sprachwissenschaft
35032 Marburg

Telefon: (0 64 21) 28 111111
Telefax: (0 64 21) 28 111111,
neumann@stud-mailer.uni-marburg.de

Fragebogen zu Dialektmerkmalen bei Studierenden der einzelnen Fachbereiche

Sehr geehrte Versuchsteilnehmerin, sehr geehrter Versuchsteilnehmer,

schenken Sie uns 3 Minuten Ihrer Zeit? Wir bitten Sie, diesen Fragebogen anonym auszufüllen und beim Verlassen der Mensa wieder abzugeben. Ihre Angaben sind für eine Magisterarbeit sehr wichtig.

Ich bin männlich ☐ weiblich ☐

Alter: .... Jahre

Fachbereich des studierten Hauptfachs: ....
Muttersprache: Deutsch ☐ andere, nämlich: .... ☐

Bitte beurteilen Sie die folgenden Sätze auf ihre sprachliche Richtigkeit. Vielen Dank!

Wenn Sie die Ergebnisse unserer Befragung wissen wollen, schreiben Sie unten Ihre E-Mail-Adresse auf! Dieser Streifen wird vor der Auswertung abgetrennt.

E-Mail-Adresse: ....

	korrekt	höre ich schon mal, würde es aber nicht sagen	falsch
1. Kenns ka Ampel ni?			
2. Heute ist schönes Wetter.			
3. Gestern hat es den ganzen Tag geregnet gehabt.			
4. Fritz ist größer wie Paul.			
5. Ich habe keine Lust zum Essen, weil es ist zu heiß.			
6. Heute Abend gehen Fritz und Hugo ins Kino.			
7. Als Fritz ihm den Schnaps wegnahm, hatte Paul schon 9 Gläser getrunken gehabt.			
8. Ostern ist nächste Woche.			
9. Wie ist der Weg nach dem Bahnhof?			
10. Heute Morgen Fritz ist zu spät aufgestanden.			
11. Meine Mutter ihr Auto hat eine Panne.			
12. Als Fritz die Treppe runterfiel, war das Licht schon lange eingeschaltet gewesen.			
13. Claudia ist ganz sympathisch.			
14. Weil Egon ständig in einer Grammatik liest, er hat Probleme mit seiner Freundin.			
15. Als wir Egon und Paul abholen wollten, sind sie schon weggefahren gewesen.			
16. Badener sprechen besseres Deutsch als wie Schwaben.			
17. Als Egon ins Auto steigen wollte, hatte er 4 Flaschen Bier getrunken gehabt.			
18. Gestern ist Erna total beleidigt gewesen.			

4. Sie möchten herausfinden, welche Arten von Korrekturen erwachsene Teilnehmer von Volkshochschul-Sprachkursen bevorzugen. Entwickeln Sie eine Strategie für eine Befragung und den Fragebogen. Damit Sie es später mit den Lösungshinweisen vergleichen können, empfiehlt es sich, dass Sie während Ihrer Planung möglichst alle Schritte aufschreiben.

   (Die Lösungshinweise für diese Aufgabe mussten wir wegen des großen Umfangs ins Internet-Begleitmaterial auslagern. Sie finden sie unter http://www.narr-studienbuecher.de)

6 Experimente und Interventionen

6.1 Experimentelle Forschung

Je nach Forschungsdesign liegt in Bezug auf den Aufwand der Forscherin das Experiment meist zwischen der Befragung und der Beobachtung. Es empfiehlt sich besonders, wenn eine Befragung wenig Erfolg versprechend ist, das kann z.B. sein, weil das untersuchte Verhalten gar nicht bewusst wahrgenommen wird, etwa wenn es um Sprachverarbeitung geht, oder wenn man den Effekt eines besonderen didaktischen Vorgehens prüfen will.

unabhängige Variable

abhängige Variable

In der experimentellen Forschung manipuliert man eine Variable und betrachtet, ob eine Änderung bei dieser **unabhängigen Variablen** eine Auswirkung auf eine andere Variable zeigt (die **abhängige Variable**). Als ein erstes, einfaches Beispiel können wir uns die folgende Frage stellen: „Beeinträchtigt Alkohol die Intonation in der Fremdsprache Englisch?"

Das Alkoholbeispiel ist in seinen Grundsätzen recht repräsentativ für die meisten Arten der experimentellen Forschung, sogar im Bereich der Sprachlehrforschung. In der experimentellen Forschung würde man normalerweise damit anfangen, die Intonation nüchterner Menschen mit der solcher Menschen zu vergleichen, die etwas (oder eine Menge) Alkohol getrunken haben. Man könnte zwei Gruppen bilden, eine Gruppe mit nüchternen Probanden und eine Gruppe von Menschen, die jeweils fünf Gläser Sherry getrunken haben. Dann bittet man sie, einen englischsprachigen Text vorzulesen, und misst dabei, ob die Intonation der nüchternen Gruppe besser ist. Die Unterscheidung zwischen nüchtern/alkoholisiert ist hierbei die unabhängige Variable, die von der Forscherin manipuliert wird (die Forscherin entscheidet, wer keinen Sherry trinkt und wer fünf Gläser trinkt), und die Intonation ist die abhängige Variable, denn sie hängt ab von (und zeigt den Effekt) des Sherrys, den man getrunken hat. Wir müssten natürlich die abhängige Variable operationalisieren, d.h. genau bestimmen, wie wir sie messen. Wir könnten die abhängige Variable in unserem Fall messen, indem wir von einer Anzahl erfahrener Sprachtester eine Note für die Intonation vergeben lassen.[1] In diesem Fall nehmen wir an, dass die Sprecher nach fünf Gläsern Sherry eine schlechtere Intonation aufweisen als Sprecher, die (noch) keinen Sherry zu sich genommen haben (wobei die Forscherin natürlich sicherstellen muss, dass die Versuchspersonen wirklich nüchtern sind).

Einige weitere Beispiele für experimentelle Forschung finden Sie in Tabelle 1:

---

1 Selbstverständlich wissen diese Intonationsbeurteiler nicht, welche Texte von nüchternen und welche von betrunkenen Vorlesern stammen.

Tabelle 1: Forschungsfragen, Variablen und ihre Operationalisierung

Forschungsfrage	unabhängige Variable	operationalisiert als	beeinflusst	abhängige Variable	operationalisiert als
Sollte man die von Schülern gemachten Fehler korrigieren?	Häufigkeit der Korrektur	Lehrer korrigiert Fehler oder korrigiert sie nicht	→	grammatische Korrektheit	Anzahl der in einem Test gemachten Fehler
Welchen Effekt hat das Lehren in Gruppen mit heterogener Lernfähigkeit im Vergleich zu homogenen Gruppen auf die Sprechfertigkeit?	Gruppenzusammensetzung	zwei unterschiedliche Gruppen: eine gemischte und eine homogene	→	Sprechfertigkeit	Ergebnisse bei einem Sprechtest
Bestehen im mentalen Lexikon von Mehrsprachigen nur Beziehungen zwischen Wörtern oder auch zwischen Morphemen der einzelnen Sprachen?	Status als Wort oder als Morphem	Satzergänzung mit der korrekten Wortform nach kurzem Einblenden von Morphemen oder Wörtern der anderen Sprache	→	nachweisbare Verbindung	Fehleranzahl und/oder Reaktionszeit

Die meisten Forschungsstrategien tragen in irgendeiner Weise Züge des Experimentellen. Daher ist es schwierig, eindeutig zu bestimmen, wann von einem Experiment gesprochen werden kann.

Im Experiment werden eine oder mehrere unabhängige Variablen unter kontrollierten Bedingungen so verändert, dass sich dadurch die Möglichkeit ergibt, die Hypothese, die dem Experiment zugrunde liegt und die einen Kausalzusammenhang zwischen Phänomenen behauptet, in unterschiedlichen Situationen zu überprüfen. Ein gutes Experiment ist wiederholbar, d.h. wenn jemand anderes mit anderen Versuchsteilnehmern (in der Psycholinguistik meist auch: anderem Testmaterial, anderen Sprachen usw.) versucht, dasselbe Ergebnis zu erzielen, gelingt dies (es ist also zuverlässig, s. Kapitel 2). Wenn die Wiederholung eines Experiments nicht dieselben Ergebnisse erbringt, muss man annehmen, dass die Hypothese, die das Experiment stützen wollte, zumindest nicht für alle möglichen Bedingungen gilt.

Das Besondere an einem Experiment besteht darin, dass man versucht, alle Faktoren zu kontrollieren, die auf die Daten, die man erheben will, einen Einfluss haben könnten. Das Experiment weist gegenüber der Beobachtung und der Befragung drei entscheidende Vorteile auf:

Vorteile des Experiments

1. Ein Experiment bietet die Möglichkeit, Versuchsteilnehmer und Materialien in einer speziell für die Klärung der Forschungsfrage künstlich gestalteten Situation zu testen und damit viele Einzelheiten zu kontrollieren.

2. In einem Experiment kann man auch extreme Situationen konstruieren und so die zu prüfende Hypothese und deren Voraussagen unter in der Praxis kaum vorkommenden „reinen“ Bedingungen testen.
3. Das Experiment benutzt naturwissenschaftliche Methoden, um Kausalbeziehungen festzustellen. In der Linguistik sind es zum Beispiel Messungen von Reaktionszeiten, die die naturwissenschaftliche Basis bieten, in der Sprachlehrforschung sind es meist Resultate in Fertigkeitstests.

In der linguistischen Forschung gibt es verschiedene Arten von Experimenten; insbesondere in der Psycholinguistik wird üblicherweise mit Experimenten gearbeitet. Die Sprachlehrforschung führt vornehmlich Experimente zum Lernverhalten durch, z.B. im Rahmen der Wirksamkeitsforschung (führt Methode X oder Methode Y zu besseren Lernergebnissen?). Wir erläutern die methodischen Probleme im Folgenden anhand von Fragestellungen aus der Sprachlehrforschung und geben im Anschluss einen kurzen Überblick über einige häufig benutzte Experimentformen in der Psycholinguistik.

6.2 Der Entwurf des Forschungsvorhabens

Welches Design?

Wenn man sich überlegt, wie man sein Experiment aufbaut, muss man eine Reihe von Aspekten berücksichtigen und festlegen: Die Forschungsfrage, die Variablen und wie sie operationalisiert werden sollen, die Versuchsteilnehmer (wie viele und welche Art von Personen sollen an dem Experiment teilnehmen, wie viele Gruppen), die Art von Ergebnissen, die man erwartet, und womit man sie vergleichen will, die Validität der Messinstrumente (d.h. ob wir mit ihnen wirklich testen, was wir testen wollen), mögliche intervenierende Faktoren und ob man die Ergebnisse des Experiments verallgemeinern kann (d.h. ob wir uns sicher sein können, dass die Ergebnisse eine größere Bedeutung haben, die nicht nur für die Personen, die wir getestet haben, zutrifft).

Fallstudien

Wenn es bei einer Untersuchung nicht gelingt, die notwendigen strengen methodischen Vorgaben (s.u.) zu erfüllen, weil man etwa nicht alle Einflussfaktoren kontrollieren kann (bei natürlichen Gesprächen, im normalen Unterricht u.ä. ist das oft nicht möglich), die Untersuchung jedoch ansonsten wie ein Experiment angelegt ist, hat es sich eingebürgert, von einer „Fallstudie“ zu sprechen.[2] Eine Fallstudie ist also kein Experiment, aber auch sie kann helfen, neue Erkenntnisse über eine Fragestellung zu gewinnen, und für eine Abschlusssarbeit ist eine gut gemachte Fallstudie durchaus akzeptabel. Oft beginnt man in der Sprachlehrforschung mit einer Fallstudie, in der das Verhalten von wenigen Personen untersucht wird. Das hat den Vorteil, dass man viel detaillierter auf einzelne Lernende eingehen kann und somit Lernprozesse und -ergebnisse aufdecken kann, die bei der Betrachtung einer größeren

[2] Daneben gibt es andere Arten von Fallstudien, gerade in der qualitativ vorgehenden Forschung, auf die wir aus den im einleitenden Kapitel genannten Gründen nicht eingehen.

Gruppe von Menschen nicht so detailliert auswertbar wären. Auf der Basis der Ergebnisse der Fallstudie kann man dann sein Experiment planen.

6.2.1 Vorbereitungen für ein Experiment oder eine Intervention

Bevor man überhaupt mit einem Experiment beginnen kann, müssen folgende Voraussetzungen erfüllt sein:

1. Die dem Forschungsproblem entsprechenden Variablen müssen identifiziert sein.
2. Es muss eine Hypothese über eine Kausalbeziehung aufgestellt werden. Diese Kausalbeziehung soll einen Zusammenhang zwischen verursachenden Faktoren – unabhängigen Variablen – und bewirkten Faktoren – abhängigen Variablen – zeigen.
3. Die zu betrachtenden Variablen müssen von anderen Variablen isolierbar sein (operationalisiert werden).
4. Die zu untersuchende unabhängige Variable muss variierbar sein.
5. Es muss gewährleistet sein, dass solche Manipulationen – Variationen der unabhängigen zu beobachtenden Variablen – wiederholt werden können. Die betrachteten Faktoren können so variiert werden, dass sie entweder vorhanden oder abwesend sind (die Sprecher sind nüchtern oder nicht), oder dass sie in unterschiedlich großem Maße vorhanden sind (die Sprecher haben keine oder fünf Gläser Sherry getrunken).

Beispiel

Dies klingt zunächst einmal sehr theoretisch; wir wollen es daher anhand eines Beispiels aus der Interventionsforschung illustrieren. Angenommen, in unserem Experiment ginge es um die beste Methode für das Lernen unbekannter Vokabeln. Dann kommen außer der Lehrmethode auch andere Faktoren infrage, die ebenfalls einen Einfluss auf das Lernergebnis haben könnten, z.B. der Schwierigkeitsgrad der zu lernenden Vokabeln und die Intelligenz der Lerner, denen wir die Vokabeln beibringen, oder selbst Dinge wie die Tageszeit der entsprechenden Schulstunde (liegt die Stunde so spät, dass die Schüler kaum noch aufnahmefähig sind?). Diese Störvariablen (s. Kapitel 2) müssten dann im Experiment kontrolliert werden. Wir würden die Hypothese aufstellen, dass es eine Kausalbeziehung gibt zwischen der Lehrmethode und dem Lernerfolg bei den Schülern. Diese Hypothese könnte z.B. so aussehen, dass wir sagen, Vokabeln werden am besten in Wortfeldern gelernt und erheblich schlechter in alphabetischen Listen. Unsere beiden betrachteten Variablen sind dann also Lehrmethode (unabhängige Variable) und Lernerfolg (abhängige Variable). Alle anderen möglichen unabhängigen Variablen müssen wir konstant halten. Das kann man in diesem Fall z.B. folgendermaßen gewährleisten: Man lässt dieselbe Schülergruppe unter Anleitung derselben Versuchsleiterin zur selben Tageszeit jeweils mit den beiden Lehrmethoden die einzelnen Vokabeln lernen. Man sorgt dafür, dass die Vokabeln gleich schwer sind, indem man als „Vokabeln" sinnlose Buchstabenfolgen jeweils gleicher Länge präsentiert (z.B. *soka* = *Klavier*, *tifu* = *Zelt*).

Auch die Zusammensetzung der Buchstabenfolgen muss dann in jeder der Bedingungen gleich sein (z.B. Konsonant-Vokal-Konsonant-Vokal). Es wird nicht schwer fallen, die unabhängige Variable zu variieren, wir verwenden einfach die zwei verschiedenen Lehrmethoden. Die Vermittlung geschieht nicht in normalem Unterricht, sondern die Schüler üben in Einzelarbeit anhand von Lernmaterial, das man ihnen schriftlich präsentiert, jeweils gleich lang jeweils dieselbe Anzahl ihrer „Vokabeln". Auch die Wiederholbarkeit ist in diesem Fall kein Problem. Man kann dasselbe problemlos mit anderen Schülergruppen noch einmal durchführen. Den Lernerfolg operationalisieren wir als die Anzahl der nach drei Tagen noch wiedererkannten „Vokabeln" in einem Übersetzungstest. Der Lernerfolg wird nicht einfach nur anwesend oder abwesend sein, sondern wir nehmen an, dass je nach verwendeter Lehrmethode ein gewisser Prozentsatz der gelernten Vokabeln behalten wurde, wobei wir vorhergesagt haben, dass die in Wortfeldern gelernten Vokabeln den höchsten Prozentsatz erreichen werden. Unsere Hypothese wäre also widerlegt, wenn bei der anderen Lernmethode mehr „Vokabeln" behalten werden, aber auch wenn es keine signifikanten Unterschiede in der Erfolgsrate zwischen den beiden Methoden gibt.

6.2.2 Labor- vs. Feldexperiment

Laborexperiment

Dieses Beispiel war ein Fall für ein Laborexperiment, denn wir haben den Sachverhalt bzw. Vorgang systematisch vereinfacht, damit wir reine Bedingungen erhalten. Die Situation ist künstlich, um sicherzustellen, dass kein anderer als der zu untersuchende Faktor sich auswirkt – oder zumindest, dass möglichst wenige solcher Störfaktoren einen Einfluss auf die Ergebnisse haben könnten. Die Schüler können die Vokabeln nicht zufällig in den drei Tagen bis zum Behaltenstest noch einmal aufschnappen, denn sie sind frei erfunden. Sie können auch nicht motiviert sein, bestimmte Vokabeln besser zu lernen als andere, denn sie wissen ja, dass sie alle diese „Vokabeln" niemals außerhalb des Experiments benutzen werden. Solche Verfahren werden von vielen Sprachlehrforscherinnen abgelehnt, denn es ist nicht erwiesen, dass sich Lerner in einer für sie so ungewöhnlichen Situation gleich verhalten wie in ihrer normalen Lernsituation, d.h. die Aussagefähigkeit der Ergebnisse solcher Experimente für die normale Unterrichtspraxis wird angezweifelt.

Feldexperiment

Man spricht dagegen von Feldexperimenten, wenn der zu untersuchende Gegenstand nicht aus seiner natürlichen Umgebung herausgelöst wird. Dies zu erreichen, stellt allerdings eine erhebliche Schwierigkeit dar. Bezogen auf unser Beispiel müsste man das Experiment in echten Unterrichtssituationen durchführen. Dabei gibt es normalerweise eine große Anzahl von sogenannten intervenierenden Variablen. Damit sind Störfaktoren gemeint, die die Ergebnisse des Experiments verfälschen können. Wenn wir in realen Unterrichtssituationen das Fremdsprachen-Lernverhalten von Schülern untersuchen, dann können wir keine Unterrichtssituation für eine Kunstsprache mit für unser Experiment „idealen“ (d.h. gleichartigen, niemandem vorher bekannten, keine etymologischen (o.ä.) Zusammenhänge aufweisenden etc.) Vokabeln herbeiführen, sondern wir müssen zwangsläufig den Unterricht in einer natürlichen Sprache studieren. Allein dadurch ergibt sich jedoch schon eine Reihe von intervenierenden Variablen, die das Ergebnis des Experiments verzerren: Manche Schüler kennen schon einige der Vokabeln, andere assoziieren Bedeutungen anhand von ähnlichen Wörtern, die sie schon kennen, wieder andere lernen – unbeeinflussbar von der Experimentatorin – während des Experiments Vokabeln durch den Umgang mit anderen Schülern (z.B. Brieffreunden) oder durch das Lesen zusätzlicher Lehrbücher oder Lexika, Hören von Pop-Songs u.ä. Auch die Reproduzierbarkeit des Experiments leidet, da bei denselben Schülern der Vorrat an gleichartigen Vokabeln aus dem in der Unterrichtsprogression jeweils anstehenden Lernstoff ausgeht, bzw. wenn man dieselben Vokabeln von anderen Schülern lernen lässt, kommen neue Personen mit anderen sprachlichen und sozialen Hintergründen als Störfaktoren dazu usw. Aber nicht nur Verhaltensweisen der Schüler beeinflussen das Experiment „im Feld“. Wenn „normaler Unterricht“ beobachtet werden soll, gibt es auch immer die Lehrperson als möglichen Störfaktor. Die Lehrperson wird sich sicher bemühen, so nach den zu untersuchenden Methoden zu unterrichten, wie man es von ihr erbittet, aber sie unterrichtet begreiflicherweise schlechter mit Methoden, die sie nicht kennt oder die ihr nicht liegen. Solche Faktoren genau zu kontrollieren, um eine interne Validität der Studie zu erreichen, ist nahezu unmöglich; dafür ist die externe Validität (s. Kapitel 2) i.d.R. höher.

6.2.3 Auswahl der Versuchspersonen

Wie bei den anderen Designs ist die Auswahl der Versuchspersonen extrem wichtig. Wegen des hohen Aufwands bei einem Experiment kann man allerdings nicht dasselbe für die „Wahl der Stichprobe“ verlangen wie bei einer Befragung. Oft arbeitet man nur mit 30–50 Experimentteilnehmern, häufig sogar mit weniger. Aus unterschiedlichen Gründen hat es sich in der psycholinguistischen Forschung (wie in der Psychologie auch) eingebürgert, die eigenen Studierenden als Versuchspersonen zu nehmen, oft wird auch das Ableisten von „Versuchspersonenstunden“ von allen Studierenden verlangt. Unproblematisch ist dieses Vorgehen nicht, wenn man daraus Schlüsse auf die Repräsentation von Sprache bei allen Sprechern der jeweiligen Sprache ziehen will. Die Altersgruppen, Dialektgebiete, der soziale Status und die Mehrsprachigkeit u.a.m. sind nicht so abgedeckt, wie man das bei einer nach dem Quotenverfahren zusammengestellten Stichprobe verlangen müsste. Auch in der Sprachlehrforschung, in der (auch unterrichtsgebundene) Interventionen durchgeführt werden, wird meist mit den Unterrichtsgruppen/Lehrpersonen experimentiert, die man für eine Teilnahme gewinnen kann, auch wenn sie nicht repräsentativ sind. Wichtig ist auf jeden Fall, dass man im Bericht über sein Experiment auf die Repräsentativität der gewählten Stichprobe kritisch eingeht.

Sollte man die Versuchspersonen zudem in balancierten Gruppen (s.u.) zusammenstellen wollen, z.B. um die Gruppen zu vergleichen, ist es wichtig, möglichst viele relevante Merkmale über die Versuchspersonen zu wissen. Man kann dann seine Versuchspersonen in eine Experiment- und eine Kontrollgruppe paarweise einteilen: Jedes Paar ist dann in allen relevanten Merkmalen möglichst ähnlich, und die zwei Gruppen sind vergleichbar.

6.3 Verbreitete Designs in der Interventionsforschung

Man findet in der didaktischen Literatur häufig Berichte von Lehrpersonen, die mit einer neuen Lehrmethode bei ihren Schülern hervorragende Lernerfolge erzielt haben. In solchen Fällen ist wissenschaftlich nicht überprüfbar, ob tatsächlich besondere Lernerfolge erreicht werden und ob diese tatsächlich auf die neue Methode und nicht etwa auf die Begeisterung der Lehrperson oder auf eine bessere Motivation durch einen Methodenwechsel oder gar durch einen Wechsel der Räumlichkeiten o.ä. zurückzuführen sind. Es ist ja außerdem keineswegs so, dass nur mit dieser Lehrmethode irgendwelche Erfolge erzielt werden oder dass Schüler, die nach anderen Lehrmethoden unterrichtet werden, niemals so gut den entsprechenden Lernstoff lernen wie die mit dieser speziellen Methode unterrichteten.

Normalerweise wollen wir den Effekt der unabhängigen Variable (z.B. die Vokabellehrmethode) auf die abhängige Variable (Ergebnis bei einem Vokabeltest) einschätzen können. Wir stellen fest, ob es einen Effekt gibt, indem wir die Ergebnisse eines Tests in dem einen Zustand einer Variablen (z.B. Vokabellehrmethode 1) mit den Ergebnissen in einem anderen Zustand der gleichen Variablen (z.B. Vokabellehrmethode 2) vergleichen. Hierfür gibt es unterschiedliche Designs mit unterschiedlichen Vor- und Nachteilen. Wir gehen hier auf vier typische Möglichkeiten sowie zwei weitere Möglichkeiten ein und beziehen diese direkt auf das Vokabellehrbeispiel.

Unabhängige-Gruppen-Design

Einfaches Posttest-Design mit zwei unabhängigen Gruppen: Manche einfachen Experimente lassen zwei Gruppen von Lernenden durch die zwei unterschiedlichen Methoden unterrichten. Am Ende der Untersuchung werden die Lernerfolge der beiden Gruppen verglichen, z.B. mit einem Vokabeltest. Das nennt man ein „Unabhängige-Gruppen-Design“, weil es sich um unterschiedliche Personengruppen in den beiden Bedingungen handelt. Wenn man so vorgeht, müssen ganz bestimmte Voraussetzungen erfüllt werden. So muss man zwei möglichst gleich starke Gruppen von Lernenden auf dem gleichen Sprachstand für eine möglichst gleiche Zeitspanne mit vergleichbaren Lehrpersonen einen vergleichbaren Stoff lernen lassen. Es ist sehr wichtig, dass die Gruppen in allen wesentlichen Merkmalen ähnlich sind, so dass individuelle Störfaktoren (wie Vorwissen, Interesse am Fremdsprachenlernen, Alter oder Geschlecht) möglichst wenig Einfluss auf die Ergebnisse ausüben.

Kontroll- und Vergleichsgruppen

Eine Variante dieses Designs liegt vor, wenn man eine spezifische Intervention nur in einer Gruppe durchführt, und die Ergebnisse mit einer anderen Gruppe, die an keiner Intervention teilgenommen hat, vergleicht. In diesem Fall hat man es mit einer Interventions- bzw. Experimentalgruppe und einer Kontroll- bzw. Vergleichsgruppe zu tun. Die eine Gruppe wird dann mit der neuen Methode unterrichtet, die andere Gruppe mit der herkömmlichen und fungiert so als Kontrollgruppe. Die Hypothese wird durch das Experiment gestützt (d.h. die neue Methode ist besser), wenn die Ergebnisse der Experimentalgruppe erheblich besser sind als die der Kontrollgruppe.

In beiden Situationen sieht das Design in etwa wie folgt aus:

Gruppe 1	Teilnahme an Lehrmethode 1	->	Test A
Gruppe 2	Teilnahme an Lehrmethode 2	->	Test A

Die Ergebnisse könnten dann z.B. so aussehen (Abb. 1):

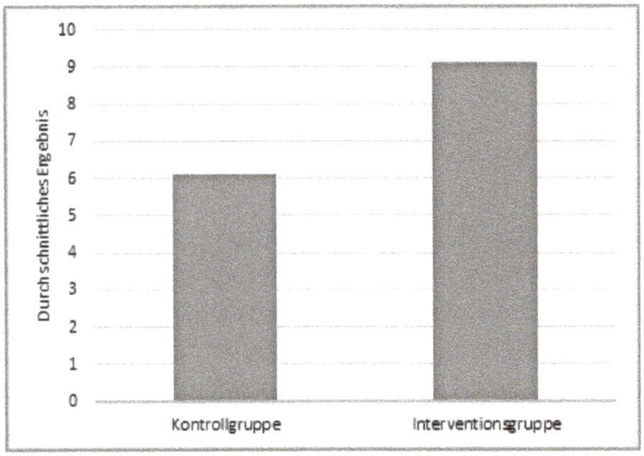

Abb. 1: Ergebnisse eines Unabhängige-Gruppen-Designs

Es kommt auch vor, dass man nicht zwei unterschiedliche Methoden vergleichen will, dass man aber beweisen will, dass eine Maßnahme überhaupt einen Effekt hat. Auch in diesem Fall muss man mit Kontrollgruppen arbeiten. Angenommen, es sollte untersucht werden, ob die Lernergruppe Angst vor dem Sprechen in der Fremdsprache abbaut, wenn man vor Beginn jeder Unterrichtsstunde fünf Minuten Entspannungsübungen macht, so wäre es höchst angreifbar, wenn man die Sprechangst der Lerner (z.B. mit Fragebögen) misst, dann drei Wochen lang Entspannungsübungen vor dem Unterricht durchführt und danach wieder die Sprechangst misst. Selbst wenn die meisten Sprachkursteilnehmer nach den drei Wochen angeben, weniger Sprechangst zu haben, kann der Effekt ja einfach darauf beruhen, dass man sich an die anderen Mitglieder des Sprachkurses und an das Sprechen in der Fremdsprache gewöhnt hat, dass man Fortschritte in der Sprechfertigkeit gemacht hat, die das Sprechen erleichtern usw. Es wäre also zu beweisen, dass die Experimentalgruppe, in der die Entspannungsübungen gemacht wurden, im

Vergleich zu einer Kontrollgruppe, die nur den normalen Unterricht hatte, aber ansonsten keine Unterschiede zur Experimentalgruppe, statistisch signifikant weniger Sprechangst aufweist. Dazu muss man natürlich eine andere Gruppe mit ähnlichem Niveau und ähnlich großer Sprechangst als Kontrollgruppe finden.

Abhängige-Gruppen-Design

Prä-/Posttest-Verfahren mit Abhängige-Gruppen-Design: Es kann natürlich sein, dass man zwei Gruppen nicht vergleichen kann, z.B. weil die Teilnehmenden alle im gleichen Kurs sind und man sie nicht getrennt unterrichten kann, oder weil man Bedenken hat, dass individuelle Störfaktoren eine zu große Rolle spielen, wenn man unterschiedliche Gruppen vergleicht. In diesem Fall würden wir nur eine Gruppe nehmen, und diese vor der Intervention testen. Dann nehmen sie an der Lehrmethode teil und werden zu einem bestimmten Zeitpunkt danach wieder getestet (allerdings nicht mit genau demselben Test, denn das kann ein Störfaktor sein). Wir nennen dies ein abhängige-Gruppen-Design, denn die Ergebnisse des zweiten Tests („Test B") hängen gewissermaßen von den Ergebnissen auf dem ersten Test („Test A") ab. Dieses Design beinhaltet auch eine **Messwiederholung**, denn ein vergleichbarer Vokabeltest wird von den gleichen Probanden zweimal geschrieben. Es kann wie folgt dargestellt werden:

Gruppe 1	Test A	->	Teilnahme an Lehrmethode 1	->	Test B

Die Ergebnisse könnten dann z.B. so aussehen (Abb. 2):

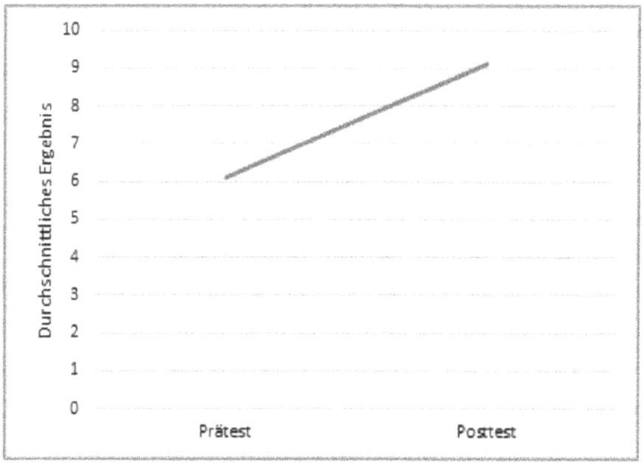

Abb. 2: Ergebnisse eines Abhängige-Gruppen-Designs

Beide zuletzt genannten Verfahren haben offensichtlich jeweils einen speziellen Nachteil. Die beiden unabhängigen Gruppen sind möglicherweise von vorneherein nicht völlig gleich gut beim Vokabellernen generell, und die Gruppe mit der wiederholten Messung hat mit einem ähnlichen Vokabeltest schon einmal geübt. Wenn von der Anlage des Experiments her beide Möglichkeiten bestehen, muss man sich überlegen, welcher der beiden Effekte das Ergebnis stärker verfälschen würde, und dann das andere Verfahren wählen.

Eine Möglichkeit, diesen Effekt einigermaßen auszugleichen, wird im Folgenden besprochen.

Lateinisches Quadrat

Lateinisches-Quadrat-Design mit abhängigen Gruppen: Wie gleicht man die Effekte der individuellen Störvariablen aus, wenn man zwei Lehrmethoden vergleichen will? Eine Möglichkeit bietet das so genannte Lateinische-Quadrat-Design. Dies ermöglicht es recht gut, die Effekte eines eventuell leichter zu lernenden Vokabelsets oder einer begabteren/motivierteren Gruppe von denen der Lehrmethode zu trennen. In diesem Fall würde man das zu lernende Vokabelset in zwei Sets teilen. Gruppe A würde zuerst das Vokabelset X mit der Lehrmethode 1 lernen und wird nach einer bestimmten Zeit getestet. Nach einiger Zeit würde die Gruppe dann Vokabelset Y mit der Lehrmethode 2 lernen und dann zu diesem Vokabelset getestet werden. Bei Gruppe B verhält es sich genau umgekehrt:

	Lehrmethode 1	Lehrmethode 2
Gruppe A	Vokabelset X	Vokabelset Y
Gruppe B	Vokabelset Y	Vokabelset X

Bei der Auswertung wird darauf geachtet, dass die Ergebnisse getrennt nach Lehrmethode (nicht nach Vokabelset!) verglichen werden. Das heißt, bei Versuchsperson 1 wird man das Ergebnis der Lehrmethode 1 mit dem Ergebnis der Lehrmethode 2 vergleichen, ungeachtet, welches Vokabelset mit welcher Methode gelernt wurde. Die darstellende Grafik ist wie in Abbildung 1 auf Seite 88 ein Histogramm.

Prä-/Posttestverfahren mit dem Unabhängige-Gruppen-Design: Manchmal ist es nicht möglich, ein Lateinisches-Quadrat-Design durchzuführen, oder es gibt triftige Gründe, dies nicht zu verwenden – z.B., weil das Vorwissen der Lernenden eine große Rolle spielen könnte, und man diesen Faktor kontrollieren will. In diesem Fall entscheiden sich viele Forschende, ein Prä-/Posttestverfahren mit zwei Gruppen einzusetzen. Dies hilft, mehrere Störfaktoren zu umgehen, man braucht aber spezifische statistische Verfahren, um die Daten richtig auszuwerten (s. ANCOVAs, Kapitel 10.1.3). In diesem Fall lässt man alle Teilnehmer vor dem Einsetzen der Intervention einen Prätest schreiben. Nach Durchführung der Intervention nehmen sie an einem Posttest teil:

Gruppe A	Test 1	->	Teilnahme an Intervention 1	->	Test 2
Gruppe B	Test 1	->	Teilnahme an Intervention 2	->	Test 2

Die Grafik, die daraus resultiert, besteht aus zwei Linien, wobei eine die Prätestergebnisse sowie die Posttestergebnisse für Gruppe A zeigt, die andere diejenigen für Gruppe B. Sie könnte in etwa wie folgt aussehen (Abb. 3):

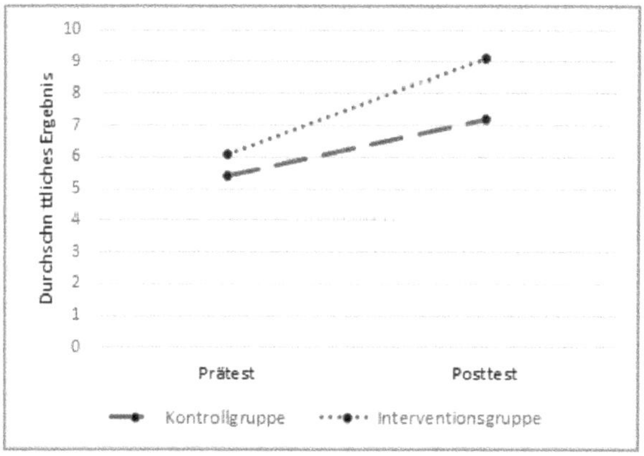

Abb. 3: Ergebnisse eines Prä-/Posttestverfahrens mit unabhängigen Gruppen

nicht-lineare Effekte

Weitere Messwiederholungsdesigns: In allen bisherigen Fällen vergleichen wir nur zwei Zustände derselben Variable, z.B. „Zufluss von Alkohol" oder „Lehrmethode". Wir können natürlich mehrere verschiedene Zustände (Ebenen) einführen. Das könnte v.a. dann sinnvoll sein, wenn wir so genannte nicht-lineare Effekte vermuten, d.h. erwarten, dass nach einer Sitzung große Verbesserungen eintreten, nach einer zweiten weniger große und nach einer dritten Sitzung kaum noch Verbesserungen eintreten.

Greifen wir wieder unser Beispiel der englischen Intonation vom Anfang des Kapitels auf. Man könnte behaupten, dass mit ein bisschen Alkohol, sagen wir ein oder zwei Gläsern, Menschen ihre Hemmungen verlieren, sich trauen, freier zu sprechen, und deshalb eine bessere Intonation haben. Wenn man jedoch zu viele Gläser getrunken hat, neigt die Aussprache dazu, undeutlich zu werden, was zu einer weniger akzeptablen Intonation führt.[3] Ein Einfluss der unabhängigen Variable auf die abhängige muss also nicht linear sein, muss nicht die Form von „je mehr X, desto mehr/weniger Y" haben.

Um unsere Theorie zu überprüfen, führen wir das Experiment durch, in dem die unabhängige Variable (mit 6 Ebenen, d.h. die unabhängige Variable ist operationalisiert als eine variierende Anzahl von 2-cl-Gläsern Sherry, nämlich 0 – 1 – 2 – 3 – 4 – 5) „Alkoholmenge" ist. Die abhängige Variable ist wieder „Intonation". Wir suchen uns dann zehn Studierende im ersten Studienjahr aus, bitten sie, einen Text vorzulesen, und nehmen sie beim Vorlesen auf. Dann geben wir ihnen ein Glas Sherry und lassen sie wieder einen Text vorlesen, den wir aufnehmen. Und so fahren wir fort, bis wir sie nach dem fünften Glas Sherry und dem sechsten Vorlesen nach Hause gehen lassen (oder sie vielleicht besser nach Hause bringen). Am Schluss plotten wir die Mittelwerte in einer Graphik (Abb. 4). Wir sehen: Mehr als ein Glas Sherry ist der Intonation nicht zuträglich.

3 Auch in der Erstsprache, vgl. für genauere Aufschlüsse darüber die Arbeiten von Angelika Braun in H. J. Künzel, A. Braun und U. Eysholdt, 1992. *Einfluß von Alkohol auf Sprache und Stimme.* Heidelberg: Kriminalistik-Verlag.

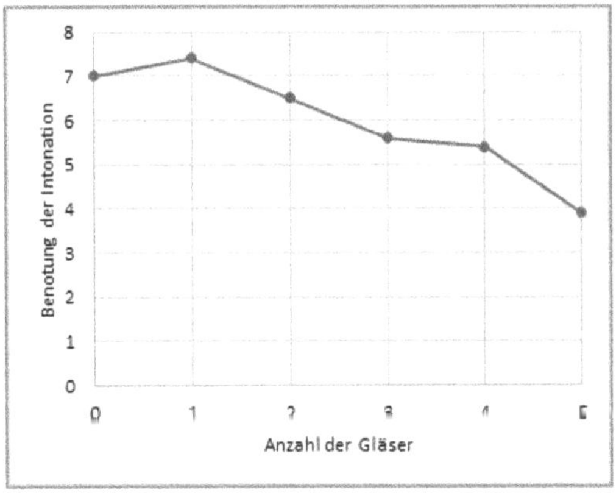

Abb. 4: Mittelwerte der Intonationsbewertung

Falls Sie sich für diese Art von Design entscheiden, sollte Ihnen bewusst sein, dass eine andere statistische Auswertung als die für nur zwei Datenreihen benötigt wird, weil Sie sechsmal Ergebnisse erhoben haben (nämlich eine ANOVA mit Messwiederholung). Da wir dies in diesem Buch nicht besprechen, sollten Sie sich vor Durchführung der Studie mit jemandem zusammensetzen, der sich mit Datenauswertungsverfahren auskennt.

mehrere unabhängige Variablen

Mehrfaktorielle Fragestellungen: Bis jetzt haben wir uns vor allem nur mit **einer** unabhängigen Variable beschäftigt. Aber es kann auch vorkommen, dass wir ein Forschungsprojekt haben, in dem wir zwei oder mehr unabhängige Variablen benutzen müssen, jede mit einer oder mehreren Ebenen. Nehmen wir als Beispiel wieder die Frage, wie man das Vokabular einer Fremdsprache lehren sollte. Soll man die Übersetzung der unbekannten Wörter in einem Text angeben, oder soll man eine Definition der Bedeutung der unbekannten Wörter in der Fremdsprache benutzen? Wenn man nun ein Forschungsprojekt zur Beantwortung dieser Frage durchführen möchte, wäre die unabhängige Variable „Vokabellehrmethode", welche als „eine Übersetzung geben" oder als „eine Beschreibung in der Fremdsprache geben" operationalisiert werden könnte. Wenn man sich nun überlegt, wie das Ergebnis wahrscheinlich aussehen wird, könnte man zu der Schlussfolgerung gelangen, dass die Antwort auf die Forschungsfrage auch davon abhängt, um welche Art von Wörtern es sich handelt, das heißt, ob es sich um konkrete oder abstrakte Wörter handelt. Eine Beschreibung in der Fremdsprache könnte bei abstrakten Wörtern weniger effektiv sein als bei konkreten. In diesem Fall entscheidet man sich womöglich für zwei unabhängige Variablen, wobei die zweite „Konkretheit" wäre, die dann als „Konkreta" und „Abstrakta" operationalisiert würde.[4] Wir hätten dann zwei Variablen („Vokabellehrmethode"

[4] Natürlich gibt es ein Kontinuum zwischen Konkreta und Abstrakta, um die Darstellung hier nicht komplizierter als nötig zu machen, gehen wir von eindeutigen Konkreta und Abstrakta aus, die für die Untersuchung benutzt werden.

und „Konkretheit“), jede mit zwei Ebenen. Wenn man mehr als eine unabhängige Variable hat, braucht man eine Methode, um die statistische Analyse mit mehreren unabhängigen Variablen und mit einer oder mehreren abhängigen möglich zu machen (man müsste hier eine MANOVA – eine mehrfache Varianzanalyse – durchführen, die wir aber in diesem Buch nicht behandeln). Ein Beispiel für unsere Analyse nach mehreren Faktoren finden wir schematisch in Abbildung 5.

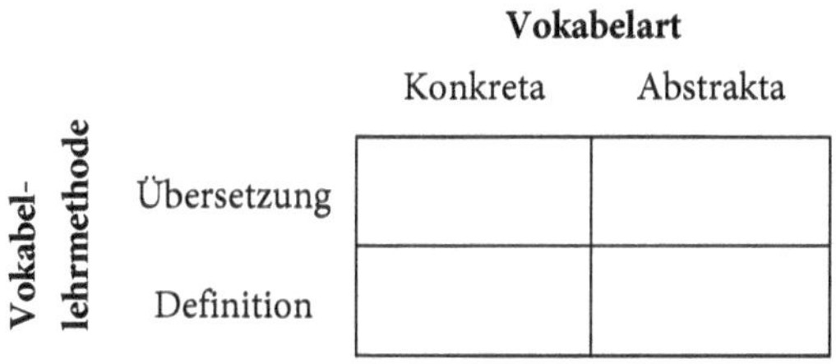

Abb. 5: Mehrfaktorielles Design

Diese Art von Design kommt in der experimentellen Forschung recht häufig vor. Allerdings benötigt man wieder besondere Auswertungsverfahren, die die Möglichkeiten mancher Statistikprogramme (und Forschenden) übersteigen. Falls Sie sich für ein mehrfaktorielles Design entscheiden, erhalten Sie eine Einleitung im Webkapitel 6.3 „Mehrfaktorielle Designs“. Für die statistische Auswertung erhalten Sie Hinweise im Webkapitel 10.1.4.

6.4 Typisches Erhebungsinstrument in der Interventionsforschung: der Sprachtest

In experimentellen Studien der Sprachlehr- und -lernforschung geht es nur selten um psycholinguistische Verfahren wie die oben aufgeführten. Viel häufiger versucht man, im Rahmen von sogenannten „Interventionsstudien“ Lernzuwachs oder Lernveränderungen nachzuweisen, und dies meist durch den Einsatz von Tests. In der einfachsten Form bedeutet dies, dass man zu Anfang des Experiments bei zwei Gruppen von Versuchspersonen ein Merkmal misst (z.B. die Anzahl der korrekten Übersetzungen in die Erstsprache bei einer Liste von fremdsprachlichen Wörtern), danach eine Intervention (z.B. die Anwendung einer neuen Vokabellernmethode) durchführt, und am Ende wieder das Merkmal misst.

Ein Test ist „ein wissenschaftliches Routineverfahren zur Untersuchung eines oder mehrerer empirisch abgrenzbarer Persönlichkeitsmerkmale mit dem Ziel einer möglichst quantitativen Aussage über den relativen Grad der individuellen Merkmalsausprägung“ (Lienert/Raatz 1998, 1). In anderen Worten: Ein Test versucht, etwas Spezifisches (z.B. den Wortschatzumfang) bei spezifischen Personen zu messen. Dies ist gar nicht so einfach, wie man zunächst annehmen könnte. Test

Will man einen Test einsetzen, sind mehrere Überlegungen nötig. So muss man genau wissen, was man testen möchte, welcher Test dieses Merkmal bei den anvisierten Versuchspersonen erfassen kann (wollen Sie einen bereits bestehenden Test benutzen oder selbst einen entwickeln?), ob man den Test mehrfach einsetzen will und ob der Test den notwendigen Gütekriterien (s. Kapitel 6.5.2) genügt. Wir gehen im Folgenden auf zwei der wichtigen Vorüberlegungen ein: die Gestaltung des Tests und die Testgütekriterien.

Egal, für welche Testarten Sie sich entscheiden, Sie sollten sich den Einsatz eines Tests und bei Bedarf die Entwicklung der Testitems sehr sorgfältig überlegen. Eine Hilfe dabei können unterschiedliche Schriften zur Testentwicklung bieten, zum Beispiel Lienert/Raatz (1998). Ebenfalls finden Sie in den ergänzenden Online-Materialien eine vollständigere Version dieses Kapitels, u.a. mit Informationen zur Trennschärfe von Fragen und zur Einhaltung der erforderlichen Gütekriterien bei einem Test, der wissenschaftlichen Standards genügen soll.

6.4.1 Gestaltung von Sprachtests

Sprachtests können verschieden gestaltet sein. Man kann sie nach der Form der gestellten Frage (offen oder geschlossen) klassifizieren, nach der Art des Tests (mündlich oder schriftlich) und nach der Art und Weise, wie der Test durchgeführt wird (individuell oder kollektiv). Ebenfalls kann man unterscheiden zwischen normierten und nichtnormierten Tests, also zwischen solchen Tests, wofür wir bereits viele Daten erhoben haben und wissen, wie Personen bestimmter Altersgruppen etc. erwartungsweise abschneiden werden, und solchen, die eher ad hoc eingesetzt werden. Hier wenden wir uns der Klassifikation durch die Form der Fragen zu.

geschlossene Fragen

Geschlossene Fragen sind Fragen, die eine begrenzte Anzahl von möglichen Antworten haben. Meistens werden sogar die möglichen Antworten angegeben, aus denen man eine aussuchen kann – normalerweise Multiple-Choice, zum Beispiel:

Von wem stammt der Begriff „Interlanguage"?
a) S. Pit Corder
b) dem Europäischen Fremdsprachenzentrum (ECML)
c) Cor Koster
d) Larry Selinker

Die angegebenen Möglichkeiten enthalten die korrekte Antwort und eine Reihe von *Distraktoren*, d.h. inkorrekten Antworten. Es ist nicht festgelegt, wie viele Distraktoren angegeben werden sollen, aber eher nicht sinnvoll sind weniger als drei (die Chance, dass die korrekte Antwort zufällig ausgewählt wird, ist dann sehr hoch) oder mehr als fünf (die Zeit, die man für das Aussuchen der korrekten Antwort verbringt, erhöht sich unnötig). Geschlossene Fragen können aber auch verlangen, eine Reihe von Wörtern mit einer anderen Reihe von Wörtern in Beziehung zu setzen oder das unpassende Wort in einer Reihe von Wörtern zu finden. Auch C-Tests[5] sind ein Beispiel geschlossener Testfragen, denn sie werden nach einem festgelegten Verfahren korrigiert.

Will man selbst geschlossene Testfragen entwickeln, muss man bedenken, dass die einzelnen Fragen („Einheiten") möglichst von 50–75 % der Testteilnehmer korrekt beantwortet werden sollten. Mit genügend Testfragen wird man dadurch erreichen, dass die guten Lerner mehr Fragen korrekt beantworten als die mittelmäßigen Lerner, die wiederum mehr Fragen korrekt beantworten als die eher schlechten Lerner. Das bedeutet auch, dass bei Multiple-Choice-Fragen die Distraktoren sehr umsichtig auszuwählen sind, sodass sie weder zu nah am korrekten Ergebnis liegen, noch so unrealistisch sind, dass sie nie ausgewählt werden.

Geschlossene Tests sind mit relativ geringem Zeitaufwand zu korrigieren. Allerdings verlangen sie deutlich mehr Planung als offene Testfragen, weswegen sie bei kleineren Untersuchungen oder Untersuchungsgruppen oft nicht angewendet werden. Auch in der Sprachlehrpraxis werden geschlossene Tests wegen ihres hohen Planungsaufwands und der Tatsache, dass die Sprachproduktion damit schwer zu überprüfen ist, seltener eingesetzt als offene Tests.

offene Fragen

Im Gegensatz zu geschlossenen Fragen sind offene Fragen solche, bei denen der Lerner die Antwort selbst formulieren muss. Bei der Auswertung dieser Tests leidet oft die Objektivität, denn die Auswertung von offenen Fragen ist viel weniger eindeutig als die Entscheidung, ob die korrekte Antwortvariante ausgewählt wurde. Ein häufiges Beispiel für offene Tests sind mündliche Prüfungen, bei denen ein Gespräch geführt wird: Hier steuert der Test nicht genau, welche Antworten vorkommen können, und kann deswegen auch nicht genau festlegen, welche als richtig gewertet werden. Aber auch Grammatiktests, bei denen Lerner Sätze vervollständigen müssen, verwenden oft offene Testfragen. Hierbei ist wichtig, vor der Korrektur zu bestimmen, was als korrekt gerechnet wird. Handelt es sich zum Beispiel um die Überprüfung der Beherrschung der Verbalklammer, wird eine Antwort wie

Gestern habe ich viel leckeres Gemüse gegesst.

als korrekt markiert werden müssen, auch wenn das Partizip fehlerhaft geformt wurde.

gemischte Tests

Bei einem offenen Test mit dieser Art von Einheiten kann die Umsetzung in Zahlen ebenso wie bei geschlossenen Fragen erfolgen.

Bei Sprachtests ist es nicht ungewöhnlich, Testreihen zu benutzen, die aus geschlossenen und offenen Tests bestehen. Die TestDaF-Prüfung zum Bei-

[5] Vgl. Baur, Rupprecht, Grotjahn, Rüdiger und Melanie Spettmann 2006. „Der C-Test als Instrument der Sprachstandserhebung und Sprachförderung". In: Timm, Johannes-Peter und Helmut Johannes Vollmer (Hg.). Fremdsprachenlernen und Fremdsprachenforschung. Kompetenzen, Standards, Lernformen, Evaluation. Festschrift für Helmut Johannes Vollmer. Tübingen: Narr, 389-406.

spiel, die für den Hochschulzugang an vielen Universitäten eingesetzt wird, besteht je nach Fertigkeitsteil sowohl aus geschlossenen (Zuordnungs-, Multiple-Choice-Aufgaben beim Leseverstehensteil und Richtig/falsch-Aufgaben beim Hörverstehensteil) als auch aus offenen Testitems (Kurzantwortaufgaben, frei zu schreibende Texte oder mündliche Antworten auf Fragen). Die Endnote eines gemischten Tests kann der Mittelwert aus allen Testteilen sein, dargestellt in Prozenten, oder sie kann das Ergebnis einer anderen Art von Berechnung sein, je nachdem, was Ihnen als Forschender wichtig erscheint. Wenn man gemischte Testaufgaben benutzt, muss man sorgfältig abwägen, wie man das endgültige Testergebnis ermittelt, als Mittelwert aller Einzeltests oder mit unterschiedlicher Gewichtung verschiedener Testteile.

6.4.2 Testgütekriterien

Bei der Anwendung von Tests sind – ob sie geschlossen, offen oder gemischt sind – die Testgütekriterien einzuhalten. Den Gütekriterien für wissenschaftliche Untersuchungen sind wir bereits in Kapitel 2.4 begegnet.

Validität

Erstens muss man wissen, was man testen will, und einen geeigneten Test auswählen oder entwickeln. Der Test muss nämlich valide sein, also das, was er vorgibt zu messen, in der Tat messen. Dies ist gar kein einfacher Anspruch. Nehmen wir an, man möchte das Konstrukt „Wortschatz des Lerners“ messen. Aber um welchen Wortschatz handelt es sich: Um den bereits im Lehrwerk behandelten? Um den Gesamtwortschatz einer Sprache? Nur um bestimmte Wortarten wie Substantive oder Verben? Auch um konjugierte oder deklinierte Formen? In der Sprachtestung handelt es sich immer um die Prüfung von Merkmalsausprägungen – z.B. gelernte Lehrwerkvokabeln –, die dann latente Merkmale – z.B. Wortschatzumfang oder Wortschatzzuwachs – darstellen sollen.

Dies erscheint auf den ersten Blick trivial, aber es ist häufig sehr schwierig, wirklich sicherzustellen, dass ein Test tatsächlich das testet, was man mit ihm testen möchte. Ein Beispiel: Ein unvorsichtig angelegter Leseverstehenstest (z.B. mit einem aktuellen Zeitungsartikel als Basistext) könnte in Wirklichkeit womöglich nur Vokabelkenntnisse oder Weltwissen testen, zudem die Fähigkeit der Lernenden, richtige Schlussfolgerungen zu ziehen. Der tatsächliche Erfolg in diesem Lesetest kann also sehr stark von anderen Faktoren abhängen.

Zuverlässigkeit

Zweitens muss man wissen, ob der Test verlässlich ist. Die Reliabilität bezieht sich auf die Stimmigkeit des Messverfahrens: Wenn alle Störfaktoren ausgeschlossen werden, sollte ein Lerner bei einer Wiederholung des Tests prinzipiell immer dasselbe Ergebnis erzielen. Drei häufige Möglichkeiten, die Zuverlässigkeit eines Tests zu überprüfen – Testwiederholung, Paralleltest, interne Konsistenzprüfung (*split-half*-Verfahren) –, haben wir bereits in Kapitel 2.4.1 gesehen. Wie man dabei die Zuverlässigkeit eines Tests überprüfen kann, lesen Sie in Kapitel 9.1.3 bei der Besprechung von Korrelationen.

Die Reliabilität eines Tests wird von einigen Faktoren beeinflusst:

- *Testlänge*: Je länger ein Test ist, desto verlässlicher ist er.
- *Zusammensetzung der Versuchspersonen*: Wenn alle Lerner praktisch dieselbe Wissensbasis haben, gleich klug sind und ungefähr dasselbe Ergebnis erzielen, ist die Verlässlichkeit niedrig. (Wenn alle Ergebnisse ganz dicht beieinander liegen, kann es gut sein, dass bei einer Wiederholung diejenigen schlechter abschneiden, die vorher besser abgeschnitten haben.)
- *Zeit*, die für den Test zur Verfügung steht: Haben die Getesteten nicht genügend Zeit zur Verfügung, ist die Verlässlichkeit tendenziell niedriger.
- *Homogenität der Einheiten*: Testen die Einheiten dasselbe Konstrukt, ist die Verlässlichkeit höher.
- *Differenzierungsstärke der Einheiten*: Wenn die Einheiten klar zwischen gut und schlecht differenzieren, ist die Verlässlichkeit höher.

Objektivität

Und schließlich muss man sicherstellen, dass die Ergebnisauswertung objektiv erfolgt. Eine Antwort, die von einem Bewerter als „falsch" markiert wird, muss in allen Fällen ebenfalls als falsch markiert werden. Auch dieses Gütekriterium ist nicht ganz einfach zu gewährleisten, wie jede Lehrperson aus der eigenen Praxis weiß. Daher ist es sehr sinnvoll, **vor** der Auswertung von Testitems **genau** festzulegen, wie sie auszuwerten sind. Weil viele Antworten nicht nur als „richtig" oder „falsch" ausgewertet werden, sondern z.B. auch als „richtig, aber falsche Rechtschreibung" oder „inhaltlich richtig, aber im falschen Kasus" bewertet werden können, sollte das Verfahren für die Punktevergabe so detailliert bestimmt sein, dass dieselbe Anzahl an Punkten für ähnliche Leistungen vergeben wird. Die Objektivität ist bei geschlossenen Tests erheblich leichter zu erreichen als bei offenen Testformaten.

6.5 Probleme der Interventionsforschung

selbsterfüllende Prophezeiung

Bei experimentellen Designs müssen mehrere Faktoren beachtet werden, die die Ergebnisse beeinflussen können, oder die zu weniger validen Ergebnissen führen könnten. Bei Feldexperimenten z.B. ist die Kontrollierbarkeit oft nicht nur wegen der bereits benannten Störfaktoren deshalb schlecht, weil Effekte der selbsterfüllenden Prophezeiung (vgl. dazu Kapitel 2.6.2) die Situation beeinflussen. Um hierfür ein Beispiel zu geben, können wir wieder auf unsere exemplarische Untersuchung einer neuen Lehrmethode zurückkommen: Die Experimentalgruppe weiß, dass sie nach einer neuen Methode unterrichtet wird. Auch die Lehrperson weiß das. Das kann die Motivation der Gruppe und der Lehrperson so erhöhen, dass bessere Ergebnisse erzielt werden als bei der Kontrollgruppe, ohne dass dies tatsächlich auf die Methode an sich zurückzuführen wäre. Jedes Sich-Einstellen der Versuchspersonen auf ihre Situation im Experiment kann ihr Handeln beeinflussen.

Aussagefähigkeit

Ein zweites Argument, das oft gegen Experimente angeführt wird, ist das der Selektivität. Damit ist gemeint, dass das Experiment die unterschiedlichen

Faktoren, die alle in der Wirklichkeit eine Rolle spielen, unvollkommen berücksichtigt. Das Experiment betrachtet einen bestimmten Bereich des menschlichen Handelns isoliert, aber die in dieser isolierten Situation bewiesene Hypothese ist u.U. keine richtige Hypothese für die Realsituation, in der mehr Faktoren wirksam sind, als das Experiment berücksichtigen konnte. Nehmen wir als Beispiel noch einmal den bereits erwähnten Fall, dass wir die Effektivität von Vokabel-Lehrmethoden testen wollen. Um nur (und wirklich nur) die Methode als beeinflussenden Faktor zu isolieren, lassen wir bezahlte Versuchspersonen nach unterschiedlichen Methoden jeweils 20 Kunstwörter lernen. So etwas wurde durchaus unternommen, und es kam dabei heraus, dass eine bestimmte Art des Lernens der Vokabeln die besten Lernerfolge erzielen konnte, nämlich die Schlüsselwort-Methode, bei der die Versuchspersonen zu jedem zu lernenden Wort ein Bild assoziierten, das einen Zusammenhang zu einer ähnlichen Lautform in einer ihnen bekannten Sprache hat. Deutsch lernende Englischkenner konnten z.B. das Wort *Ei* lernen, indem sie sich ein Ei vorstellten, auf das ein Auge (*eye)* gemalt war. Überraschenderweise war dieser Effekt der Schlüsselwortmethode aber im normalen Unterricht nicht nachzuweisen.[6] Das kann viele Gründe haben. Vielleicht lernt man Wörter einer existierenden Sprache doch ein bisschen anders als Kunstwörter, weil man beim Lernen von Wörtern einer existierenden Sprache meist Lernstrategien benutzen kann, die auf der Ähnlichkeit des zu lernenden Wortes mit bereits gelernten aus derselben oder einer anderen Sprache beruhen. Es kann auch sein, dass bei einer bezahlten Versuchsperson und dem Lernen von ohnehin sinnlosen Silben nur externe Motivation eine Rolle spielt (man will sein Versuchspersonen-Honorar erhalten und deshalb erfüllt man die als sinnlos angesehene Aufgabe), während es in der echten Sprachlernsituation eine große Rolle spielt, ob die Methode motivierend ist, ob sie sich gut in den Gesamtprozess des Unterrichts einfügt, ob man sie konsequent einsetzt oder (weil als zu aufwändig empfunden) nur sehr gelegentlich usw. Oder vielleicht gibt es ganz andere Gründe für dieses Ergebnis, die wir hier nicht bedacht haben. Es kann also durchaus sein, dass wir bei von Experimenten validierten Hypothesen nicht ohne weiteres behaupten können, dass sie für die Realsituation gültig sind.

6.6 Verbreitete Experimentformen in der Psycholinguistik

Bei psycholinguistischen Experimenten werden üblicherweise Reaktionszeiten und Fehlerquoten verglichen. Die zu prüfenden Hypothesen sind also fast immer der Art, dass gesagt wird, Faktor A sorge für längere Reaktionszeiten (und/oder mehr Fehler) als Faktor B oder umgekehrt. Bei psycholinguis-

[6] S. Ott, Eric C. et al. 1973. The effect of interactive-image elaboration on the acquisition of foreign language vocabulary. *Language Learning - A Journal of Applied Linguistics*, 23-2, 199; Levin, J. R. et al. 1979. Assessing the classroom potential of the keyword method. *Journal of Educational Psychology* 71, 583-594.

tischen Experimenten gibt es zwar auch eine Vielzahl von möglicherweise intervenierenden Variablen, aber sie sind doch relativ leicht zu kontrollieren, indem man mögliche einflussnehmende Faktoren jeweils unter der „A"- und der „B"-Bedingung gleich hält. Ein ganz einfaches Beispiel für ein solches Experiment wäre, dass wir annehmen, bei der Sprachverarbeitung werde auf Morpheme zurückgegriffen. Diese Hypothese würde die Voraussage machen, dass das Erkennen mehrmorphemiger Wörter länger dauert als das Erkennen von Simplicia.[7] Eine Möglichkeit des Überprüfens dieser Hypothese wäre, dass wir Reaktionszeiten beim Erkennen von Wörtern messen, die aus mehreren Morphemen bestehen, und beim Erkennen von gleich langen Wörtern derselben Buchstaben- und Silbenanzahl, die nur aus einem Morphem bestehen (z.B. *Eisbär/Gibbon*). Nach unserer Hypothese müsste also die Reaktionszeit bei *Eisbär* länger sein, denn beim Erkennen müsste man auf zwei Morpheme zurückgreifen, als die bei *Gibbon*, denn das besteht nur aus einem Morphem. Dies gilt natürlich nur für den Fall, dass alle anderen Bedingungen, die die Reaktionszeit beeinflussen können, konstant gehalten werden. In diesem Fall wäre zwar die Länge in Buchstaben und die Silbenzahl gleich, jedoch ist *Eisbär* das häufiger gebrauchte Wort, das deswegen schneller erkannt werden müsste. Weil es nie gelingen wird, die zu kontrastierenden Elemente in jeder Hinsicht gleich zu halten, müssten diese Effekte in einem Experiment mit ca. 40 Wörtern in jeder der Gruppen so ausgeglichen werden, dass manchmal das einmorphemige und manchmal das mehrmorphemige Wort das häufiger gebrauchte ist und dass für die beiden Gruppen jeweils die durchschnittliche Frequenz konstant gehalten wird. Um also den Unterschied zwischen *Eisbär* und *Gibbon* auszugleichen, wird man z.B. auch ein Paar wie *Schwein* und *Seehund*, bei dem das einmorphemige Wort frequenter ist, aufnehmen. Die Häufigkeit von Wörtern ermittelt man über Häufigkeitswörterbücher oder -datenbanken; die gebräuchlichste dieser Datenbanken ist CELEX.[8]

Es ist kaum möglich, in einer Einführung alle Arten von linguistischen Experimenten vorzustellen. Immerhin wollen wir einen kurzen Überblick über einige verbreitete Techniken geben.

---

[7] Das Erkennen von Wörtern misst man meist in einer Experimentform, die „lexical decision" bzw. „lexikalische Entscheidungsaufgabe" genannt wird. Dabei sitzen die Versuchsteilnehmer vor einem Bildschirm, auf dem in zufälliger Abfolge tatsächliche Wörter und bedeutungslose Buchstabenfolgen, die von der phonologischen Form her Wörter der betreffenden Sprache sein könnten (*glompf* z.B. für das Deutsche), erscheinen. Sie müssen dann immer so schnell wie möglich auf eine Taste für „ja" und eine andere für „nein" drücken, wenn sie etwas als Wort oder Nichtwort (Pseudowort) erkannt haben.

[8] Zum psycholinguistischen Experimentieren brauchen Sie neben den an Ihrer Universität zugänglichen Möglichkeiten zur Frequenzermittlung der benutzten Wörter auch meist ein Programm, das am Computer das Stimulusmaterial präsentiert und gleichzeitig die Reaktionszeiten misst, etwa NESU oder ERTS. Dabei sind Sie auf das Programm angewiesen, das an Ihrer Universität vorhanden ist, und für die vorhandenen Programme wird es Anleitungen geben. Insofern haben wir darauf verzichtet, hier eine genauere Einführung zu geben.

6.6.1 Verfahren und Erhebungsinstrumente in Experimenten zur Sprachproduktion

Sprachproduktion

Wenn es um Sprachproduktion geht, sind u.a. folgende Verfahren möglich:

Texte/Sätze laut lesen lassen: Dieses Verfahren hat nur Sinn, wenn kaum mehr als die Aussprache, Satzintonation u.ä. interessiert. Man kann Texte vorgeben, in denen die Aussprachephänomene enthalten sind, die einen interessieren, man muss jedoch bedenken, dass keineswegs sicher ist, dass die Sprecher beim freien Sprechen genauso artikulieren würden. Beim Vorlesen gibt es allerhand hyperkorrekte Aussprachen, die beim freien Sprechen nicht vorkommen.

Einzelwörter vom Computerbildschirm ablesen lassen: Hier besteht die Möglichkeit, Reaktionszeiten zu messen, d.h. für verschiedene Gruppen von Wörtern zu überprüfen, wie lange es dauert, bis die Versuchsteilnehmer anfangen das Wort auszusprechen, oder wie viele Fehler sie beim Lesen machen.

Sätze/Äußerungen vervollständigen lassen: Bei diesem Verfahren bekommt man eine einigermaßen freie Sprachproduktion, aber man kann trotzdem bis zu einem gewissen Grad durch die Vorgabe steuern, was produziert wird. Die Möglichkeiten sind sehr variabel. Man kann Äußerungen so vorgeben, dass nur noch eine einzige Antwort möglich ist, z.B. *Fritz bringt mich mit seinen dummen Witzen auf die ....*, aber auch so, dass völlig verschiedene Reaktionen möglich sind, z.B. *Wenn meine Eltern anderer Meinung sind als ich, dann ....*.

Häufig wird das Verfahren eingesetzt, wenn man Fehler oder Reaktionszeiten bei bestimmten grammatischen Formen messen will. Das kann man z.B. so arrangieren, dass man einen Satz in Einzelwörtern auf dem Computerbildschirm zeigt und dann das letzte Wort in einer Zitierform vorgibt und bittet, es in der im Satz korrekten Form auszusprechen. Dabei wird die Zeit gemessen, die die Versuchsteilnehmer brauchen, bis sie ihre Reaktion beginnen, und eventuell auch die Anzahl der Fehler, die sie dabei machen. So kann man z.B. Unterschiede in der Reaktionszeit oder in der Fehleranzahl bei regelmäßiger im Vergleich zu unregelmäßiger Flexion feststellen.

Bei dieser Experimentform kann man auch mit maskierten Primes arbeiten. Damit ist gemeint, dass man einen Reiz kürzer als 60 Millisekunden einblendet, sodass er nicht bewusst wahrgenommen, aber trotzdem verarbeitet wird. So kann man zum Beispiel die Einflüsse einer Sprache auf die andere bei Mehrsprachigen überprüfen. Unmittelbar bevor das Wort in der gewünschten Sprache ausgesprochen werden soll, wird ein ähnliches Wort aus der anderen Sprache eingeblendet. Dadurch wird sichergestellt, dass dieses Wort aus der anderen Sprache auch aktiviert ist. Sein Einfluss muss sich dann in Reaktionszeiten oder Fehleranzahlen nachweisen lassen.

Imitieren lassen: Man kann ganz verschiedene Imitationsaufgaben stellen; das geht von „einzelne Laute oder Wörter nachsprechen lassen“ bis „Sätze/Texte reproduzieren". Meist wird dieses Verfahren angewendet, wenn es darum geht, festzustellen, welche (oft auch unerwarteten) Merkmale der zu reproduzierenden Einheiten die Versuchsteilnehmer bemerken, ob sie also z.B. einen Laut korrekt nachsprechen oder ihn an einen Laut ihrer Muttersprache angleichen. Eine besondere Form dieser gelenkten Sprachproduktion nennt man *shadowing*. Dabei werden die Versuchsteilnehmer gebeten, alles, was sie hören, so schnell wie möglich nachzusprechen. Dabei kann man überprüfen, inwieweit sie fehlerhaft präsentierte Äußerungen „reparieren", d.h. also z.B. nachsprechen: „Ich begrüße Sie", obwohl ihnen „Ich beglüße Sie" vorgesprochen wurde. Man kann dabei beobachten, dass die Versuchsteilnehmer ganz offensichtlich nicht papageienhaft reproduzieren, was ihnen vorgesprochen wurde, sondern dabei ihr Sprachverarbeitungssystem benutzen. Als unabhängige Variable kann man z.B. die Position des Fehlers im Wort/in der Äußerung variieren und überprüfen, wie sich das auf die Anzahl der Reparaturen auswirkt.

Wortassoziationen nennen oder aufschreiben: Hier werden Versuchsteilnehmer gebeten, so schnell wie möglich und ohne Reflexion die Wörter zu nennen/aufzuschreiben, die ihnen zu einem Stimuluswort einfallen. Dabei wird Zeitdruck erzeugt, um ein bewusstes Aussuchen der genannten Wörter möglichst auszuschließen.

Von diesem Verfahren hat man zunächst sogar angenommen, es könne dazu dienen, die Struktur des mentalen Lexikons wiederzugeben. Es zeigt sich tatsächlich bei dieser Art von Experimenten, dass bei vielen Wörtern eine hohe Übereinstimmung zwischen Sprechern besteht in Bezug darauf, was sie als erste Assoziation nennen (z.B. zu *Tisch Stuhl*). Die als erste Assoziation genannten Wörter stehen oft in einer Oberbegriff/Unterbegriff- oder Schwesterbegriff-Relation zu dem Stimulusbegriff. Gelegentlich werden auch typische Fortsetzungen (*Hund – bellen*) oder Kollokationen (*Maßnahmen – ergreifen*) genannt. Bei späteren Assoziationen werden sehr häufig Elemente von vorgestellten Situationen genannt (*König – Königin – Schloss – Schlosscafé – Erdbeereis mit Sahne*). Spätestens bei der letzten genannten Assoziation muss man bezweifeln, dass tatsächlich die Struktur des mentalen Lexikons durch diese Assoziationen gezeigt wird.

Assoziationsexperimente wurden auch häufig mit Mehrsprachigen vorgenommen, teils um herauszufinden, welche Einflüsse vorgegebene Sprachwechsel haben oder bei welchen Gelegenheiten spontane Sprachwechsel auftreten, teils um herauszufinden, ob übersetzungsäquivalente Wörter auch übersetzungsäquivalente Assoziationen hervorrufen.

Man hat die Tatsache, dass die Assoziationen der Sprecher derselben Sprache recht stark übereinstimmen, auch benutzt, um für einzelne Sprachen sogenannte „Assoziationsnormen" zusammenzustellen; darin kann man nachschlagen, welche Wörter besonders häufig zusammen genannt wurden (u.a. in: Hasselhorn/Hager 1994. *Handbuch deutschsprachiger Wortnormen*. Göttingen: Hogrefe). Diese Listen von Assoziationsnormen werden bei Experimenten benutzt, bei denen „assoziierte Begriffe" in Kontrast zu anderen, z.B. phonologisch oder semantisch ähnlichen, gesetzt werden.

Bilder benennen: Das Benennen von Zeichnungen oder Fotos ist eine klassische Sprachproduktionsaufgabe, die man am Computer durchführen lassen muss, wenn man die Reaktionszeiten messen will, die man aber auch einfach anhand von vorgelegten Bildern durchführen kann, wenn es darum geht, überhaupt eine Äußerung zu produzieren. Der Nachteil des Verfahrens ist, dass man nur Dinge verwenden kann, die eindeutig zu zeichnen oder zu fotografieren sind, und das sind im wesentlichen konkrete Substantive.

Bilder beschreiben / Geschichten erzählen anhand von Bildern / Unterschiede zwischen zwei Bildern benennen: Mit diesen Aufgaben kann man auch längere Texte erzeugen, allerdings per Computer nur die Reaktionszeit bis zur Produktion des ersten Wortes messen. Gerade das Benennen von Unterschieden zwischen zwei Bildern ist geeignet, auch bestimmte grammatische Formen zu elizitieren. Wenn man z.B. bei zwei geeigneten Bildern fragt „Was ist zwischendurch passiert?", kann man Partizipien II elizitieren („Das Haus ist eingestürzt").

Nacherzählungen (anhand von gehörten/gelesenen Erzählungen, Videos u.a.): Auch hier kann man seine Vorgaben so wählen, dass bestimmte Wörter, bestimmte grammatische Phänomene vorkommen müssten, die man in der freien Sprachproduktion erhalten will. Bei derartigen Vorgaben ist es ganz besonders wichtig, mit mehreren Personen aus dem Bekanntenkreis auszuprobieren, ob die gewünschten Phänomene tatsächlich elizitiert werden. Man kann sich gar nicht vorstellen, wie viele Möglichkeiten Versuchsteilnehmer finden, um die gewünschten sprachlichen Phänomene zu vermeiden.

Stroop-Tests: Dieses Verfahren gibt über die Sprache eine andere Information als über ein gleichzeitig gegebenes Bild, damit untersucht werden kann, wie sich die damit verbundene Störung des Bildbenennens auf die Reaktionszeiten und/oder die Fehleranzahl auswirkt. In der einfachsten Form des Tests werden die Versuchsteilnehmer z.B. aufgefordert, Tintenfarben zu benennen von geschriebenen, damit nicht übereinstimmenden Farbbezeichnungen, also z.B. steht dort *rot* mit grüner Tinte geschrieben. Dabei kann man z.B. die Sprachen variieren und feststellen, dass die inkongruenten Farbbezeichnungen um so mehr stören, je präsenter die Sprache dem Versuchsteilnehmer ist. Ein anderes gebräuchliches Stroop-Verfahren blendet in zu benennende Bilder Wörter als Schrift ein, wobei man z.B. variieren kann, ob die eingeblendeten Wörter dem als Bild dargestellten Wort semantisch oder phonologisch ähnlich sind.

Kunstwörter morphologisch verändern: Hierzu gehört das bereits erwähnte *Wug*, mit dem die Pluralformen erhoben wurden. Den Versuchsteilnehmern wird eine Zeichnung dieses Tiers vorgelegt und gesagt: „Hier ist ein *Wug*." Dann kommt ein zweites Kärtchen mit noch einem solchen Tier, und es wird gesagt: „Und da kommt noch eins. Jetzt haben wir hier zwei ......".

6.6.2 Verfahren und Erhebungsinstrumente in Experimenten zur Sprachrezeption

Wenn es um Sprachrezeption geht, ist die Anzahl der Experimentformen noch größer. Sprachrezeption

Lexikalische Entscheidungstests: Am verbreitetsten sind die bereits erwähnten lexikalischen Entscheidungsaufgaben, wobei ein wichtiges Verfahren das sogenannte *Priming* (dt. Bahnung; meist wird aber der englische Terminus verwendet) ist. Das Verfahren misst Einflüsse eines vorher gezeigten Reizes auf die Reaktionszeit für den gemessenen Reiz und schließt daraus auf Verbindungen in unserer mentalen Repräsentation der Sprache. Z.B. wird die Reaktionszeit für das Erkennen von *König* als einem Wort des Deutschen verkürzt, wenn vorher *Krone* (ein assoziativ verbundenes Wort), *Königin* (ein morphologisch verbundenes Wort) oder *king* (ein über ein gemeinsames Konzept verbundenes Wort aus einer anderen Sprache) gezeigt wird. So kann man mit dem Priming-Verfahren Hypothesen über bestehende Verbindungen testen.

Phonemmonitoring: Ein weiteres verbreitetes Verfahren ist, dass man den Versuchsteilnehmern die Aufgabe stellt, jedes Mal einen Knopf zu drücken, wenn sie einen bestimmten Laut hören (*phoneme monitoring*). Abhängig davon, wie komplex das vorher Präsentierte war, oder von der Umgebung, in der dieser Laut präsentiert wurde, verändert sich die Reaktionszeit. Für dieses Verfahren gibt es auch eine Papier- und Bleistift-Variante, die unkompliziert zu handhaben ist und sich also auch für linguistische Hausarbeiten eignet: Man lässt seine Versuchsteilnehmer unter Zeitdruck jeweils einen bestimmten Buchstaben in einem schriftlich präsentierten Text markieren. Dabei wird nicht die Reaktionszeit gemessen, sondern die Zahl der Fehler, d.h. der nicht markierten Buchstaben. In bestimmten syntaktischen oder morphologischen Umgebungen werden nämlich mehr Fehler dieser Art gemacht als in anderen, d.h. man schließt aus der Zahl der gemachten Fehler auf die Schwierigkeit der Verarbeitung der jeweiligen Textstelle.

Gating: Ein anderes Verfahren präsentiert unterschiedlich lange Segmente von zu erkennendem Sprachmaterial und überprüft, ab wann es richtig ergänzt wird, also eindeutig erkannt wurde. So wird zum Beispiel das Wort *Elefant* auditiv wie folgt in Teilen präsentiert, wobei die Versuchspersonen nach jedem Teil angeben müssen, welches Wort gemeint ist:

E
El
Ele
Elef
Elefa
Elefan
Elefant

Dieses Verfahren ist zum Beispiel benutzt worden, um festzustellen, wo der „Erkennungspunkt“ eines Wortes liegt, d.h. wann das Wort als „Elefant“ erkannt wird. Das wäre hier wohl, wenn man das „f“ gehört hat, denn bis dahin wäre auch noch die Fortsetzung „Element“ möglich. Wenn das Wort „Elefant“ ganz präsentiert ist, sind natürlich noch (längere) flektierte oder abgeleitete Wörter mit *Elefant* als Bestandteil möglich, z.B. „Elefanten“, „elefantös“.

Segmentverschiebung: Wenn es um komplexe Wörter geht, wird häufig mit einem Verfahren gearbeitet, bei dem einzelne Elemente aus einem Wort in ein anderes verschoben werden sollen (*segment shifting*), also soll etwa zu einem auf dem Computerbildschirm mit Markierung der ersten Silbe präsentierten ***GE**BURT* ein Wort gebildet werden, das das ebenfalls auf dem Bildschirm präsentierte *BET* enthält, wobei die markierte Silbe zu verschieben ist (die Versuchsteilnehmer sollen also *Gebet* sagen). Man kann dabei z.B. überprüfen, ob Reaktionszeiten verschieden sind, wenn es sich bei dem zu verschiebenden Element um ein Morphem oder eine in diesem Kontext nicht bedeutungstragende Silbe handelt.

Fehlererkennung: Weitere Verfahren messen das Erkennen von Fehlern (die Zeit, die dazu benötigt wird, oder – auch das ist wieder ohne komplizierte Computerprogramme möglich – die Anzahl der übersehenen Fehler in zu variierenden Kontexten), wobei verschiedene Möglichkeiten vorgegeben werden können, unter denen die richtige auszusuchen ist, oder wobei einfach fehlerhafte und fehlerlose Sätze präsentiert werden und die Versuchsteilnehmer unter Zeitdruck die Fehler finden müssen.[9]

6.7 Auswertung der Experimentergebnisse

Wenn wir unser Experiment durchgeführt haben, stehen wir vor dem Problem, was wir mit den gesammelten Daten anfangen. Zunächst einmal geht es darum, welche Daten wir überhaupt verwenden können.

auszusondernde Datensätze

Versuchsteilnehmer, für die wir nicht für jede der Bedingungen Ergebnisse haben, nehmen wir aus der Auswertung heraus. Das geschieht recht häufig, wenn wir im realen Unterricht experimentieren. Dann kann es sein, dass manche Schüler z.B. nur bei der einen erprobten Methode da waren, aber bei der anderen gefehlt haben. Deren Daten nimmt man oft ganz aus der Auswertung heraus, wenn man ein Messwiederholungsdesign hatte.[10]

---

9 Der Zeitdruck, der in den o.a. Experimentbeschreibungen fast immer auftaucht, dient dazu, die für die Sprachverarbeitung schwierigen Aufgaben von den für die Sprachverarbeitung leichteren Aufgaben zu trennen. Mit genügend Zeit werden natürlich alle Fehler gefunden, aber dann hätte man keine auswertbaren Daten mehr.

10 Es gibt aber auch Möglichkeiten, mit solchen „fehlenden Werten“ umzugehen, z.B. indem man eine so genannte „multiple Imputation“ durchführt. Wie dies zu machen ist, erfragen Sie am besten bei einem Statistikexperten.

Bei vielen psycholinguistischen Experimenten ist es üblich, die Reaktionszeiten von Personen ganz aus der Auswertung herauszunehmen, die mehr als 10 % Fehler gemacht haben, das hängt jedoch auch von der Art des Experiments ab. Auf jeden Fall nimmt man die Reaktionszeiten für fehlerhafte Reaktionen aus der Auswertung heraus. Die übrig gebliebenen Daten werden dann mit den in den nächsten Kapiteln beschriebenen statistischen Verfahren aufbereitet.

Aufgaben

1. Stellen Sie sich vor, Sie wollen experimentell überprüfen, ob die Verarbeitung der deutschen Plurale von Substantiven auf *-s* (sie gelten nach manchen Abhandlungen als die regelmäßige Pluralbildung) schneller geht als die Verarbeitung anderer Plurale. Sie haben sich dazu ein Experiment ausgedacht, in dem Versuchspersonen so schnell wie möglich die Singularform eines Substantivs nennen müssen, wenn der Computer das entsprechende Wort im Plural zeigt (also bei „Autos" müssen sie „Auto" sagen, bei „Mütter" „Mutter" usw.). Der Computer misst die Reaktionszeiten. Mit welchen intervenierenden Variablen müssen Sie rechnen, und wie können Sie sie ausschalten?
2. Sie wollen wissen, ob Lerner des Deutschen als Fremdsprache bessere Ergebnisse beim Markieren des Unterschieds zwischen Nominativ und Akkusativ haben, wenn ihr Grammatikunterricht auf der traditionellen Grammatik beruht, sie also Subjekte und Akkusativobjekte zu unterscheiden lernen, als wenn ihr Grammatikunterricht auf dem Valenz-Dependenzmodell beruht, sie also Nominativ- und Akkusativergänzungen zu unterscheiden lernen. Halten Sie es für möglich, diese Frage experimentell zu beantworten? Passen Sie die Fragestellung gegebenenfalls so an, dass sie experimentell bearbeitbar ist, und entwickeln Sie einen Plan für ein passendes Experiment!
3. Sie wollen wissen, ob es für das Lernen von Vokabeln eine Rolle spielt, ob die zu lernenden Wörter in der Erst- und in der Zielsprache verschiedenes oder gleiches Genus haben. Denken Sie sich ein Experiment dazu aus.

Schritt 3: Datenauswertung/Datenanalyse

In diesem Teil besprechen wir die in der Sprachwissenschaft am häufigsten verwendeten statistischen Tests und die daraus zu berechnenden Werte. Es gibt noch viele andere, ebenfalls häufig verwendete statistische Tests in der Linguistik (u.a. die Varianzanalyse), auf die wir in diesem Buch nicht eingehen können. Weil es nicht immer einfach ist, zu entscheiden, welchen Test man verwenden soll, ist es empfehlenswert, vor der Datenerhebung das Design mit jemandem, der über Statistikkenntnisse verfügt, zu besprechen. Somit wird die Datenerhebung so gut wie möglich auf die spätere Auswertung abgestimmt. Es passiert nur allzu häufig, dass die Daten gesammelt werden, bevor man weiß, wie man sie später auswerten möchte – oder dass man aus Versehen oder Unkenntnis den falschen Test einsetzt.

In vielen Fällen hilft es zur Auswahl des richtigen Testverfahrens, sich von einer Skizze wie der auf der nächsten Seite aufgeführten unterstützen zu lassen. Wir haben hier nur die in den nächsten Kapiteln aufgenommenen Verfahren einbezogen.

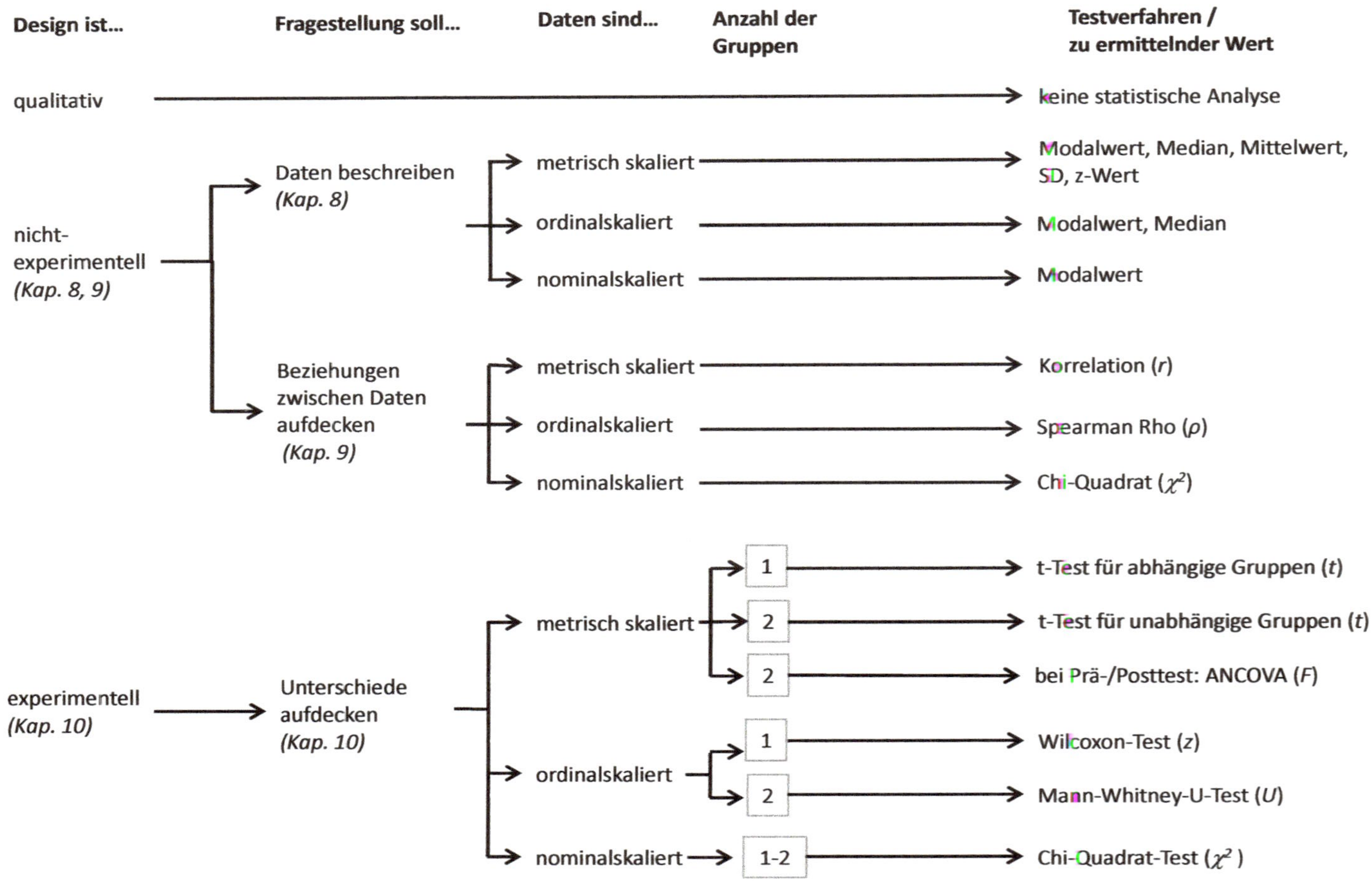
Design ist...
Fragestellung soll...
Daten sind...
Anzahl der Gruppen
Testverfahren / zu ermittelnder Wert
qualitativ
keine statistische Analyse
nicht-experimentell (Kap. 8, 9)
Daten beschreiben (Kap. 8)
metrisch skaliert
Modalwert, Median, Mittelwert, SD, z-Wert
ordinalskaliert
Modalwert, Median
nominalskaliert
Modalwert
Beziehungen zwischen Daten aufdecken (Kap. 9)
metrisch skaliert
Korrelation (r)
ordinalskaliert
Spearman Rho (ρ)
nominalskaliert
Chi-Quadrat (χ²)
experimentell (Kap. 10)
Unterschiede aufdecken (Kap. 10)
metrisch skaliert
1
t-Test für abhängige Gruppen (t)
2
t-Test für unabhängige Gruppen (t)
2
bei Prä-/Posttest: ANCOVA (F)
ordinalskaliert
1
Wilcoxon-Test (z)
2
Mann-Whitney-U-Test (U)
nominalskaliert
1-2
Chi-Quadrat-Test (χ²)

7 Skalenniveaus

Skalenniveaus

Bevor wir anfangen können, Daten zu analysieren (oder auch zu erheben), müssen wir zunächst einmal wissen, mit welcher Art von Variablen wir es zu tun haben. Die Art der Variable bestimmt die Art der Kodierung und somit die statistischen Analysen, die Sie später ausführen. Es gibt in der Linguistik und Sprachlehrforschung drei gängige Arten von Variablen und somit auch von Daten, mit denen wir arbeiten. Das möchten wir in diesem Kapitel anhand von Beispielen erklären.

Wenn man annimmt, dass man einer kleinen Gruppe von Schülern einen Vokabeltest von 10 Wörtern gegeben hat, die ins Englische übersetzt werden sollten, kann man davon ausgehen, dass einige Schüler alle oder die meisten Wörter richtig haben, andere werden schlechter abschneiden. Es gibt nun verschiedene Arten, das Resultat des Tests zu beschreiben. Die folgende Tabelle zeigt einige der Möglichkeiten.

Tabelle 1: Darstellung von Testergebnissen

Name	richtige Vokabeln	korrekt (%)	Rang	bestanden?	Note
John	10	100	1	ja	1
Peter	9	90	2	ja	2+
Ellis	8	80	4	ja	3
Sara	8	80	4	ja	3
Martin	8	80	4	ja	3
Matty	6	60	6,5	ja	4
Eve	6	60	6,5	ja	4
Nancy	5	50	8	nein	5
Adam	4	40	9	nein	5
Mike	2	20	10	nein	6

Die erste Spalte enthält die Namen der zehn Schüler, die den Vokabeltest geschrieben haben. Die zweite Spalte enthält das Resultat, das jeder Schüler erzielt hat, also die Anzahl der Wörter, die der Schüler korrekt übersetzt hat. In der dritten Spalte finden wir die Ergebnisse als Prozentzahl. Spalte 4 teilt die Schüler in eine Rangliste ein: John, der beste Schüler, erhält Platz eins. Peter ist der zweitbeste und erreicht so Platz zwei usw. In der fünften Spalte steht die Information, ob der Schüler bestanden hat oder nicht. Ob ein Schüler bestanden hat oder durchgefallen ist, liegt an einer willkürlich festgelegten Grenze, in unserem Fall bei sechs korrekt übersetzten Wörtern von zehn. Ein Schüler muss also mehr als 50 % richtig übersetzen, um den Test zu bestehen. Man hätte natürlich auch eine größere Anzahl von korrekt übersetzten Wörtern verlangen können, beispielsweise 70 %, dann hätten in unserem Fall nur fünf Schüler bestanden.

Für die richtige Anwendung statistischer Verfahren ist es ausgesprochen wichtig zu wissen, dass die verschiedenen Spalten unterschiedliche Messskalen verwenden: **Metrische (Verhältnis-** und **Intervall-), Ordinal-** und **Nominalskala.** Diese basieren zunächst auf einer Differenzierung in den Variablenarten.

Metrische Skala

Spalte zwei in Tabelle 1 präsentiert die Resultate auf einer Verhältnisskala. Hier sehen wir nicht nur die Information, wer der Beste und wer der Schlechteste ist, sondern auch die genaue Distanz (Intervall) zwischen den einzelnen Ergebnissen der Schüler und können somit sagen, wie weit ihre Leistungen voneinander entfernt sind. So liegen die Ergebnisse von Peter und Ellis genauso weit auseinander wie die Ergebnisse von Eve und Nancy; ebenso können wir sagen, dass John doppelt so viele Vokabeln richtig übersetzt hat wie Nancy. Die meisten Tests benutzen Verhältnisskalen, wie beispielsweise Wörter pro Minute in einem Lesetest, die Anzahl der Fehler in einem Grammatiktest usw. Andere Beispiele von Daten, die üblicherweise auf einer Verhältnisskala dargestellt werden, sind der Zeitumfang, in dem man eine Fremdsprache gelernt hat, oder das Alter der Lerner. Eine metrische Skala nimmt also an, dass die Messeinheiten in gleiche Intervalle unterteilt sind, wie beispielsweise Jahre. Diese Daten können in Punktzahlen, wie in Spalte zwei, oder in Prozent, wie in Spalte drei, dargestellt werden. Diese Skala basiert auf kontinuierlichen Variablen, die Ergebnisse in einem Kontinuum repräsentieren.[1]

Ordinalskala

In der Ranglistenspalte in Tabelle 1 haben wir dagegen eine Ordinalskala. John ist besser als Peter, der wiederum besser ist als Ellis – aber wir können anhand dieser Spalte nicht sagen, um wie viel genau John besser ist, und es wäre auch unsinnig, einen Durchschnittsplatz zu berechnen. (Bei Matty und Eve haben wir den Fall, dass sie beide das gleiche Ergebnis erreicht haben. Um bei zehn Ergebnissen die Ränge eins bis zehn verteilen zu können und die beiden Schülerinnen trotzdem auf dem gleichen Platz zu halten, nehmen wir den Mittelwert der Ranglistenplätze sechs und sieben und geben beiden Schülerinnen den Rang 6,5. Das sagt jedoch **nichts** über einen Durchschnitt aus.) Wir haben bei Ordinalskalen also nur eine Rangliste von „am besten" bis „am schlechtesten" oder „am meisten" bis „am wenigsten" ohne eine klar gegliederte Einteilung zwischen den einzelnen Maßeinheiten. Der Abstand zwischen den Plätzen auf der Skala ist nicht gleich, sie geben nur einen Rang an. Ein weiteres Beispiel für eine Ordinal- (oder Rang-) Skala sind die Noten in der letzten Spalte (reguläre Schulnoten sind ebenso ordinalskaliert). Der Abstand zwischen einer Zwei und einer Drei muss nicht derselbe sein wie der

[1] Verhältnisskalen haben einen absoluten Nullpunkt (z.B. Alter – man kann nicht jünger als 0 Jahre sein); Intervallskalen nicht (z.B. Temperaturmessung in Celsius). Beide Skalen werden in der statistischen Berechnung gleich behandelt, weswegen wir i.d.R. keine Unterscheidung dazwischen machen. Sie werden gemeinsam als „metrische Skalen" bezeichnet.

zwischen einer Eins und einer Zwei.[2] Das Gleiche gilt für sog. Rating-Verfahren, bei dem Experten spezifische Aspekte der Lernerproduktion auf einer Skala beurteilen sollen. Ebenso sind Daten, die mit Likert-Skalen erhoben werden, ordinalskaliert und nicht – wie häufig fälschlich angenommen – metrisch skaliert.[3] Im Übrigen kann man metrische Daten immer in Ordinaldaten konvertieren, niemals aber umgekehrt. (Überlegen Sie sich an dieser Stelle ruhig einmal, warum das so ist.) Schulnoten oder Klassenstufen sind typische Beispiele für ordinalskalierte Daten, mit denen man in der Sprachlehrforschung zu tun hat. (Klassenstufen sind ordinalskaliert, weil man z.B. vermutlich leichter vom 1. ins 2. Schuljahr als von der 11. in die 12. Klasse kommt.)

Nominalskala

Die „bestanden/durchgefallen"-Spalte – sie zeigt eine dichotome Variable an – präsentiert die Daten auf einer Nominalskala. Jedes Resultat fällt in eine Kategorie, entweder gut genug – „bestanden" – oder nicht gut genug – „durchgefallen". Ein bestimmtes Resultat kann nur in eine Kategorie eingeordnet werden. Nominalskalierte Daten sind deutlich seltener in der Linguistik und Sprachlehrforschung und werden nur dafür verwendet, um Zugehörigkeit zu bestimmten Kategorien anzugeben. Eine Person fällt bei nominalskalierten Daten somit entweder in eine Kategorie, z.B. „männlich", oder in eine andere, z.B. „weiblich", aber mehr kann man mit diesen Daten nicht anfangen. Besonders häufig auftauchende Beispiele von Nominaldaten sind Geschlecht (eine dichotome Variable, da nur zwei differenziert werden) und Erstsprache oder besuchte Schulform (beide polytome Variablen).

Kodierung

Es ist übrigens durchaus üblich, bei der Kodierung der Daten auch dichotome oder polytome Variablen wie Geschlecht, Schulform und Muttersprache mit Zahlen zu versehen, also z.B. 1 für weiblich und 2 für männlich, aber ein Durchschnittsgeschlecht, eine Durchschnittsnationalität oder eine Durchschnittsschulform zu errechnen ist unmöglich, während ein Durchschnittsergebnis bei einem Sprachtest uns meist ein aufschlussreiches Ergebnis liefert.

Bei Sportwettkämpfen wie Kurzstreckenlauf oder Eisschnelllauf betrachten wir sowohl Daten auf metrischem als auch auf Ordinalskalenniveau. Die ersten geben die benötigte Zeit an, meist in Hundertstelsekunden, die zweiten den Rangplatz im Feld der Teilnehmer. Man kann z.B. Erster werden mit

2 Wenn man statistische Verfahren korrekt anwendet, muss man darauf Rücksicht nehmen, dass Schulnoten keine metrisch skalierten Daten sind. Üblicherweise wird jedoch mit Schulnoten so umgegangen, als wären es metrisch skalierte Daten, weil so erheblich mehr Möglichkeiten der statistischen Aufbereitung bestehen. Wenn Sie so etwas für Ihre eigene Arbeit vorhaben, weisen Sie zumindest darauf hin, dass es nicht ganz korrekt ist, sonst könnten die Beurteiler Ihrer Arbeit denken, Sie wüssten nicht über Skalenniveaus Bescheid.

3 Likert-Skalen gibt es häufig bei Befragungen. Die Befragten benutzen eine Skala zwischen „stimme voll zu" und „stimme überhaupt nicht zu", der Zahlenwerte zugeordnet sind, z.B. von 1 bis 5. Da nicht sicher ist, dass die Abstände zwischen den einzelnen Antwortmöglichkeiten von den Befragten als gleich groß empfunden werden, ist auch bei solchen Skalen das Berechnen von Mittelwerten und andere Verfahren, die ein metrisches Skalenniveau verlangen, nicht ganz korrekt, wenn auch gebräuchlich.

einer Zeit von 9,36 Sekunden, Zweiter mit 9,55 und Dritter mit 9,56 Sekunden usw.

Abbildung 1 – die zeigt, wie hoch jeweils der Prozentsatz der Einwohner der befragten 15 EU-Länder ist, die in der Lage sind, ein Gespräch in einer anderen Sprache als ihrer Erstsprache zu führen, – gibt gleichzeitig Informationen auf zwei Skalenniveaus. Die Prozentzahlen sind metrisch skaliert, die Ordnung der Säulen von links nach rechts gibt den Rangplatz an (Ordinalskala) und zeigt, dass in Luxemburg die meisten Einwohner mehr als eine Sprache sprechen, in England die wenigsten:[4]

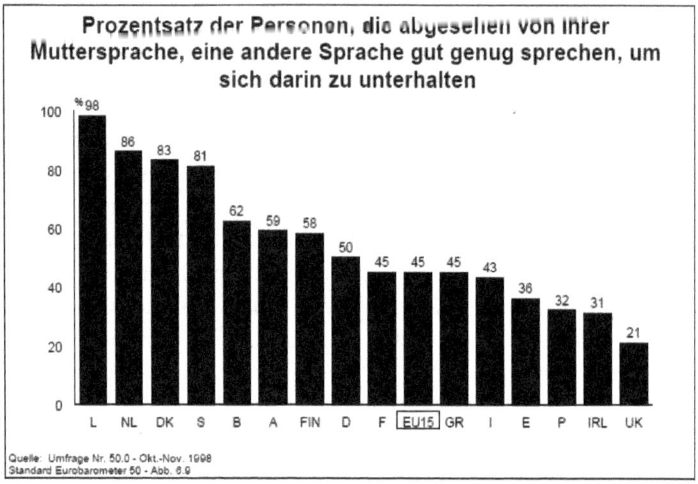

Abb. 1: Beispiel eines Histogramms

Eine metrische Skala gibt die präziseste Information und lässt uns gleichzeitig die Möglichkeit, die in ihr enthaltenen Daten jederzeit in Daten einer Ordinal- oder Nominalskala zu konvertieren. Eine solche Konvertierung hat allerdings nur in bestimmten Situationen Sinn, da schließlich viele Informationen verlorengehen. Angenommen, wir hätten die Daten über das Alter einer Gruppe von Kindern und Jugendlichen exakt erhoben, dann könnten wir z.B. einen Mittelwert berechnen und dabei herausfinden, dass sie im Durchschnitt zwölf Jahre alt sind. Aber vielleicht ist es interessanter zu wissen, wie viele Befragte jeweils in die einzelnen Altersgruppen (4-6 Jahre, 7-9 Jahre, 10-13 Jahre etc.) fallen, weil wir wissen wollen, ob sie wohl noch nicht eingeschult worden sind oder ob sie in der Grundschule, in der Sekundarstufe I oder bereits darüber sind. In diesem Fall würden wir die Altersangaben auf metrischem Skalenniveau in eine Gruppierung mit vier Kategorien auf Nominalskalenniveau umsetzen. Umgekehrt können wir natürlich keine Rückschlüsse auf das Alter machen: Wenn wir nur Informationen zur Schul-

[4] Quelle: Europäische Kommission, Generaldirektion X 1999. Eurobarometer. Die öffentliche Meinung in der Europäischen Union. Bericht Nr. 50. Brüssel, S. 108.

form haben, können wir kaum sagen, dass sich von den 20 Grundschülern fünf in der ersten Klasse, fünf in der zweiten Klasse etc. befinden.

Aufgaben

1. Welche Art von Skala (1: metrische Skala, 2: Ordinalskala, 3: Nominalskala) würden Sie für folgende Daten annehmen?
   a) Schulbildung der Befragten
   b) Akzeptabilität von 20 unterschiedlichen (mehr oder weniger grammatisch korrekten) Sätzen; diese sollen von Versuchsteilnehmern innerhalb einer Liste von „ganz korrekt" bis zu „ganz falsch" sortiert werden.
   c) Dialekt der Befragten
   d) Benotung von Aufsätzen durch verschiedene Dozenten
   e) Reaktionszeit bei der Erkennung von nicht-existenten Wörtern in einer gemischten Liste mit existenten und nicht-existenten Wörtern
   f) Verschiedene Arten von Relativsätzen im Englischen (wobei in zwei verschiedenen Korpora die Anzahl der restriktiven im Vergleich zu den appositiven erhoben werden soll)
   g) Beurteilung der didaktischen Fähigkeiten von Dozenten durch Studenten auf einer Likert-Skala
   h) Länge der Schlagzeilen über den Artikeln in der Frankfurter Allgemeinen Zeitung und in der Bild-Zeitung

2. Sie sehen im Folgenden einen Teil aus einem Fragebogen, in dem Daten zur Einschätzung von Sprachkenntnissen des Deutschen in verschiedenen europäischen Ländern erhoben werden. Geben Sie an, wie Sie die erhaltenen Antworten kategorisieren würden und was für ein Skalenniveau Sie damit erhalten!

   1. Nationalität
   2. Muttersprache
   3. Alter
   4. Ausbildung
   5. Beruf
   6. Bedeutung des Deutschen in Europa jetzt:

sehr wichtig	1	2	3	4	5	sehr unwichtig

   7. Bedeutung des Deutschen in Europa in 20 Jahren:

sehr wichtig	1	2	3	4	5	sehr unwichtig

   8. Bedeutung von Lesefertigkeit im Deutschen: ....
   9. Bedeutung von Sprechfertigkeit im Deutschen: ....

8 Beschreibung von Daten

In diesem Teil behandeln wir die beschreibende Statistik, d.h. die Art von Statistik, die man benutzt, um die Daten von beispielsweise Sprachtests einfach und übersichtlich zu beschreiben. Das Gebiet der Statistik wird normalerweise eingeteilt in **beschreibende** und **prüfende (inferentielle**) Statistik. Beschreibende Statistik gibt einem nur die Ergebnisse an, während inferentielle Statistik überprüft, ob ein Zusammenhang oder Unterschied zwischen vorliegenden Daten dem Zufall zuzuschreiben ist oder nicht.

Mit der beschreibenden Statistik versuchen wir Fragen zu beantworten wie: Wie häufig kommt ein bestimmtes Ergebnis in einem Datensatz vor? Was ist der mittlere Wert in einer Reihe an Daten? Wie unterschiedlich sind die Prüfungsergebnisse innerhalb einer Gruppe? Wer gehört zu der obersten 25 % einer Gruppe, wer zu der untersten? Wie hat Schüler X bei einem Test durchschnittlich abgeschlossen? Und wie weit liegt das Prüfungsergebnis von Schüler X vom Mittelwert entfernt?

8.1 Häufigkeit

Wenn wir die Testergebnisse einer Gruppe Studenten haben, sehen wir häufig, dass mehrere Studenten dasselbe Ergebnis haben. Dies gibt uns die Möglichkeit, eine Häufigkeitsverteilung für die Testergebnisse zu erstellen. Die Häufigkeit ist wohl die einfachste Art und Weise, die Verteilung von Daten zu beschreiben, und wird meist verwendet, wenn man darstellen will, wie oft ein bestimmtes Phänomen oder ein bestimmtes Verhalten vorkommt. Häufigkeitsverteilung

Gehen wir zurück zu unserem Beispiel des Vokabeltests vom letzten Kapitel. Nehmen wir an, wir haben nicht nur die zehn genannten Schüler getestet, sondern insgesamt 50. Tabelle 1 (nächste Seite) zeigt uns in der ersten Spalte, welche Punkte erreicht werden konnten, und in der zweiten Spalte eine Häufigkeitsverteilung der 50 Ergebnisse. Diese Tabelle zeigt, dass von den 50 teilnehmenden Schülern niemand ein Ergebnis von 0, 1 oder 3 hatte; ein Schüler (Mike) hatte ein Ergebnis von 2, zwei Schüler 4, usw.

Die dritte Spalte zeigt die relative Häufigkeit jedes Ergebnisses. Diese relative Häufigkeit erhalten wir, indem wir die Häufigkeit dieses speziellen Ergebnisses durch die Anzahl der Ergebnisse (hier: 50) teilen. Das Ergebnis 10 wurde von 5 der 50 Schüler erreicht, die relative Häufigkeit dieses Ergebnisses ist also 5 : 50 = 0,1 – anders ausgedrückt, 10 % aller Schüler haben dieses Ergebnis erreicht (Wenn sämtliche Schüler klug genug gewesen wären, alle Fragen richtig zu beantworten, dann hätte das Ergebnis 10 eine relative Häufigkeit von 50 : 50 = 1,0 – anders ausgedrückt, 100 % der Schüler hätten alle Fragen richtig beantwortet.). relative Häufigkeit

Häufigkeitsberechnungen

Häufigkeitsberechnungen sind in der Sprachlehrforschung oft hilfreich, wenn man eine knappe und gut verständliche Präsentation der Daten braucht. Es ist manchmal sogar wichtig, die relative Häufigkeit der Ergebnisse zu wissen. Es kann z.B. sein, dass in einer Prüfung Schüler einen Durchschnittswert von 50 % erreichen; wenn aber die Hälfte davon 100 % und die andere Hälfte 0 % erreicht, sagt die Prüfung wenig über die Kompetenzen der Schüler aus. Wir müssten dann die Gründe für diese sehr eigenartige Verteilung anderswo suchen. Ein weiterer Vorteil von Häufigkeitsberechnungen ist, dass sie für alle Arten von Daten – nominal-, ordinal- und metrisch skaliert – berechnet werden können.

Tabelle 1: Verteilung der erreichten Punkte

Punkte	Häufigkeit	relative Häufigkeit
0	0	0,00
1	0	0,00
2	1	0,02
3	0	0,00
4	2	0,04
5	9	0,18
6	8	0,16
7	9	0,18
8	10	0,20
9	6	0,12
10	5	0,10
	n = 50	

8.2 Maße der zentralen Tendenz: Modalwert, Median, Mittelwert

Obwohl Häufigkeitsberechnungen für Überblicke sorgen können, ist es meist notwendig, nähere Informationen über die Daten herauszufinden. In der Linguistik und Sprachlehrforschung, wie in anderen Disziplinen der Sozialwissenschaften auch, errechnet man oft eins von drei Maßen der zentralen Tendenz: Den Modalwert, der einfach der am häufigsten vorkommende Wert ist, den Median (Zentralwert), der den mittleren Wert darstellt (wenn man alle Werte vom kleinsten bis zum größten aneinanderreiht und den in die Mitte fallenden nimmt), und den Mittelwert ($\overline{X}$), der das bekannteste Maß der zentralen Tendenz ist. Diese Werte wollen wir im Folgenden beispielhaft berechnen.

Wir kommen wieder einmal zu den Ergebnissen der zehn Schüler zurück, die einen 10-Wörter-Vokabeltest geschrieben haben. Sie finden im Kapitel 7, Tabelle 1 in der Spalte „richtige Vokabeln" relativ schnell den Modalwert (das am häufigsten anfallende Ergebnis), hier 8. Auch der Median lässt sich einfach bestimmen (weil wir es hier mit einer geraden Anzahl an Ergebnissen zu tun haben, nehmen wir den Durchschnitt des fünften und des sechsten Ergebnisses, also 7). Der Mittelwert unserer Verteilung ist die Summe aller Ergebnisse (66), geteilt durch die Anzahl der Ergebnisse (10), also 6,6. Wenn wir das als Formel aufschreiben, sieht es wie folgt aus:

Mittelwert

$$\bar{x} = \sum \frac{x}{n}$$

wobei „Σ“ für „Summe“ steht, „x“ für das jeweilige Ergebnis und „n“ für die Anzahl der Ergebnisse. Der Mittelwert ist also die Summe aller Ergebnisse, geteilt durch die Anzahl der Ergebnisse.

Bei längeren Ergebnissätzen kann man übrigens den Mittelwert sehr bequem vom Computer berechnen lassen, zum Beispiel, wenn man ein Programm wie Excel benutzt – Excel kann man für fast alle statistischen Berechnungen verwenden, die man in der Sprachlehrforschung durchführen muss, und das Programm bekommt man mit dem gängigen Software-Paket, das man beim Kauf eines Rechners erhält. Wenn Sie nähere Informationen dazu brauchen, finden Sie sie in der Hilfsfunktion des Programms oder in einem Handbuch dazu.

Ausreißer

Noch ein Hinweis: Normalerweise berichten wir über den Mittelwert, seltener über den Median. Allerdings hat der Median den Vorteil, dass er gut zu verwenden ist, wenn einige sehr untypische Ergebnisse (Ausreißer) vorkommen – so zum Beispiel ein Ergebnissatz wie der folgende: 2 – 50 – 50 – 51 – 51. Der Mittelwert wäre hier 40,8; repräsentativer für die Ergebnisse wäre allerdings der Median 50. Der Mittelwert ist daher anfällig für sogenannte Ausreißer, der Median nicht. Auch sollte man bedenken, dass der Mittelwert erst bei metrischen Skalen einsetzbar ist, der Median aber schon bei einer Ordinalskala.

8.3 Maße der Variabilität: Standardabweichung und Quartile

Messungen der zentralen Tendenz sind hilfreich, wenn wir aus den Daten das typische Verhalten einer Gruppe von Menschen ersehen möchten. Allerdings erfahren wir dabei wenig darüber, wie sich die Personen individuell verhalten. Um uns davon ein Bild zu machen, können wir weitere nützliche Informationen errechnen, vor allem zur Variabilität. Hierbei werden am häufigsten die Standardabweichung sowie der Interquartilbereich angefüht.

Standardabweichung

Der nach dem Mittelwert wichtigste Wert der beschreibenden Statistik ist die Standardabweichung (s oder σ). Man kann sie als Maß der durchschnittlichen Abweichung vom Mittelwert definieren. Aus diesem Wert können wir ablesen, wie sich die Ergebnisse um den Mittelwert herum verteilen. An der als Standardabweichung errechneten Zahl können wir ersehen, ob die einzelnen Messwerte relativ eng beim Mittelwert liegen oder recht weit streuen. Die Standardabweichung berechnet man nach folgender Formel:

$$\sigma = \sqrt{\frac{\sum\left(x-\overline{x}\right)^2}{n-1}}$$

wobei gilt

σ	Standardabweichung der Stichprobe
n	Anzahl der Ergebnisse
x	jedes Ergebnis
$x-\overline{x}$	jede Abweichung vom Mittelwert
$\Sigma(x-\overline{x})^2$	Summe aller quadrierten Differenzen

Tabelle 2: Berechnung der Standardabweichung für den Vokabeltest

Punkte	$x-\overline{x}$ ($\overline{x}$= 6,6)	$(x-\overline{x})^2$
10	(10 – 6,6) = +3,4	11,56
9	(9 – 6,6) = +2,4	5,76
...	(... – 6,6) = ...	...
4	(4 – 6,6) = –2,6	6,76
2	(2 – 6,6) = –4,6	21,16
Summe		54,40

Wir berechnen jetzt zur Übung die Standardabweichung der zehn Ergebnisse beim Vokabeltest aus Kapitel 7, Tabelle 1.[1] Diese hatten einen Mittelwert von 6,6. Die Summe der quadrierten Abweichungen ist 54,4. Wenn wir dies durch (N – 1), also 9, teilen, erhalten wir 6,044. Nun ziehen wir noch die Quadratwurzel aus 6,044 und erhalten unsere Standardabweichung von σ= 2,46.

Noch einfacher ist es – vor allem, wenn wir es mit mehreren Ergebnissen zu tun haben –, die Berechnung von einem Kalkulationsprogramm ausführen zu lassen. Nachdem wir die Daten (oben z.B. aus der Spalte „Punkte") eingegeben haben, klicken wir einfach in Excel auf eine leere Zeile. Dann geben wir die Formel zur Kalkulation der Standardabweichung ein: „=STABW" und benennen die Datenreihe (z.B. „STABW(A1:A10)"). Wir erhalten dann ganz einfach den Wert σ= 2,46.

Die Standardabweichung sagt uns also etwas über die Verteilung der Ergebnisse um den Mittelwert herum. Ein hoher Wert für die Standardabweichung (wenn zum Beispiel alle Ergebnisse zwischen 0 und 10 liegen, der Mittelwert der Ergebnisse 6,6 ist und σ= 4) bedeutet, dass die einzelnen Ergebnisse weit voneinander entfernt liegen, ein kleiner Wert für σ, dass alle Ergebnisse dicht um den Mittelwert herum liegen.

Warum dies eine wichtige Information darstellt, sehen wir an einem Beispiel. Stellen wir uns vor, wir wollen herausfinden, wie viele Rechtschreibfehler pro 100 geschriebene Wörter in den Texten von vier kleinen Fördergruppen von jeweils sechs Schülern vorkommen. In Tabelle 3 sehen wir die Ergebnisse mit Mittelwert und Standardabweichung für jede Zahlenreihe.

1 Es gibt zwei Formeln für die Berechnung der Standardabweichung, eine für eine Stichprobe der Grundgesamtheit und eine für die Grundgesamtheit. Die oben benutzte Formel ist die erste. Da wir es nur selten mit einer (ganzen) Grundgesamtheit zu tun haben, nehmen wir die zweite Formel hier nicht auf.

Tabelle 3: Rechtschreibfehler pro 100 Wörter

	Gruppe A	Gruppe B	Gruppe C	Gruppe D
	3	2	5	1
	4	3	5	1
	5	5	5	1
	5	5	5	9
	6	7	5	9
	7	8	5	9
$\bar{x}$	5	5	5	5
σ	1,41	2,28	0,00	4,38

Wenn wir nur den Mittelwert berechnen, sehen wir nur, dass alle Gruppen im Durchschnitt gleich viele Fehler machen. Bei einer Berechnung der Standardabweichung wird aber deutlich, dass die Schüler sich deutlich unterschiedlich verhalten: Während die Ergebnisse der Gruppe C offenbar sehr dicht beieinander liegen, haben die Schüler in Gruppe D sehr unterschiedliche Ergebnisse.

Normalverteilung

Die Standardabweichung ist daher nützlich, weil sie einen gewissen Überblick über die Reichweite gibt, in die die Ergebnisse fallen. Theoretisch gehen wir davon aus, dass die Hälfte aller Ergebnisse über dem Mittelwert liegt und die Hälfte unter dem Mittelwert. Der Anteil der Ergebnisse, die innerhalb einer Standardabweichung liegen, bleibt immer gleich, egal, welche Daten wir verwenden: In einer Normalverteilung liegen 34,1 % aller Ergebnisse zwischen dem Mittelwert und einer Standardabweichung über dem Mittelwert, 34,1 % liegen dann zwischen dem Mittelwert und einer Standardabweichung darunter. Wir können auch sagen, dass 68,2 % aller Ergebnisse zwischen „Mittelwert ± einfache Standardabweichung" liegen.

Wir wollen das anhand eines Diagramms veranschaulichen (Abb. 1):

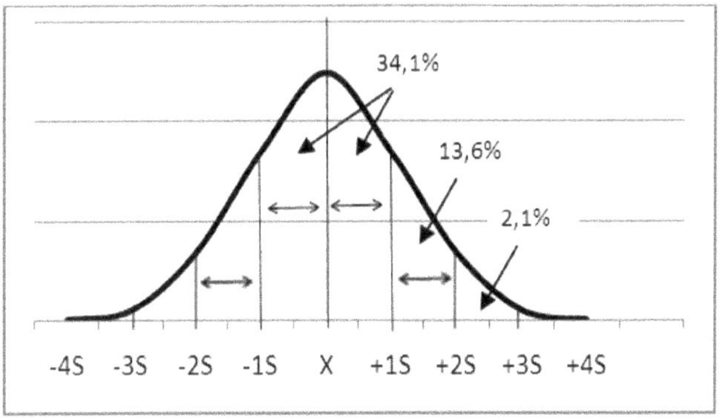

Abb. 1: Die Gaußsche Normalverteilung

Nehmen wir Gruppe B als Beispiel: Ein Mittelwert von 5 und eine Standardabweichung von 2,28 zeigen uns, dass die Mehrzahl aller Ergebnisse (68,2 %) normalerweise zwischen (5 – 2,28 =) 2,72 und (5 + 2,28 =) 7,28 liegt. Die Werte 3, 5 und 7 liegen entsprechend alle innerhalb einer Standardabweichung vom Mittelwert.

Wenn wir also irgendwo lesen, dass bei einer Untersuchung der Mittelwert der Ergebnisse 60 ist und die Standardabweichung 15, können wir erwarten, dass 68 % aller Ergebnisse zwischen 75 und 45 fallen. Wir können dann weiter berechnen, dass, wenn 95 % aller Ergebnisse zwischen „Mittelwert ± doppelte Standardabweichung" fallen, fast alle Ergebnisse in diesem Beispiel zwischen 90 und 30 liegen.

ungewöhnliche Verteilungen

Man muss jedoch mit der Standardabweichung ein wenig aufpassen. Wir haben sie hier aus Übungsgründen an sehr kleinen Gruppen angewandt. Es gibt aber Situationen, wo eine Berechnung der Standardabweichung wenig hilfreich ist; meistens sollte man Gruppengrößen von mindestens 30 haben, wenn man die Standardabweichung berechnet. Ebenso ist dieser Wert nicht gerade hilfreich, wenn die Ergebnisse nicht normalverteilt sind, also wenn sie so um einen Mittelwert verteilt liegen, dass kaum Werte nah beim Mittelwert liegen, sondern sie zum Beispiel aus vielen sehr niedrigen und vielen sehr hohen Werten bestehen – oder wenn sie alle genau dem Mittelwert entsprechen. Dann ergibt die Berechnung wenig Information über das tatsächliche Verhalten unserer Teilnehmer. Bei den o.g. Gruppen C und D zum Beispiel hilft es uns wenig, zu wissen, dass in beiden Fällen 100 % der Teilnehmer innerhalb einer Standardabweichung vom Mittelwert liegen. Wir können wenig darüber sagen, wer deutlich besser oder deutlich schlechter ist als die anderen Teilnehmer. Das sehen wir auch einfach, wenn wir die Ergebnisse in einer Grafik darstellen (Abbildung 2; Gruppe C wird mit einer gestrichelten Linie dargestellt, Gruppe D mit einer durchgezogenen):

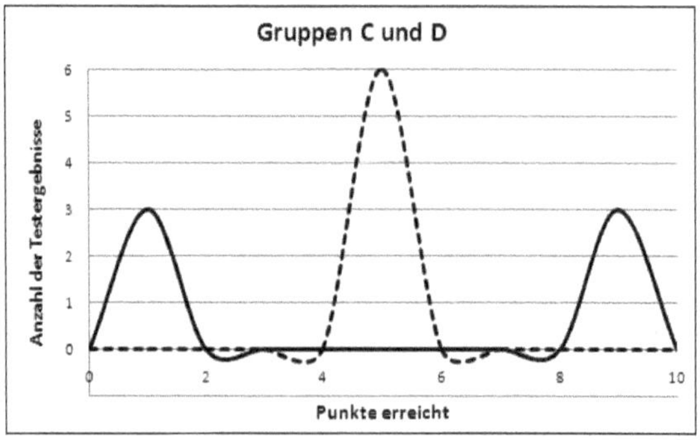

Abb. 2: Gruppen C (gestrichelte Linie) und D (durchzogene Linie)

Ganz wichtig ist zudem, dass wir – um die Standardabweichung zu berechnen – den Mittelwert benötigen. Da ein Mittelwert nur für metrisch skalierten Daten berechnet werden kann, zeigt die Standardabweichung nur die

Variabilität dieser Art von Daten an. Häufig haben wir es aber mit ordinalskalierten Daten zu tun.

Interquartilbereich

Aber auch für ordinalskalierten Daten oder für nichtnormalverteilte, metrisch skalierte Daten können wir einen sogenannten Streubereich berechnen, der uns zeigt, was „normal" ist, und was eher „nicht normal". Der Interquartilbereich ist nichts anderes als alle Daten, die nicht zu den kleinsten oder zu den größten Messungen gehören (inter = zwischen; Quartil = ¼). Hier sehen wir, welche Ergebnisse zwischen dem oberen Viertel der Daten und dem unteren Viertel der Daten liegen, also zu der mittleren 50 % aller Werte gehören.

Der Interquartilbereich wird inzwischen sehr häufig in Arbeiten aus der Sprachlehrforschung angegeben, weil er ordinalskalierte Daten gut abbilden kann und für Ausreißer wenig anfällig ist. Er ist auch leicht zu berechnen. Hierfür muss man alle Daten in zwei Gruppen aufteilen, und zwar (1) alle Daten, die *unter* dem Median (*nicht* Mittelwert!) der Ergebnisse liegen und (2) alle Daten, die *über* dem Median liegen. Der Streubereich ist dann das Ergebnis von (2) minus das Ergebnis von (1).

Wir probieren dies wieder an dem Beispiel der zehn Schüler, die im Kapitel 7 am Vokabeltest teilgenommen haben. Was ist der Interquartilbereich, also in welchem Bereich liegen 50 % aller Ergebnisse? Man berechnet den Median von allen Werten, die über dem Median (7) liegen, also (8, 8, 8, 9, 10 = 8) minus den Median von allen Werten, die unter dem Median liegen, also (2, 4, 5, 6, 6 = 5). Das bedeutet, dass 50 % aller Ergebnisse zwischen 5 und 8 liegen, und unser Interquartilbereich 3 Punkte beträgt.

Boxplot

Die Quartile kann man auch grafisch darstellen, und zwar als sogenannten Boxplot, allerdings leider nicht mit Hilfe von Excel. Hierfür brauchen Sie ein anderes Programm, z.B. *R* oder *SPSS*. Da dies unterschiedliche Schritte (und z.T. kostenpflichtige Programme) benötigt, erklären wir an dieser Stelle nicht, *wie* Sie ein solches Diagramm erstellen können, sondern nur, wie Sie es *verstehen*. Eine Abbildung der Ergebnisse vom Vokabeltest (Kapitel 7, Tabelle 1) finden Sie in Abb. 3:

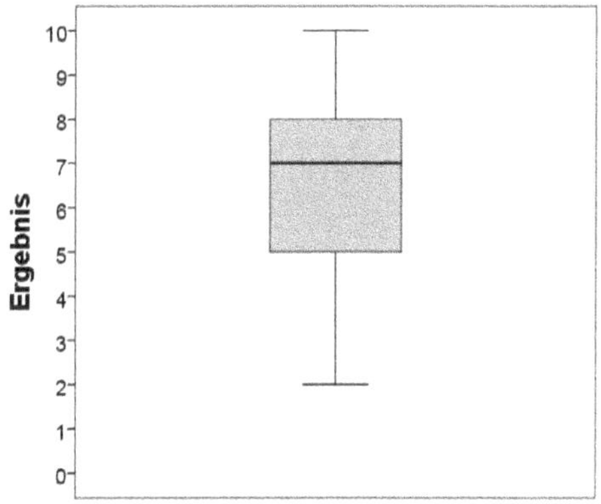

Abb. 3: Boxplot zur Darstellung des Interquartilbereichs

Hier sehen wir einen dunkleren Bereich (die „Box"), in der die mittleren 50 % aller Ergebnisse fallen (die Box reicht von 5 bis 8 Punkten, wie wir soeben berechnet haben). Der mittlere Strich ist der Median aller Ergebnisse (hier: 7). Die jeweils oberen und unteren Striche außerhalb der Box zeigen die jeweils 25 % der Ergebnisse, die entweder über der Box oder unter der Box liegen. (Es kann übrigens sein, dass auch kleine Sternchen oder Kreuze abgebildet werden, die noch weiter von der Box entfernt liegen. Dabei handelt es sich immer um Ausreißer, womit wir uns hier nicht beschäftigen.)

Zusammenfassend kann man sagen: Sowohl die Standardabweichung als auch der Interquartilbereich können uns wichtige Informationen über das Verhalten von Ergebnissen in einem Datensatz liefern. Allerdings können wir die Standardabweichung nur in bestimmten Fällen berechnen. Auch deswegen ist der Interquartilbereich ein hilfreicher Wert, um Aussagen über die Variabilität von Ergebnissen zu ermöglichen.

8.4 Transformierte Messwerte

z-Wert

Bisher haben wir nur Werte besprochen, die einen *ganzen* Datensatz beschreiben, also wie sich eine gesamte Gruppe verhält. Manchmal will man aber herausfinden, wie sich ein Testwert einer Person zu den restlichen Testwerten verhält. Im Alltag sprechen wir hier von „überdurchschnittlich" und „unterdurchschnittlich". Nun können wir einen Testwert auch *transformieren*, um herauszufinden, wie genau über- oder unterdurchschnittlich ein bestimmtes Ergebnis (eine bestimmte Person mit Bezug auf einer bestimmten Eigenschaft etc.) genau ist.

Wenn wir bei einzelnen (metrisch skalierten) Daten wissen wollen, ob sie über oder unter dem Mittelwert liegen und auch, wie weit sie davon entfernt sind, berechnen wir einen sogenannten z-Wert. Diesen Wert (*standard score*) können wir auch später dafür verwenden, Werte mit einer unterschiedlichen Skalierung zu vergleichen (wenn zwei Sprachtests geschrieben wurden, wobei bei dem einen insgesamt 100 Punkte erreicht werden konnten und bei dem anderen insgesamt 70, zum Beispiel). Der z-Wert sagt uns genau, um wie viele Standardabweichungen ein Ergebnis vom Mittel der Stichprobe entfernt liegt. Die Formel hierfür ist recht einfach, und im Beispiel von Tabelle 2 (oben) wäre z.B. der z-Wert vom ersten Ergebnis:

$$z = \frac{x - \bar{x}}{\sigma} \Rightarrow \frac{2 - 3{,}5}{1{,}29} \Rightarrow -1{,}16$$

Das Ergebnis „2" liegt daher 1,16 Standardabweichungen unter dem Mittelwert für die getestete Gruppe. Dass das Ergebnis unter dem Mittelwert liegt, sehen wir an dem Negativzeichen vor dem individuellen z-Wert.

8.5 Die Darstellung der Daten

Seitdem Softwareprogramme wie Excel überall vorhanden sind, kann praktisch jeder seine Daten auf ansprechende Art und Weise darstellen. Die am häufigsten benutzte Darstellungsweise ist immer noch die Tabellenform, von der wir oben schon einige Beispiele hatten. Andere Arten sind Grafiken, wovon die üblichsten Histogramme oder Polygone sind.[2] Wenn wir zum Beispiel die Ergebnisse aus Tabelle 1 verbildlichen wollen, könnten wir die Grafik in Abbildung 3 erstellen:

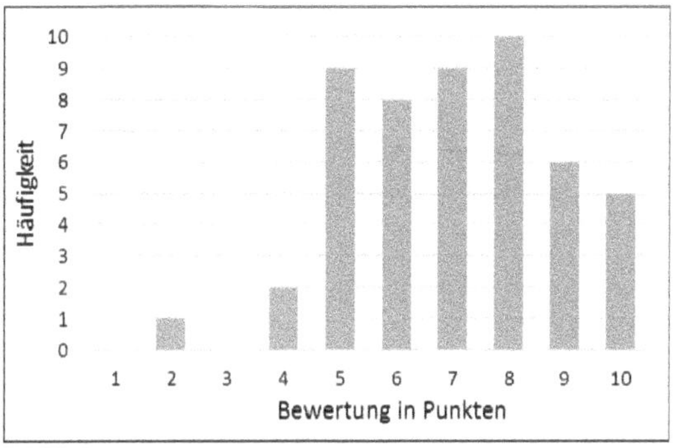

Abb. 3: Histogramm (Häufigkeitsverteilung)

Wenn wir aber Ergebnisse präsentieren, die nicht (wie bei den Vokabeltestdaten) punktuell erhoben wurden, sondern einen Verlauf darstellen (wie es z.B. der Fall ist, wenn wir über einige Zeit die Ergebnisse von einer Person oder einer Gruppe von Personen erheben), dann können wir die Daten in einem Polygon (Liniendiagramm) verbildlichen. Dabei ist der Erhebungszeitpunkt **immer** auf der x-Achse zu finden, wie in Abbildung 4:

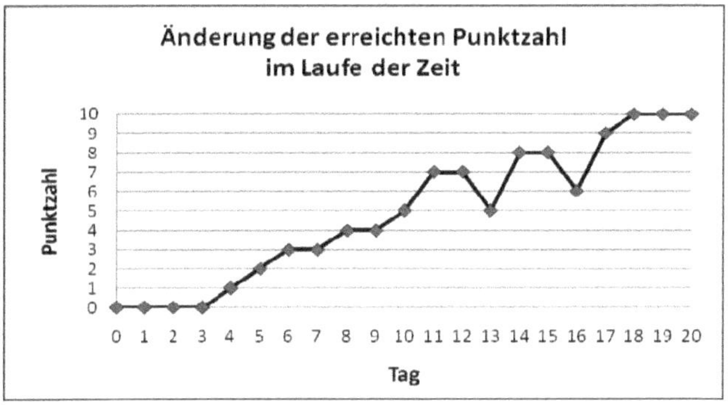

Abb. 4: Polygon

Daten, die Häufigkeiten darstellen, können auch in Kuchen- oder Balkendiagrammen dargestellt werden. Balkendiagramme sind im Prinzip Histo-

2 Beschriftungen werden übrigens in wissenschaftlichen Veröffentlichungen über Tabellen und unter Abbildungen (Grafiken) angebracht.

gramme, nur dass die Darstellung horizontal ist. Man sollte allerdings nicht der Versuchung erliegen und die Ergebnisse eines ernsthaften Forschungsprojekts in jeder Menge spezieller Grafiken untergehen lassen – das sieht dann am Ende eher unseriös aus.

Aufgaben

1. Sehen Sie sich die folgenden Ergebnisse einer Gruppe von Studenten bei einem Aussprachetest an (wir gehen hier von theoretisch kontinuierlichen Daten aus). Berechnen Sie den Median, den Mittelwert und die Standardabweichung. Berechnen Sie auch die Standardabweichung, die vorläge, wenn William nicht am Test teilgenommen hätte. Machen Sie diese Berechnungen zunächst per Hand und überprüfen Sie sie mit den jeweiligen Funktionen in Excel (oder einem anderen Kalkulationsprogramm). Berechnen Sie anschließend den jeweiligen z-Wert für die Ergebnisse jedes Schülers ohne William.

Adrian	6	Nan	6
Jay	6	Margaret	8
Judith	5	Frank	7
Lydia	7	David	9
Nancy	7	William	1

2. Erstellen Sie eine Häufigkeitstabelle der Ergebnisse in Aufgabe 1.

3. Erweitern Sie die Tabelle aus Aufgabe 1 um zwei neue Spalten und benennen Sie diese *männlich* bzw. *weiblich* (beachten Sie, dass Jay männlich und Nan weiblich ist). Wie lautet der Durchschnitt für Männer und Frauen? Und wie lautet der Durchschnitt für Männer und Frauen, wenn William ausgelassen wird?

9 Beziehungen zwischen Daten und Variablen

inferentielle Statistik (Prüfstatistik)

Im letzten Kapitel haben wir uns mit Verfahren befasst, die versuchen, Tendenzen zu beschreiben. Jedoch kommt es häufig vor, dass wir nicht nur das Verhalten einer bestimmten Gruppe beschreiben wollen, sondern über die in einer einzigen Studie erhobenen Daten hinausgehen und auf andere Situationen generalisieren wollen. Man möchte nämlich **inferieren**, also aus einer bestimmten Stichprobe Schlüsse auf die Gesamtpopulation ziehen. Man stellt eine Hypothese darüber auf, wie sich die Population verhält, und prüft sie an einer Stichprobe. Aus diesem Grund wird die inferentielle Statistik manchmal auch Prüfstatistik genannt.

Ein kleiner Hinweis zu den folgenden Kapiteln: Es gibt natürlich mehr statistische Tests als die, die wir hier behandeln. Wir haben eine Auswahl aus den in der Linguistik am häufigsten verwendeten getroffen, um Ihnen ein Minimalhandwerkszeug bereitzustellen. Bevor Sie Ihre Daten erheben, sollten Sie das statistische Verfahren immer mit jemandem, der sich auskennt, besprechen.

Zusammenhang zwischen Daten

In diesem Kapitel sehen wir uns die Resultate von mehreren Tests und/oder mehreren Teilnehmergruppen und/oder mehreren Korpora an und fragen uns, ob es einen Zusammenhang zwischen den Testergebnissen gibt (Achtung: **keine** kausale Beziehung, sondern nur einen Zusammenhang). Dies wird als eine Zahl zwischen zwei Datenreihen repräsentiert. Der Wert für diesen Zusammenhang wird meist mit r („Pearsons Korrelationskoeffizient"), aber auch mit ρ (Spearmans Rho) oder χ^2 (Chi Quadrat), je nach statistischer Analyse, angegeben. Zusammenhangsberechnungen gehören zu den meistgenutzten statistischen Ansätzen und können unterschiedliche Beziehungen aufzeigen, z.B.:

- Im Allgemeinen neigen große Menschen dazu, schwerer zu sein als kleine Menschen. In anderen Worten: Je größer Menschen sind, desto mehr neigen sie dazu, schwerer zu sein.
- Im Allgemeinen ist es so: Wer viel liest, schaut weniger Fernsehen.
- Im Allgemeinen ist es so: Wenn alle anderen Bedingungen gleich sind, schneidet man umso besser bei den Klassenarbeiten ab, je mehr Zeit man mit Hausaufgaben für die Schule verbringt.
- Frauen tendieren dazu, mehr *question tags*[1] zu verwenden als Männer.
- Im Allgemeinen ist das Leseverständnis umso besser, je mehr Wörter man in einer Fremdsprache kennt.

Diese Beziehungen sind ziemlich offensichtlich und stimmen mit der intuitiven Auffassung überein, die die meisten Menschen über die Beziehung

[1] Auf Deutsch „Frageanhängsel", z.B. *nicht wahr?, gell?, oder?*

zwischen Dingen haben. Gleichzeitig wissen wir natürlich, dass diese Beziehungen „im Allgemeinen" stimmen, dass es aber Ausnahmen geben könnte. Es gibt kleine Menschen, die schwerer sind als einige große Menschen, und es gibt Leute, die viel lesen und viel fernsehen. Und nicht jede Frau verwendet mehr *question tags* als jeder Mann.

Manchmal existiert eine Beziehung, die absolut ist – in dem Sinne, dass eine Eigenschaft sich genau abhängig von einer anderen verändert. Zum Beispiel geht umso mehr Benzin in den Tank, je größer dieser ist.

Natürlich kann es auch zwischen zwei Dingen überhaupt keinen Zusammenhang geben. Es gibt beispielsweise wahrscheinlich keine Beziehung zwischen der Schuhgröße eines Menschen und seinen Ergebnissen in einem Sprachtest, oder zwischen der Menge des Regenniederschlags in einem Bundesland und der Höhe der dortigen Gewerbesteuern.

In der Psycholinguistik und Sprachlehrforschung haben wir es je nach Skalenniveau mit unterschiedlichen Verfahren zur Berechnung einer Beziehung zwischen Daten zu tun, weswegen wir auf jedes Skalenniveau separat eingehen. Mehr Informationen hierzu finden Sie u.a. bei Bachman (2004, 92) sowie Bortz/Döring (2009, 505-546).

9.1 Beziehungen zwischen metrisch skalierten Daten

Korrelation

Metrisch skalierte (kontinuierliche) Daten werden in der Praxis am häufigsten miteinander verglichen. Hierfür werden **Korrelationen** berechnet.

Eine Korrelation kann man sich am besten vorstellen, wenn man die Ergebnisse in einem Streudiagramm darstellt. Nehmen wir an, wir untersuchen die Ergebnisse von sechs Studenten in zwei Tests, einem Vokabeltest und einem Grammatiktest, beide mit zehn Aufgaben (siehe Tabelle 1).

Tabelle 1: Vergleich der Benotungen in zwei Tests

	Vokabeln	Grammatik
John	1	3
Peter	2	4
Eva	3	5
Thomas	4	6
Moritz	5	7
Clara	6	8

Streudiagramme

Wenn wir die Ergebnisse in einer Grafik abbilden (Abb. 1), sehen wir, dass alle Punkte auf einer geraden Linie liegen. Die gestrichelten Linien in Abb. 1 zeigen, wo die Punkte für Eva und Clara liegen.

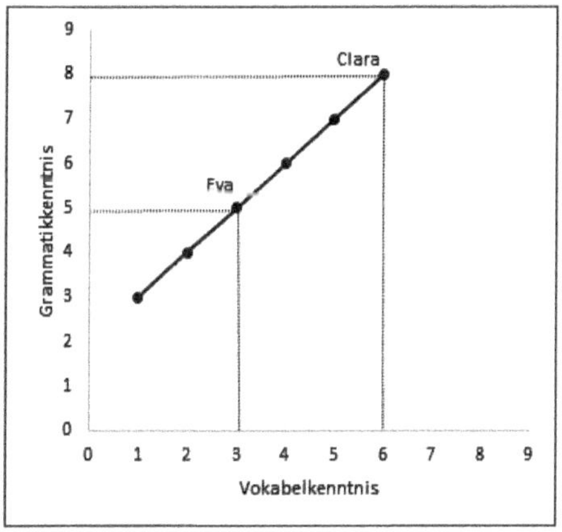

Abb. 1: Streudiagramm der Benotungen aus Tabelle 1

Alle Punkte liegen auf einer geraden Linie (diese nennt man übrigens eine *Regressionslinie*), weil es in diesem erfundenen Beispiel eine **perfekte lineare** Korrelation zwischen den Benotungen für Vokabeln und Grammatik gibt, die uns zeigt, dass gute Noten im Vokabeltest mit guten Noten in der Grammatik zusammenhängen (wir schreiben dies als $r= 1$, auf die Notation kommen wir später zurück). Die Linie in Abb. 1 hat eine positive Steigung, die darauf hindeutet, dass eine positive Korrelation besteht. Eine positive Korrelation bedeutet, dass wir sagen können: **je mehr x, desto mehr y**, also hier: je besser die Ergebnisse beim Vokabeltest, desto besser die Ergebnisse beim Grammatiktest. Eine solche Linie kann auch eine negative Steigung haben, die dann eine negative Korrelation zeigt. In unserem Beispiel vom Kapitelanfang zum Leseverhalten und Fernsehkonsum kann man sagen: Je mehr man liest, desto weniger schaut man fern. Die Beziehung ist dann eine von **je mehr x, desto weniger y**. In diesem Fall verläuft die Regressionslinie in umgekehrter Richtung, vgl. Abb. 2 (der Einfachheit halber gehen wir auch hier von einer perfekten negativen Korrelation, also $r= -1$, aus):

Regressionslinie

positive Korrelation

negative Korrelation

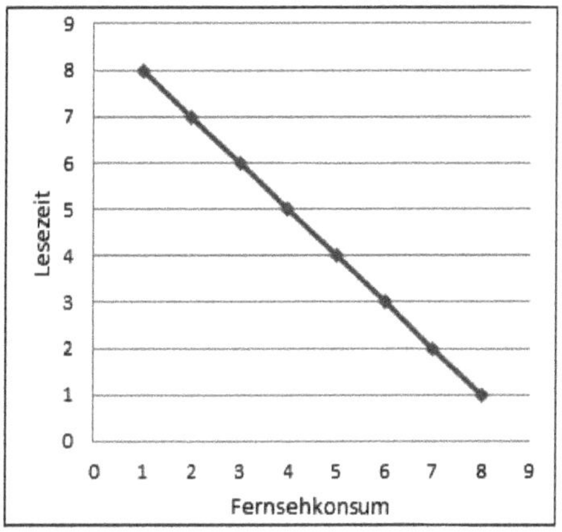

Abb. 2: Streudiagramm einer perfekten negativen Korrelation

Normalerweise ist eine Korrelation natürlich nicht perfekt. Ein Streudiagramm wie in Abbildung 3 (Kapitel 9.1.1, S. 127) wäre viel normaler.

Die Beziehung zwischen zwei Aspekten kann mit Hilfe des Korrelationskoeffizienten dargestellt werden, der als Zahl zwischen -1 (perfekte negative Korrelation) und +1 (perfekte positive Korrelation) angegeben wird. Wenn die Korrelation sich um Null bewegt, gibt es keine Beziehung zwischen den Ergebnissen (wie z.B. zwischen Schuhgröße und IQ eines Erwachsenen).

9.1.1 Korrelationen bei metrisch skalierten Daten berechnen

Pearsons *r*

Einen Korrelationskoeffizienten zwischen zwei Reihen metrisch skalierter Daten zu berechnen, ist recht einfach. Wir beschäftigen uns hier mit der Art der Korrelation, die mit dem „Pearsons Produkt-Moment-Korrelationskoeffizienten" (oder einfach *r*) gekennzeichnet wird. Dieses Verfahren wird nur benutzt, wenn es um Daten einer Intervallskala geht (wie in Tabelle 2). Dort finden wir die Ergebnisse bei zwei Vokabeltests, die zehn Studenten geschrieben haben.[2] Die Tests bestanden aus jeweils 10 Fragen. Abbildung 3 stellt die Noten in einem Streudiagramm dar. (Weil wir später noch über ordinalskalierte Daten sprechen, berechnen wir hier auch die Rangwerte.)

Tabelle 2: Daten für eine Korrelationsberechnung

Student	Ergebnis Test A	Ergebnis Test B	Rangplatz Test A[3]	Rangplatz Test B
1	6	7	6	5,5
2	5	7	7,5	5,5
3	3	4	10	10
4	5	5	7,5	8,5
5	8	9	2,5	1
6	8	8	2,5	2,5
7	4	5	9	8,5
8	7	7	4,5	5,5
9	9	7	1	5,5
10	7	8	4,5	2,5

Die einfachste Möglichkeit, den Korrelationskoeffizienten (die Zahl zwischen -1 und +1) für diese Ergebnisse zu berechnen, ist, ein Kalkulationsprogramm

[2] Da dies kein Kurs im Rechnen, sondern in der Nutzung statistischer Verfahren ist, haben wir ein Beispiel mit einer kleinen Datenanzahl genommen. Übrigens wird das Pearson-Verfahren häufig für Noten verwendet, auch wenn diese streng genommen ordinalskaliert sind. Das sollte man aber lieber vermeiden.

[3] Wie wir bereits gesehen haben, werden die Rangplätze für gleichwertige Ergebnisse als Mittelwert der Plätze berechnet. Weil z.B. der Wert „5" beim Test 1 zweimal vorkommt, erhalten also beide Studenten den Rang 7,5 als Mittelwert von Rang 7 und Rang 8.

wie Excel zu benutzen. Man kann zwar die Korrelation auch per Hand berechnen, dies ist aber aufwändiger und eigentlich nicht nötig.[4]

In einer Excel-Arbeitsmappe (s. Rand rechts) tippen Sie die Daten von oben ein. Spalte A enthält dann die Ergebnisse von Test A, Spalte B von Test B, wie Sie hier am Seitenrand sehen. In einer leeren Zeile verwenden Sie dann die Formel für die Berechnung von Korrelationen,

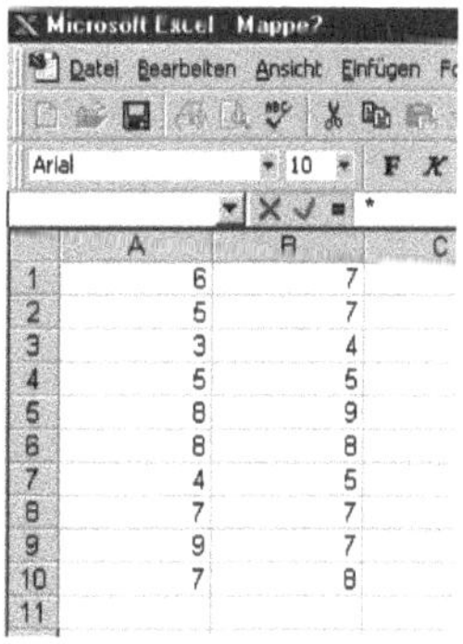

=KORREL(Matrix1;Matrix2)

(Eine Matrix ist der gesamte Satz von Ergebnissen eines Tests, also: „A1:A10" bedeutet „alle Zeilen von A1 bis A10"). Hier wäre das:

=KORREL(A1:A10;B1:B10)

Sie erhalten dann in der gleichen Tabellenzelle das Ergebnis: *r*= 0,82935919, was wir für die Präsentation der Ergebnisse im Normalfall aufrunden zu: *r*= 0,83.

Der Korrelationskoeffizient beantwortet die Frage, ob es eine Beziehung zwischen zwei Variablen gibt oder nicht gibt, dahingehend, dass eine Variable dazu neigt, sich in einer zur anderen Variablen ähnlichen Art zu erhöhen oder zu verringern (allerdings sagt das **nichts** über die Ursache!). In unserem Beispiel wollten wir also herausfinden, ob ein Student, der bei Test A ein gutes Testergebnis erzielt, bei Test B ein ebenso gutes Testergebnis erzielt (Paralleltest), und ob dies auch bei den mittelmäßigen und schlechten Ergebnissen der Fall ist.

Ein *r* von 0,83 in dieser Art von Vergleich (Vergleich zweier Testsätze) ist akzeptabel, obwohl man eigentlich erwarten würde, dass der Korrelationskoeffizient etwas höher liegt. Dass die Korrelation nicht perfekt ist (d.h. nicht 1), kann man im Streudiagramm in Abb. 3 sehen. Das Diagramm zeigt auch, dass die meisten Punkte dicht an einer (fiktiven) aufsteigenden Linie liegen, dass also „im Allgemeinen" die Testergebnisse miteinander korrespondieren.

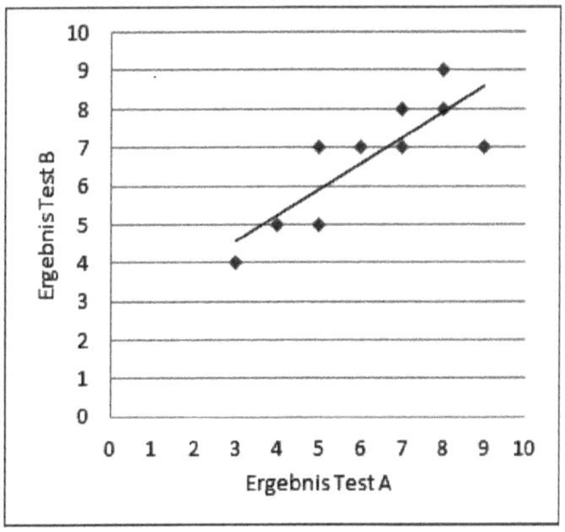

Abb. 3: Streudiagramm der Daten aus Tabelle 2 (*r*= 0,83)

[4] Wer sich aber dafür interessiert, wie genau man auf diese Zahl kommt, kann auf der Studienbuch-Webseite die Formeln nachsehen.

Ausreißer

Eine kleine Warnung: *r* ist für Ausreißer extrem anfällig – ein Wert, der deutlich außerhalb der sonstigen Tendenz liegt, kann zu verzerrten Ergebnissen führen. Daher ist es immer sinnvoll, ein Streudiagramm zu erstellen und eventuell die Berechnung ohne die sehr weit entfernten Ergebnisse noch einmal durchzuführen. Das wäre im obigen Beispiel der Fall, wenn z.B. ein Student in Test A das Ergebnis „9" und im Test B das Ergebnis „1" hätte. Für solche Korrekturen gibt es unterschiedliche Richtlinien, auf die wir hier nicht weiter eingehen können. Ebenfalls kann der Test mit Beziehungen, in denen ein Wendepunkt in der Korrelation existiert (kurvilineare Beziehungen) schlecht umgehen – hierfür empfehlen sich andere Prüfmöglichkeiten, auf die wir in diesem Band ebenfalls nicht weiter eingehen können.

9.1.2 Signifikanz: Wann ist die Korrelation hoch genug?

Wie oben besprochen, bewegt sich der Wert des Korrelationskoeffizienten zwischen −1 und +1. Beträgt der Wert 0 oder bewegt er sich um 0, dann gibt es keine Beziehung, wie in unserem Beispiel von Schuhgröße und IQ. Aber wann ist die Korrelation hoch genug, um sagen zu können, dass es einen Zusammenhang zwischen zwei Variablen gibt? Ab welchem Punkt können wir z.B. behaupten, es gibt eine positive Korrelation zwischen zwei Ergebnissätzen – ab einem r-Wert von 0,6? oder erst ab einem von 0,9? oder bereits ab $r = 0{,}3$? Und woher wissen wir, dass diese Ergebnisse nicht einfach dem Zufall zuzuschreiben sein könnten? Wir werden diesen Fragen auf zwei Arten begegnen, zuerst in inhaltlicher Hinsicht, indem wir sehen, wie hoch die Korrelationen sind, die für bestimmte Arten von Forschungsaussagen erwartbar sind, und dann in technischer Hinsicht, indem wir die statistische Signifikanz besprechen.

Zunächst will man wissen, ob eine Korrelation als hoch, mittel oder niedrig anzusehen ist. Dabei ist zu beachten, dass in einigen Forschungsfeldern eine wesentlich höhere Korrelation erwartet wird als in anderen. Ein Beispiel: Die Übereinstimmung zwischen den Ergebnissen derselben Person in zwei Tests mit kurzem zeitlichen Abstand wird typischerweise bei 0,90 erwartet. Korrelationen zwischen Testergebnissen für Englisch am Ende der Grundschule und nach dem ersten Jahr der Oberstufe wären wahrscheinlich wesentlich niedriger. Und bei einer Korrelation zwischen dem PISA-Ergebnis für Mathematik und sozialer Angepasstheit (angenommen, es wäre möglich, soziale Angepasstheit ordentlich zu testen)? Wenn wir hier ein *r* von 0,30 bekämen, sähen wir dies als ein überaus interessantes Ergebnis an.

Eine allgemeine Faustregel für die Interpretation des Wertes des Korrelationskoeffizienten im Hinblick auf die Stärke der Beziehung zwischen zwei Variablen ist folgende:[5]

[5] Dasselbe gilt natürlich für negative Korrelationen, also ein r-Wert zwischen −0,90 und −1 bezeichnet eine sehr hohe negative Korrelation, einer zwischen −0,70 und −0,89 eine hohe negative Korrelation usw.

Wert	Interpretation
0,90-1	sehr hohe Korrelation, sehr starke Beziehung
0,70-0,89	hohe Korrelation, ausgeprägte Beziehung
0,40-0,69	mittlere Korrelation, substantielle Beziehung
0,20-0,39	schwache Korrelation, definitive, aber geringe Beziehung
0-0,19	keine bis leichte Korrelation

statistische Signifikanz (p)

In unserem Beispiel von vorhin könnten wir dann behaupten, dass der berechnete r-Wert von $r = 0{,}83$ eine hohe Korrelation anzeigt, es gibt also eine recht starke Beziehung zwischen den Ergebnissen bei Test A und Test B (vgl. hierzu Effektgröße, Kapitel 11.2).

Stärke der Korrelation

Es reicht allerdings nicht aus, zu wissen, dass eine Korrelation schwach, mittel oder hoch ist. Wir müssen auch wissen, ob wir den Ergebnissen trauen können. Hierfür wird der statistische Signifikanzwert berechnet. Dieser gibt an, ob wir davon ausgehen können, dass unsere Ergebnisse nicht aus purem Zufall entstanden sind. Dieser wird detaillierter im Kapitel 11 erklärt. Hier reicht es zu wissen, dass der statistische Signifikanzwert, der ungeachtet des Verfahrens mit p bezeichnet wird, normalerweise kleiner als 0,05 sein soll ($p < 0{,}05$). Die Wahrscheinlichkeit, dass das Ergebnis zufällig entstanden ist, d.h. nicht signifikant ist, ist dann 1 zu 20 oder 5 % (0,05 = 5 %). Der notwendige Wert wird vor der Berechnung der Ergebnisse von der Forscherin festgelegt.

Da manche leicht zugänglichen Programme wie Excel zwar den Korrelationskoeffizienten (r), jedoch nicht die Signifikanz (p) angeben, ist es sinnvoll, zu wissen, wie man diese selbst nachschlagen kann. Hierfür führen wir die folgenden Schritte durch.

1. Wir bestimmen schon vor der Datenerhebung, welche Signifikanz wir für akzeptabel halten.[6] Wir entscheiden uns hier, den notwendigen Wert etwas konservativer zu setzen, und bestimmen, dass dieser $p < 0{,}01$ sein muss, um unsere Ergebnisse für signifikant zu halten. Das bedeutet, dass die Wahrscheinlichkeit, dass unser Ergebnis zufällig entstanden ist, weniger als 1 zu 100 betragen muss oder 1 % (0,01 = 1 %).

Freiheitsgrade

2. Wir nehmen die Anzahl der gepaarten Daten,[7] die in der Kalkulation des Korrelationskoeffizienten benutzt wurden, und subtrahieren davon die Anzahl der Gruppen, also 2. In unserem Fall von Kapitel 9.1.1 ($r = 0{,}83$) hatten wir 10 gepaarte Daten (s. Tabelle 2: Wir hatten 10 Ergebnisse von Test A und 10 von Test B, was 10 gepaarte Daten ergibt). Wir ziehen 2 ab. Dies ergibt 8. Wir nennen diese Zahl *df* (Freiheitsgrade, engl. *degrees of freedom*).[8]

[6] In der Praxis wird dieser Schritt oft nicht vollzogen; korrekt ist es jedoch, vor der Berechnung den benötigten Wert festzulegen.

[7] In unserem Beispiel sind die Paare jeweils die beiden Ergebnisse derselben Person in den beiden Tests.

[8] Freiheitsgrade (*df*) zeigen, wie viele der Testwerte nicht feststehend sind. Das kann man sich so vorstellen: Bei einer Prüfung haben fünf Studenten mitgeschrieben. Die Summe ihrer Er-

3. Wir sehen uns eine Tabelle zu Signifikanzniveaus beim Korrelationskoeffizienten an (diese finden Sie u.a. im Sonderanhang auf den Webseiten zum Buch). Wir sehen zuerst in der Spalte, die mit *df* markiert ist, die *df*, die wir ausgerechnet haben, nach (in unserem Beispiel 8). In dieser Zeile finden wir 3 Zahlen: 0,632, 0,765 und 0,872. Diese sind die Korrelationskoeffizienten, die man für 10 gepaarte Ergebnisse (oder $df = 8$) mindestens haben sollte. Unser Korrelationskoeffizient ($r = 0{,}83$) liegt zwischen der zweiten und der dritten Zahl. Wenn wir uns nun die kleinere Zahl (0,765) ansehen, sehen wir, dass diese Spalte für zweiseitige Hypothesen mit 0,01 beschriftet ist. Somit haben wir unsere benötigte Signifikanz erreicht und schreiben dann ($p < 0{,}01$).

Noch einfacher ist es natürlich, wenn Sie die Korrelationen mit einem Online-Statistikprogramm berechnen lassen – dann wird der Signifikanzwert immer mit angegeben.

Wichtig zu beachten ist: Ein p-Wert von 0,001 bedeutet **nicht**, dass die Ergebnisse bedeutsamer sind als bei einem p-Wert von 0,01 oder 0,05 – er bedeutet **nur**, dass die Wahrscheinlichkeit, dass die Ergebnisse zufällig sind, niedriger ist als bei höheren p-Werten.

9.1.3 Wofür kann man Korrelationen sonst noch benutzen?

Überprüfung der Zuverlässigkeit

Korrelationen zeigen, wie viel zwei Variablen miteinander gemeinsam haben. Insofern sind sie auch sehr nützlich, wenn wir uns vergewissern wollen, dass Ergebnisse zuverlässig sind (Kapitel 2.4.1). Mit Korrelationen können wir sowohl die Bewerterzuverlässigkeit als auch die Testzuverlässigkeit testen:

- Im Allgemeinen würden wir eine hohe Übereinstimmung zwischen Prüfungsergebnissen erwarten, wenn wir zwei erfahrene Lehrer bitten, die Prüfungen einer Gruppe von Studenten auszuwerten, in dem Sinne, dass, wenn Lehrer A eine gute Note vergibt, Lehrer B ebenso eine gute Note gibt und umgekehrt (Bestimmung der **Inter-Bewerterzuverlässigkeit**[9]). Wenn es keine Korrelation oder gar eine negative Korrelation zwischen den Noten gibt, könnte man daraus schließen, dass die Lehrer ihre Arbeit nicht richtig erledigt haben (das wäre dann eine Nullkorrelation – also keine Korrelation).

Verlässlichkeitskoeffizient

- Im Allgemeinen erwartet man vergleichbare Ergebnisse, wenn man eine Studentengruppe einen bestimmten Test zweimal mit einer einwöchigen Pause dazwischen schreiben lässt (**Testwiederholung** zur Bestimmung

---

gebnisse ist 80. Sobald wir wissen, was vier der Ergebnisse sind (z.B. 20, 15, 5, 20), steht das fünfte Ergebnis fest: Es muss 20 sein. Die Anzahl „4“ gibt unsere Freiheitsgrade an. Für jeden Test müssen Sie wissen, wie man die Freiheitsgrade berechnet (Sie sehen diese aber auch in der Datenausgabe, wenn Sie ein Statistikprogramm verwenden). Freiheitsgrade werden in der Darstellung von Ergebnissen immer (in Klammern) mit angegeben.

9 Da es sich hier um ein Einführungswerk handelt, nehmen wir zur Bestimmung der Inter-Bewerterzuverlässigkeit (*interrater reliability*) nur Korrelationen auf. Wenn man mit Ratingskalen arbeitet, wird normalerweise ein anderer Wert berechnet, Cohens Kappa.

der Testzuverlässigkeit). Dieser sogenannte Verlässlichkeitskoeffizient (*test-retest-reliability*) sollte bei mindestens $r = 0{,}85$ liegen.

- Beim Einsatz zweier paralleler Tests sollte der Verlässlichkeitskoeffizient ebenfalls berechnet werden. Beispielsweise kann man zwei Grammatiktests konstruieren, die sich sehr ähneln und die dieselbe Anzahl von Einheiten (sagen wir: 100) mit derselben Aufteilung in Kategorien (zum Beispiel 10 Einheiten Wortreihenfolge, 8 Einheiten Präsensformen unregelmäßiger Verben etc.) besitzen und in denen jeder Einheit des einen Tests eine Einheit mit demselben Schwierigkeitsgrad im anderen Test entspricht. Auch hier sollte der Verlässlichkeitskoeffizient (man nennt dieses Ergebnis auch *konvergente Validität*) bei mindestens $r = 0{,}85$ liegen.

lineare Regressionsanalyse

Interessant ist eine weitere Anwendung: Will man anhand der Ergebnisse auch Vorhersagen treffen, ist auch dies mit Hilfe des Korrelationskoeffizienten möglich. Wenn man zum Beispiel Informationen über eine Variable, aber nicht über die andere hat, kann man mit Hilfe einer bereits berechneten Regressionsfunktion, die man durch eine **lineare Regressionsanalyse** erhält, unbekannte Werte vorhersagen. Die Regression zeigt uns, inwiefern zwei Variablen linear verbunden sind. Das kann man sich so vorstellen, als würde man die Regressionslinie in einem Streudiagramm, wie z.B. bei Abbildung 3, einfach weiter als das niedrigste Ergebnis nach unten und weiter als das höchste Ergebnis nach oben „ausdehnen". Man würde dann davon ausgehen, dass neue Ergebnisse von Test A irgendwo auf der Regressionslinie platziert werden könnten – dass das Ergebnis bei Test A das Ergebnis bei Test B vorhersagen kann.

Natürlich ist eine solche Vorhersage immer zu einem gewissen Grade inakkurat, denn die Ergebnisse werden sich nie **genau** auf der Regressionslinie wiederfinden – es sei denn, es besteht eine perfekte (+1 oder –1) lineare Korrelation zwischen zwei Variablen.

Hierfür gibt es unterschiedliche Modelle (z.B., je nachdem, ob man nur eine unabhängige Variable oder mehrere hat). Das leichteste ist die einfache lineare Regression, die man anwenden kann, wenn nur zwei Variablen miteinander in Beziehung gesetzt werden. Häufiger in der Sprachlehrforschung ist die **multiple Regression**, die den Effekt mehrerer Variablen (wie Alter, Geschlecht, sozioökonomischer Status) auf eine andere Variable (wie z.B. das Ergebnis bei der Leseverstehenskomponente im PISA-Test) zeigen kann. Da dies etwas komplexer ist, gehen wir hier lediglich auf die einfache Regressionsanalyse ein und empfehlen bei entsprechender Datenanalyse zuerst weitere Lektüre zum Thema multiple lineare Regression.

Bei der einfachen linearen Regression wollen wir versuchen, Ergebnisse vorherzusagen. Wenn Sie später Schüler testen, die z.B. nur Test A durchführen, können Sie anhand der Regressionsfunktion die Ergebnisse beim Test B vorhersagen. Das funktioniert entweder umständlich per Hand (den Rechenweg finden Sie im Sonderanhang 5 bei den Online-Materialien zum

Buch) oder weniger umständlich mit Hilfe einer Online-Statistik-Software, die wir hier vorziehen. Diese[10] stellt für Sie folgende Berechnung her:

$$\text{unbekannter Wert} = \hat{Y} = 0{,}6726x + 2{,}5298$$

und erlaubt Ihnen sogar, fehlende Werte (x, das ist das bereits bekannte Ergebnis für Test A) einzutragen. Wenn also ein Schüler bei Test A das Ergebnis 2 erzielte, sagen wir für Test B das Ergebnis 3,875 hervor.

Wie Sie sehen, kann die Regressionsanalyse nützlich sein, um (noch) unbekannte Werte vorherzusagen. Das funktioniert am besten, wenn wir eine noch recht starke, lineare Korrelation zwischen zwei Variablen haben. Weniger hilfreich ist dies jedoch, wenn es eine sehr hohe Streuung gibt (dann sind die Werte zu weit von der Regressionslinie entfernt – in diesem Fall ist der Mittelwert meist der bessere Prädiktor), oder wenn die Regressionslinie nicht linear ist. Deswegen sollten Sie immer zuerst Ihr Streudiagramm überprüfen, bevor Sie eine Regressionsanalyse durchführen.

9.1.4 Wie man Korrelationen präsentiert

Es gibt mehr oder minder allgemein akzeptierte Arten und Weisen, wie man die Resultate von Korrelationsanalysen präsentiert. Im Folgenden geben wir ein Beispiel, wie man eine Korrelation mit den Daten in Tabelle 2 präsentieren kann. Wir nehmen an, dass es sich bei dem zu präsentierenden Ergebnis um einen Teil eines größeren Forschungsvorhabens handelt, in dem wir die Zuverlässigkeit des Tests überprüfen wollen.

> Um die Zuverlässigkeit des Tests zu überprüfen, haben wir einen Paralleltest durchgeführt. Die erreichten Durchschnittsnoten waren 6,2 bei Test A und 6,7 bei Test B, und die Korrelation zwischen den Ergebnissen war $r = 0{,}83$ ($df(8)$, $p < 0{,}01$). Es hat sich also gezeigt, dass die Tests stark miteinander korrelieren.

9.2 Beziehungen zwischen ordinalskalierten Daten

9.2.1 Assoziationen bei ordinalskalierten Daten berechnen: Spearman Rho

Spearman Rho (ρ, r_s)

Assoziationen

Manchmal liegen einem keine intervallskalierten Daten vor, z.B., wenn man die Rangplätze bei unterschiedlichen Testverfahren hat, jedoch keine exakten Werte für mindestens eine der Variablen. In diesem Fall kann man einen Rangkorrelationskoeffizienten (Spearman Rho, als ρ oder r_s abgekürzt[11]) berechnen. Die Beziehung wird auch nicht mehr „Korrelation“ genannt, sondern man spricht bei ordinalskalierten Daten von **Assoziationen**.

---

[10] Sehr einfach funktioniert dies mit: www.alcula.com/calculators/statistics/linear-regression/ (15.10.2013).

[11] Weil ρ, also Rho, von uneingeweihten Lesern schnell als p, also Signifikanzwert, missverstanden kann, empfiehlt es sich, entweder „r_s“ oder „Rho“ zu schreiben.

Zur Berechnung von Rho bietet Excel keine einfache Formel. Man muss also – wenn man kein anderes Statistikprogramm wie z.B. SPSS verwendet – den Rho entweder mühsam manuell berechnen oder eins von mehreren online kostenlos zur Verfügung stehenden Programmen benutzen.

Wir versuchen eine Berechnung des Spearman Rho für die Rangwerte der Tests A und B in Tabelle 2 mit einem Online-Statistikprogramm[12]. Hierfür müssen wir nur alle Werte aus der Spalte „Rangplatz Test A“ in eine Online-Spalte (hier „Data Y“) hineinkopieren und alle Werte aus der Spalte „Rangplatz Test B“ in die andere Spalte (z.B. „Data X“). Danach klicken wir auf „compute“:

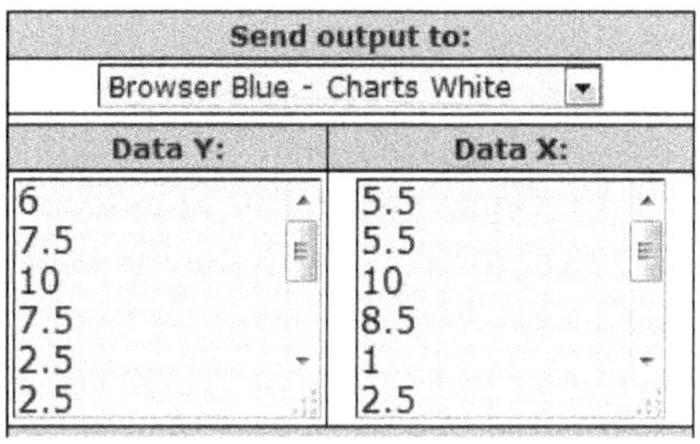

Abb. 4: Spearman Rho-Rechner

Wir erhalten das Ergebnis: $\rho = 0{,}79$ ($p < 0{,}01$), das wir genau so interpretieren wie Pearsons *r*. Das ist zwar nicht genau das Ergebnis, das wir durch eine Berechnung mit den intervallskalierten Daten hatten – dafür aber, dass wir mit den Ordinaldaten weniger präzise Werte haben, ist der Wert sehr ähnlich. Wir sehen, dass ein Student, der bei Test A einen höheren Rangplatz hat, tendenziell auch bei Test B einen höheren Rangplatz hat.

Übrigens ist die Berechnung des Rho weniger anfällig für Ausreißer, denn ob ein Wert 2 Punkte oder 6 Punkte über dem nächsthöheren Wert liegt, ist unwesentlich – in beiden Fällen ist er nur einen Rangplatz höher.[13]

9.2.2 Wie man Assoziationen präsentiert

Die Präsentation des Rangkorrelationskoeffizienten ist ähnlich wie die von dem für intervallskalierte Daten. Für unsere Ergebnisse aus Tabelle 3 wäre eine Möglichkeit:

> **Um die Zuverlässigkeit des Tests zu überprüfen, haben wir einen Paralleltest durchgeführt und die Rangwerte der Ergebnisse verglichen. Die Assoziation zwischen den Ergebnissen war $\rho = 0{,}79$ ($df(8)$, $p < 0{,}01$). Es hat sich also gezeigt, dass eine starke Assoziation zwischen den Testergebnissen besteht.**

---

12 Quelle: Wessa, P. 2013. Free Statistics Software, Office for Research Development and Education, Version 1.1.23-r7. Online erhältlich unter: http://www.wessa.net/ (19.07.2013).

13 Sobald gleiche Werte in den beiden Datenreihen vorhanden sind, muss man den Rho nach der Formel für Rho „mit Bindungen“ berechnen.

9.3 Beziehungen zwischen nominalskalierten Daten

Häufigkeitsdaten

Wenn wir es mit nominalskalierten Daten zu tun haben, z.B. wenn wir gezählt haben, wie oft etwas vorkommt oder wie viele Personen eine bestimmte Ansicht vertreten, wird meistens der Chi-Quadrat-Test (χ^2) herangezogen. Weil Geisteswissenschaftlerinnen häufig mit nominalskalierten Häufigkeitsdaten zu tun haben und der Test zudem recht einfach ist, behandeln wir ihn ausführlich. Übrigens nennen wir hier die statistischen Beziehungen **Kontingenzen**.

Kontingenzen

Kontingenzen werden oft berechnet, um aus Befragungen gewonnene Daten zu analysieren. Auf diese Weise stellt man zum Beispiel fest, ob es eine Beziehung zwischen der politischen Partei, die die Leute wählen, und ihrer Einstellung zur Euthanasie oder zur Drogenpolitik der Regierung gibt. Man kann so zu Aussagen wie „SPD-Wähler befürworten die Legalisierung weicher Drogen eher als CDU-Wähler" gelangen. Man kann natürlich einfach die Anzahl von Leuten zählen, die eine bestimmte politische Partei wählen, und dann herausfinden, wie ihre Einstellung zur Drogenlegalisierung ist, um zu berichten, dass 55 % der SPD-Wähler für eine Legalisierung sind, aber nur 45 % der CDU-Wähler. In diesem Fall könnte man aber nicht sicher sein, dass es eine signifikante Beziehung zwischen den zwei Variablen „Vorliebe für eine politische Partei" und „Einstellung zur Drogenlegalisierung" gibt, wenn man keinen Chi-Quadrat-Test durchführt.

Ebenfalls berechnen wir Kontingenzen, wenn wir Verteilungen von bestimmten Personengruppen auf bestimmte Bereiche untersuchen wollen. Ein Beispiel für eine solche Forschungsfrage wäre, ob es eine Beziehung zwischen dem sprachlichen Hintergrund der Eltern (beide deutschsprachig, beide anderssprachig, einer deutschsprachig und einer anderssprachig) und der Schulart, die ihre Kinder nach der Grundschule besuchen (Hauptschule, Realschule, Gesamtschule, Gymnasium), gibt.

Und schließlich werden diese Tests gern bei Korpusanalysen verwendet, wenn es darum gehen soll, zu untersuchen, wie häufig bestimmte Phänomene in bestimmten (Lerner-) Äußerungen oder Texten vorkommen.

9.3.1 Kontingenzen berechnen: der Chi-Quadrat-Test

Versuchen wir uns zunächst an einem Beispiel. Sie vermuten, dass in Ihrem Deutschunterricht Lerner aus Fernost mehr Vokabellernstrategien verwenden, die auf Memorieren zurückgreifen, als Lerner aus südamerikanischen oder europäischen Ländern. Sie kündigen einen Vokabeltest für die nächste Woche an, lassen ihn schreiben und verteilen danach einen Fragebogen an die Lernenden. Diese sollen alle Strategien ankreuzen, die sie verwendet haben, als sie für die Prüfung gelernt haben (es gab in der Befragung auch Distraktoren, die Sie nicht berücksichtigen, Sie interessieren sich hier nur für die 5 Memorierungsstrategien). In jeder Herkunftsgruppe gibt es 10 Lerner.

Sie zählen dann die angekreuzten Arten von Memorierungsstrategien zusammen und erhalten folgende Häufigkeitstabelle (engl. *frequency table*):

Fernost	Südamerika	Europa
43	21	35

Wenn die Herkunft überhaupt keinen Einfluss auf die Art der Strategie hat, würden Sie erwarten, dass alle Zellen in der Tabelle oben die Zahl 33 enthielten (das ist die durchschnittliche Häufigkeit der Nennungen von Memorierungsstrategien bei allen Gruppen). Das ist offensichtlich nicht der Fall. Woher wissen Sie aber, ob die beobachtete Häufigkeit der Memorierungsstrategien sich von der zu erwartenden Häufigkeit (33) signifikant unterscheidet?

Wir berechnen den Test hier per Hand, da dies in der Tat recht einfach ist. Die Formel für den Chi-Quadrat-Test lautet:

$$\chi^2 = \sum \frac{(\text{beobachtet - erwartet})^2}{\text{erwartet}}$$

Setzen wir unsere Werte in die Formel ein, erhalten wir

für die Lerner aus Fernost	$\frac{(43-33)^2}{33} \approx$	3,030
für die Lerner aus Südamerika	$\frac{(21-33)^2}{33} \approx$	4,364
für die Lerner aus Europa	$\frac{(35-33)^2}{33} \approx$	0,121
χ^2 = Summe		7,52

Wir müssen jetzt in einer Tabelle zur Signifikanz beim Chi-Quadrat-Test (z.B. im Sonderanhang der Webseiten zum Buch) nachsehen, ob der Wert signifikant auf unserem erwünschten Niveau (sagen wir, $p < 0{,}05$) ist. Wir benötigen hierzu wieder die Freiheitsgrade. Die berechnen wir, indem wir 1 von der Anzahl der Gruppen (hier: nach Herkunft der Lerner) subtrahieren: $df = 3 - 1 = 2$. Nun sehen wir in der Tabelle nach, gehen dort zu „$df = 2$“ und stellen fest, dass unser Wert 7,52 kleiner als der benötigte Wert für $p < 0{,}01$ ist. Somit ist unser Ergebnis signifikant mit $p < 0{,}05$. Mit anderen Worten: Die Verwendung der Memorierungsstrategien ist tatsächlich bei den verschiedenen Gruppen unterschiedlich stark ausgeprägt, der Zufall ist mit hinreichender Wahrscheinlichkeit als Ursache ausgeschlossen.

Natürlich brauchen Sie Chi-Quadrat nicht mit dem Taschenrechner auszurechnen, es gibt im Internet Chi-Quadrat-Rechner, die wir später in diesem Kapitel noch vorstellen.

Wichtig hierbei ist, dass man nur sagen kann, **ob** ein signifikanter Unterschied zwischen den Gruppen besteht. Der Test sagt uns (noch) nicht, **wo** der

Unterschied zu finden ist. Um dies herauszufinden, verwenden wir paarweise ***Post-hoc***-Vergleiche.[14]

wichtig bei Chi-Quadrat-Tests

Einige Dinge müssen bei der Anwendung des Chi-Quadrat-Tests besonders beachtet werden. Erstens ist es wichtig, dass beim Chi-Quadrat-Test die tatsächlich beobachteten Häufigkeiten verwendet werden müssen, nicht etwa Prozentzahlen. Sie können es ausprobieren: Wenn Sie das Ganze in Prozentzahlen umsetzen und dann den Test mit Prozentzahlen rechnen, bekommen Sie einen anderen Wert für Chi-Quadrat. Zweitens: Die Häufigkeiten müssen unabhängig sein, d.h., „Erscheinungen" oder „Personen" oder „Antworten" müssen genau einer Zelle zugeordnet werden (und nicht mehreren). Drittens: Die Größe der erwarteten Häufigkeit (nicht der beobachteten Häufigkeit) für jede Zelle darf nicht kleiner als fünf sein. Und viertens: Der Test sagt nur aus, *ob* ein Ergebnis auf den Zufall zurückzuführen ist oder nicht, aber nicht, *warum*.[15]

9.3.2 Der Chi-Quadrat-Test bei Korpusanalysen und Lernerkorpora

Korpusanalyse

Der Chi-Quadrat-Test wird oft benutzt, um bei Korpusanalysen die Häufigkeit des Vorkommens von Erscheinungen zu vergleichen. Wir betrachten ein Beispiel aus dem Englischen: Das Adjektiv *pretty* kann als adjektivisches Attribut zu Substantiven gebraucht werden (*a pretty flower)*, als intensivierender Modifikator in Nominalgruppen (*pretty horrible weather)* oder als intensivierender Modifikator von Adverbien (*pretty clearly seen*). Unsere Frage ist jetzt: Kommt das Wort in allen diesen Funktionen gleich häufig vor? Wir betrachten das anhand eines Korpus.

Das Wort *pretty* kommt im London-Lund-Korpus 120-mal vor, und zwar wie in der folgenden Häufigkeitstabelle angegeben:

adjektivisch	als Intensivierer in Nominalgruppen	als Intensivierer vor Adverbien
5	95	20

Wenn die drei Funktionen gleichmäßig verteilt wären, dann wäre die zu erwartende Verteilung:

adjektivisch	als Intensivierer in Nominalgruppen	als Intensivierer vor Adverbien
40	40	40

Wenn wir die Formeln anwenden, erhalten wir einen Chi-Quadrat-Wert von 116,25. Wenn wir im Anhang nachschlagen, sehen wir, dass dieser Wert

[14] Diese besprechen wir hier aus Platzgründen nicht; ein solcher Test bedeutet, dass man paarweise Chi-Quadrat-Tests vollzieht, wobei man eine sogenannte Bonferroni-Korrektur anwenden muss.

[15] Bei geringen erwarteten Häufigkeiten verwendet man manchmal die Yates-Korrektur, die allerdings noch recht umstritten ist und hier deshalb nicht besprochen wird.

höher ist als der am weitesten rechts stehende in der Reihe für 2 Freiheitsgrade. Das bedeutet, dass es einen signifikanten Unterschied in der Verteilung der drei Funktionen gibt ($p < 0{,}001$).

Vergleich zweier Korpora

Kontingenztafel

Chi-Quadrat kann man auch benutzen, um zwei (oder mehr) Korpora miteinander zu vergleichen. Wir vergleichen jetzt den Gebrauch von *pretty* in zwei Korpora, dem London-Lund-Korpus und dem LOB Korpus.[16] Die Daten werden dann in einer Kontingenztafel (engl. *contingency table*) präsentiert:

	adjektivisch	als Intensivierer in Nominalgruppen	als Intensivierer vor Adverbien
LL	5	95	20
LOB	45	37	21

Daraus erhebt sich die Frage: Gibt es eine Beziehung zwischen dem Gebrauch von *pretty* und der Art des Korpus? Oder anders formuliert: Gibt es einen Unterschied im Gebrauch von *pretty* in den beiden Korpora? Oder noch einmal anders formuliert: Gibt es einen Unterschied in der Distribution der einzelnen Funktionen von *pretty* in den beiden Korpora?

Die Berechnung des Chi-Quadrat-Werts ist bei mehr als einer Ebene immer noch nicht sehr komplex, sie involviert aber mehrere Schritte, weswegen wir sie nur im Internet-Zusatzmaterial ausführlich behandeln. Auch in Excel können Sie den Wert berechnen lassen, auch dies ist etwas komplizierter. Das Einfachste ist, Sie verwenden eine Online-Kalkulation wie die von Georgetown Linguistics oder die von der University of Kansas (googeln Sie einfach „*Chi square web calculator*"). Wir verwenden hier ein Beispiel von der Vanderbilt University[17], das uns erlaubt, bis zu zehn Reihen und zehn Spalten aufzunehmen. (Die folgende Abbildung 5 haben wir an der Stelle der durchgezogenen Linie etwas gekürzt; auf der Webseite sehen Sie aber alle Reihen.) Sie müssen lediglich die Informationen aus der obigen Tabelle eingeben und auf „*Calculate*" klicken:

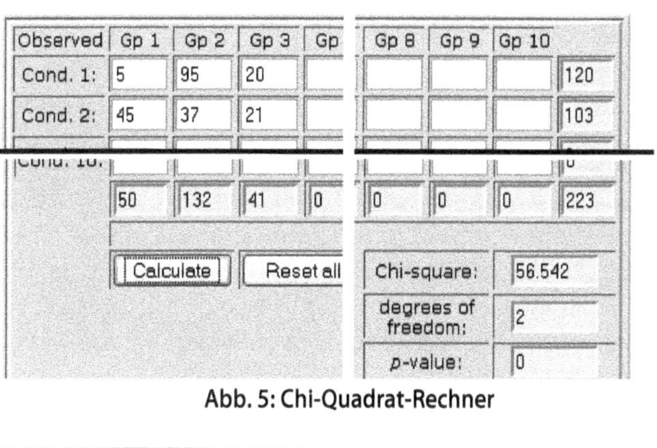

Abb. 5: Chi-Quadrat-Rechner

[16] LOB steht für Lancaster, Oslo, Bergen Korpus von Texten in britischem Englisch.

[17] Quelle: Preacher 2001: http://quantpsy.org/chisq/chisq.htm (27.07.2016).

Wir erhalten einen Chi-Quadrat-Wert von 56,5 mit 2 Freiheitsgraden. Auch der p-Wert wird hier direkt berechnet: $p = 0{,}00$. Folglich können wir sagen, dass es eine Beziehung gibt zwischen der Art des Korpus und dem Gebrauch des Worts *pretty*. Anders gesagt, der Gebrauch des Wortes *pretty* ist verschieden in den beiden Korpora.

Vergleich von Textsorten

Ein weiteres Beispiel aus einer Korpusuntersuchung: Jemand hat untersucht, wie Fragen in zwei verschiedenen Fernsehsendungen gestellt wurden, in der Talkshow „Oprah“ und in der politischen Diskussionssendung „On the Record“ (OTR). Dabei fand sie heraus, dass von allen gestellten Fragen insgesamt 15,3 % eine angehängte „tag-question“ hatten („*You agree that this is wrong, don't you?*“),[18] dass aber die Verteilung so war, dass von den gesamten Fragen sich nur 0,9 % mit einer angehängten tag-question im Oprah-Korpus fanden, und 14,4 % in „On the Record“.

Wenn wir mit einem Chi-Quadrat-Test ermitteln wollen, ob der Unterschied signifikant ist, müssen wir statt der Prozentzahlen die tatsächlichen Zahlen verwenden. Diese waren 4 beziehungsweise 67.

	Oprah	OTR
Fragen mit *tag*	4	67

Mit diesen Daten können wir aber wenig anfangen. Wir wissen nicht, ob 67 wirklich viel mehr als 4 ist, wenn wir nicht wissen, wieviele Fragen denn in den beiden Programmen betrachtet wurden. Unterstellen wir einmal, dass in „On the Record“ (OTR) 16-mal so viele Fragen untersucht wurden wie in „Oprah“. Dann wäre die Differenz zwischen 4 und 67 nicht sonderlich beeindruckend. Wir müssen also die Korpusgrößen in irgendeiner Weise vergleichbar machen in Bezug auf die Anzahl der Fragen. Das geht z.B. so, dass wir die Anzahl der Fragen mit und ohne *tag question* in Betracht ziehen. Dabei stellte sich folgende Kontingenztafel heraus:

	Oprah	OTR
Fragen mit *tag*	4	67
Fragen ohne *tag*	234	160

Wir könnten übrigens die Spalten und Reihen auch austauschen, so wie in der Tabelle unten. Das spielt für die Chi-Quadrat-Berechnung keinerlei Rolle.

	Fragen mit *tag*	Fragen ohne *tag*
Oprah	4	234
OTR	67	160

Wenn wir den Chi-Quadrat-Test auf diese Daten anwenden, dann ergibt die Rechnung ein Chi-Quadrat von 69,58 ($p < 0{,}001$). Mit anderen Worten, es gibt tatsächlich einen Unterschied im Gebrauch der *tag-questions*, der nicht auf den Zufall zurückzuführen ist.

---

18 Die deutsche Entsprechung „Frageanhängsel“ (*nicht wahr?, ne?, woll?*) ist nicht exakt dasselbe; deshalb bleiben wir beim englischen Terminus.

In der Sprachlehrforschung ist häufig von Interesse, ob bestimmte Lernende bestimmte Fehler häufiger machen als andere Fehler (oder andere Lernende). Hier helfen uns reine Prozentberechnungen wenig. Wollen wir z.B. wissen, ob Schüler, die Deutsch als Zweitsprache sprechen, mehr Akkusativ- als Dativfehler machen, dann müssen wir die Häufigkeiten dieser Fehlerarten miteinander vergleichen.

Nehmen wir ein einfaches Untersuchungsdesign an, bei dem wir schriftliche Texte von DaF-Lernenden erheben und zählen, wie häufig der Akkusativ korrekt markiert wird, wie häufig er inkorrekt gewählt wird, und wie es beim Dativ aussieht. Wir erhalten folgende Ergebnisse:

	Akkusativ	Dativ
korrekt	401	164
inkorrekt	34	59

Wir sehen, dass die Akkusativmarkierungen zu 92,4 % korrekt waren, die Dativmarkierungen zu 73,5 %. Um herauszufinden, ob der Unterschied in der Verwendung zwischen diesen beiden Kasus signifikant ist, führen wir einen Chi-Quadrat-Test aus.

Da wir es mit mehr als einer Ebene zu tun haben, verwenden wir wieder den Online-Rechner und sehen, dass der Chi-Quadrat-Wert 40,7 beträgt ($p <$ 0,001).[19] Somit können wir behaupten, dass die Schüler häufiger Fehler in der Markierung des Dativs als in der Markierung des Akkusativs machen.

9.3.3 Wie man Häufigkeitsdaten präsentiert

Wie bei Korrelationsdaten gibt es unterschiedliche Möglichkeiten, Häufigkeitsdaten zu präsentieren. Wir nehmen hier an, dass wir nur die letztgenannte Statistik zu den Kasusmarkierungen im Rahmen einer größeren Studie präsentieren. Dies könnten wir wie folgt formulieren:

> Untersuchte DaF-Lernende beherrschen recht sicher die Akkusativmarkierungen, die zu 92,4 % korrekt waren. Aber auch Dative schienen besser als erwartet beherrscht zu werden: In drei Vierteln (73,5 %) der Dativkontexte wurde der korrekte Kasus gewählt. Für die zwei Kasus Akkusativ und Dativ unterscheiden sich die Werte für korrekte Markierung signifikant, jedoch mit geringer Effektgröße (χ^2 = 40,7, p < 0,001, Cramérs V= 0,25).[20]

---

[19] Auf Grund der 2x2-Matrixstruktur wurde hier eine sogenannte Yates-Korrektur angewandt, worauf wir hier aber nicht weiter eingehen.

[20] Cramérs *V* behandeln wir in Kapitel 11 bei der Berechnung von Effektgrößen.

9.4 Zusammenhang bedeutet *nicht* Kausalität

Interpretation

Man ist leicht versucht, eine kausale Beziehung zwischen zwei Variablen anzunehmen, für die man eine signifikante Beziehung gefunden hat. Wir sehen uns noch einmal einige der Beispiele vom Anfang dieses Kapitels an.

> Im Allgemeinen ist es so: Wer viel liest, schaut weniger Fernsehen.

Es gibt tatsächlich eine hohe negative Korrelation zwischen den zwei Variablen „Zeit, die man mit Lesen verbringt" und „Zeit, die man mit Fernsehen verbringt". Es ist verlockend, jetzt zu behaupten, dass die eine Variable (Lesen) eine direkte Auswirkung auf die andere (Fernsehen) hat, also dass mehr Lesen dazu führt, dass man weniger Fernsehen schaut. Gleichermaßen ist es verlockend, in der folgenden Aussage eine kausale Beziehung zu sehen:

> Im Allgemeinen ist es so: Wenn alle anderen Bedingungen gleich sind, schneidet man umso besser bei den Klassenarbeiten ab, je mehr Zeit man mit Hausaufgaben für die Schule verbringt.

Einmal angenommen, dass wir eine signifikante Korrelation zwischen den zwei Variablen (Zeit, die man mit Hausaufgaben verbringt, und Klausurergebnissen) finden, so scheint es offensichtlich zu sein, dass die erste die letzte kausal bedingt. Trotz dieser scheinbaren Kausalbeziehung ist es nicht erlaubt, auf der Basis einer Korrelationsanalyse zu behaupten, dass eine Variable durch die andere kausal bedingt ist.[21]

Scheinkorrelationen

Wir können die Tatsache, dass eine Beziehung nichts über eine Kausalbeziehung aussagt, anhand von drei Beispielen illustrieren. Beispiel eins: Es gibt eine Korrelation zwischen der Abnahme der Störche in den letzten 30 Jahren (die Anzahl der Störche ist in ganz Europa gesunken) und der Anzahl von Geburten (die auch gesunken ist). Damit ist die Rolle des Klapperstorchs für die Geburt von Kindern aber keineswegs bewiesen, offensichtlich kann man nicht sagen, dass das eine Phänomen das andere verursacht hat.

Ein zweites Beispiel ist die Beziehung zwischen dem Konsumieren von Fernsehsendungen und dem Maß der Aggressivität bei Kindern. Es gibt eine Korrelation zwischen diesen zwei Phänomenen, aber das bedeutet nicht notwendigerweise, dass das Fernsehen Aggression bei Kindern verursacht. Man könnte sogar mit einiger Berechtigung sagen, dass aggressive Kinder dazu neigen, die im Fernsehen gezeigte Gewalt zu mögen, und daher mehr fernsehen als friedlicher veranlagte Kinder. Es gibt aber noch viele andere Möglichkeiten, die Korrelation zu interpretieren, z.B.: Es könnte sein, dass Kinder, die wenig Zuwendung bekommen, aggressiv werden und dass diese Kinder auch – mangels sonstiger Ansprache – viel fernsehen.[22]

---

21 Um Kausalaussagen machen zu können, muss man andere Techniken anwenden wie beispielsweise die Pfadanalyse, auf die wir hier nicht eingehen. Die einfachste Möglichkeit, Kausalität nachzuweisen, ist, ein experimentelles Verfahren (Kapitel 6) anzuwenden.

22 Dass in der Tat ein solcher kausaler Zusammenhang bestehen kann, ist bereits 1963 von Bandura gezeigt worden – hier durch ein experimentelles Verfahren.

Korrelation über dritte bzw. moderierende Variablen

Das bringt uns zu einem dritten Beispiel. Manchmal gibt es eine Korrelation zwischen zwei Erscheinungen, weil diese beiden Erscheinungen mit einer dritten Erscheinung korreliert sind. Nehmen wir zum Beispiel das folgende Phänomen. Es gibt eine positive Korrelation zwischen der Anzahl von Feuerwehrmännern bei einem Feuer und dem Schaden an dem brennenden Eigentum. Im Allgemeinen ist es also so, dass je mehr Feuerwehrmänner involviert sind, desto mehr Schaden entsteht. Diese positive Korrelation könnte eine kausale Beziehung zwischen den beiden Gegebenheiten dahingehend vorgaukeln, dass Feuerwehrmänner Schaden anrichten. Dies ist jedoch nicht (oder nicht notwendigerweise) der Fall. Tatsächlich gibt es nämlich einen weiteren verborgenen Faktor, nämlich die Größe des Feuers. Je größer das Feuer ist, desto mehr Feuerwehrleute sind notwendig. Ebenso gilt, dass je größer das Feuer ist, desto größer ist der Schaden, den es anrichtet. Daher: Je mehr Feuerwehrleute, desto mehr Schaden. Wenn die Größe des Feuers eine Konstante ist, d.h., wenn wir uns nur mit kleinen Feuern oder nur mit großen Feuern beschäftigen, dann gibt es keine Korrelation zwischen der Anzahl der Feuerwehrleute beim Feuer und dem Schaden am in Brand geratenen Eigentum. Die Korrelation ist dann nicht „real“, sondern hängt von einem dritten, verborgenen Faktor ab – eine Scheinkorrelation also.

Besonders in der Sprachlehrforschung sollte man sich davor hüten, kausale Beziehungen aus Korrelationsdaten zu erschließen. Wir können zum Beispiel belegen, dass Kinder, die einen niedrigen sozioökonomischen Hintergrund haben, bei Studien wie PISA deutlich schlechtere Ergebnisse erzielen; das bedeutet aber nicht, dass, wenn die Eltern von einem dieser Kinder im Lotto fünf Millionen Euro gewinnen würden, das Kind bei einer Testwiederholung bessere Ergebnisse erzielen würde.

Aufgaben

1. Es gibt eine positive Korrelation zwischen dem Taillenumfang von Menschen und ihrem Einkommen. Erklären Sie dieses Phänomen, ausgehend davon, dass es sich wohl um eine irreführende Korrelation handelt.

2. Ist ein Korrelationskoeffizient von $r = -0{,}65$ größer oder kleiner als einer von $r = +0{,}45$ im Sinne einer „Stärke“ der Korrelation?

3. Es gibt eine positive Korrelation zwischen der Anzahl Zigaretten, die man raucht, und dem Auftreten von Lungenkrankheiten. Können wir deshalb sagen, dass Rauchen schlecht für die Gesundheit ist?

4. Sehen Sie sich die folgenden Ergebnisreihen an, die sich auf die Übersetzung in die und aus der Erstsprache beziehen. Die Bewertungen liegen zwischen 1 und 10 mit 10 als der besten Note; wir gehen davon aus, dass auch Dezimalzahlen als Ergebnis möglich sind.

	aus der Erstsprache	in die Erstsprache
John	7	7
Peter	4	7
Ellis	7	8
Sara	6	7
Martin	8	8
Matty	10	3
Eve	5	7
Nancy	5	9
Adam	8	8
Mike	7	8

a) Berechnen Sie den Korrelationskoeffizienten zwischen den zwei Ergebnisreihen mit Hilfe eines Statistikprogramms.
b) Ist die Korrelation positiv? Ist sie hoch? Ist sie signifikant? Berechnen Sie die Korrelation zwischen den zwei Ergebnisreihen ohne das Ergebnis von Matty, das hier als „Ausreißer" erscheint.
c) Haben Sie eine Erklärung für die merkwürdigen Resultate von Matty?
d) Zeichnen Sie ein Streudiagramm der Daten.
e) Fassen Sie die Ergebnisse in einem Text zusammen.

5. Führen Sie die Ergebnisse aus Aufgabe 4 in eine Rangliste zusammen und berechnen Sie Rho. Stimmt dieses Ergebnis mit dem aus Aufgabe 4 überein?

6. Wir nehmen an einem Abendessen bei einem Familientreffen teil und der erste Gang besteht aus Suppe mit Fleischklößchen. Die Mutter schöpft die Suppe aus, und ihre drei Söhne vergleichen wie jedes Mal die Anzahl von Fleischklößchen, die sie in ihrer Suppe finden. Im Laufe der letzten fünf Fleischklößchenmahlzeiten hat der älteste Sohn 10, der mittlere 5 und der jüngste 30 erhalten. Die zwei älteren Söhne beschweren sich über diese Ungerechtigkeit. Die ungleiche Anzahl der Klößchen legt nahe, dass die Mutter sie mit Absicht so verteilt hat, z.B., wie der älteste Sohn behauptet, weil sie den jüngsten Sohn schon immer am liebsten mochte. Die Mutter sagt natürlich, dass die Kinder ungefähr die gleiche Anzahl von Klößchen bekommen sollten und dass die Ungleichheit ein Unfall ist. Sie behauptet, dass sie all ihre Söhne gleich lieb hat. Ihr könne also keine Schuld zugewiesen werden, der Unterschied sei zufällig entstanden. Kann die Mutter Recht haben?

10 Prüfen von Unterschieden und Veränderungen

Im vorigen Kapitel haben wir uns zum ersten Mal mit der inferentiellen Statistik befasst. Inferentielle Statistik ermöglicht u.a., Ergebnisse zum Verhalten einer relativ kleinen Gruppe von Menschen auf Tendenzen in der Gesamtpopulation zu übertragen. Nötig ist dazu die Auswahl eines angemessenen experimentellen Verfahrens und die richtige Wahl des statistischen Prüfverfahrens. Dabei ist es extrem wichtig, schon vor der Datenerhebung zu wissen, mit welchem statistischen Verfahren man die Daten später auswertet. Deswegen behandeln wir in diesem Kapitel die häufigsten Tests, die in experimentellen Studien der Linguistik und Sprachlehrforschung verwendet werden. Prüfstatistik

Wenn wir ein Experiment durchführen, vergleichen wir die Daten verschiedener Zustände oder Ausprägungen der abhängigen Variablen. Tabelle 1 ist ein Beispiel für Daten, die aus verschiedenen Experimenten stammen.

Tabelle 1: Beispiele für Daten

Forschungsfrage	Zustand X	Zustand Y
Gibt es einen Unterschied zwischen Vokabellehrmethode X und Y?	Ergebnisse bei einem Vokabeltest nach Lehrmethode X	Ergebnisse bei einem Vokabeltest nach Lehrmethode Y
Ergebnisse	4	5
	4	8
	2	7
	2	6
	7	8
	5	8
	4	
Mittelwert	4	7
σ	1,73	1,26

Leider sagt uns eine einfache Berechnung des Mittelwerts und der Standardabweichung jeder Gruppe wenig darüber, ob in der Tat bedeutsame Unterschiede zwischen den Gruppen bestehen. Auch die Erstellung einer Grafik mit den erhobenen Ergebnissen hilft uns wenig, genau zu wissen, ob wirklich Unterschiede zwischen den Mittelwerten der Gruppen bestehen (Abbildung 1):

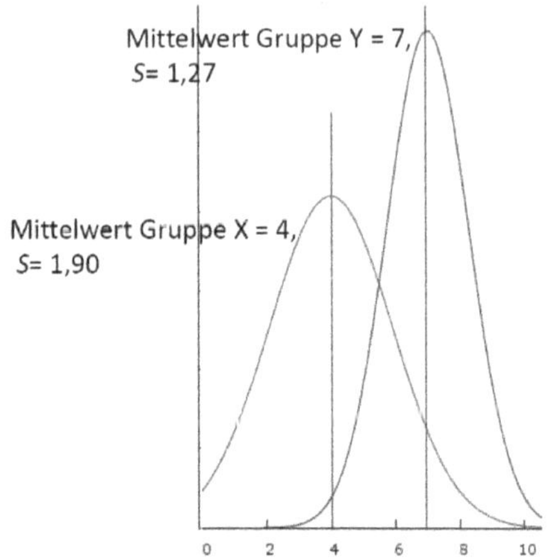

Abb. 1: Mittelwerte der untersuchten Gruppen

Wahl des Verfahrens

Wenn wir etwas mehr über die Bedeutsamkeit des Verhaltens unserer Versuchsteilnehmer wissen wollen (und das wollen wir natürlich), müssen wir uns für ein weiteres statistisches Verfahren entscheiden. Welches wir verwenden, hängt von unterschiedlichen Faktoren ab:

- Geht es um eine Gruppe, die zwei- oder mehrmals in den unterschiedlichen Zuständen untersucht wird (**Abhängige-Gruppen-Design** bzw. **Messwiederholungsdesign**) oder um zwei oder mehr unterschiedliche Gruppen, die miteinander verglichen werden (**Unabhängige-Gruppen-Design**)?
- Was für Daten (abhängige Variable) werden wir erheben? Sind sie nominal-, ordinal- oder metrisch skaliert?
- Wie groß sind die Gruppen? (Kleinere Gruppen brauchen besondere Prüfverfahren.) [1]

Wenn die Daten aus Tabelle 1 im Rahmen eines Messwiederholungsdesigns entstanden sind (die letzte Testperson ist im Laufe der Studie offenbar „verlorengegangen"), haben wir es mit einer Gruppe von 6 Personen zweimal zu tun. Haben wir dagegen zwei Gruppen von 6 bzw. 7 Personen, also 13 Personen, unabhängig voneinander die Aufgaben lösen lassen (also 7 Personen lernen nach Lehrmethode X und 6 Personen nach Methode Y und absolvieren dann den Vokabeltest), dann haben wir ein Unabhängige-Gruppen-Design. Des Weiteren nehmen wir hier an, dass die Daten in Tabelle 1 auf einer metrischen Skala anzuordnen sind.

[1] Eine vierte Frage, die häufig gestellt wird, ist: *Sind die Ergebnisse normalverteilt?* Eine Normalverteilung bedeutet, dass die Ergebnisse um den Mittelwert verteilt sind, wie Sie es von der Gaußschen Glocke kennen (vgl. Kapitel 8.3). Wir sollten daher niedrige und hohe Werte haben, und die meisten Werte sollten dazwischen liegen. Allerdings finden Sie in neueren Statistikbüchern oft den Hinweis, dass eine Normalverteilung für den t-Test sowie für die Varianzanalyse gar nicht notwendig ist; beide Tests sind robust genug, auch mit nicht normalverteilten Daten – wie sie oft bei kleinen Gruppengrößen vorkommen – umzugehen.

Wenn wir uns die Durchschnittswerte für die zwei Zustände (4 und 7) ansehen, stellen wir einen Unterschied fest. Nun stellt sich die Frage, ob wir sagen können, dass sich der Mittelwert vom Zustand X **wirklich** vom Mittelwert des Zustands Y unterscheidet, denn wir finden natürlich immer Unterschiede, wenn wir die Ergebnisse von zwei Gruppen oder zwei Tests vergleichen: Ergebnisse sind praktisch nie **exakt** numerisch gleich.

Wie wir im letzten Kapitel gesehen haben, gibt uns die inferentielle Statistik die Möglichkeit, zu testen, ob die von uns gefundenen Unterschiede signifikant sind, also ob die Gefahr, dass die Ergebnisse dem Zufall zuzuschreiben sind, nur sehr gering ist. Für die Auswahl des Tests gilt folgende Daumenregel: Bei metrisch skalierten Daten von zwei Gruppen (oder von einer Gruppe, die zweimal getestet wird) verwenden wir den t-Test. Bei mehr als zwei Gruppen verwendet man dann eine Variante der sogenannten ANOVA. Hat man es dagegen mit ordinalskalierten Daten (wie zum Beispiel Häufigkeitsdaten) zu tun, werden häufig entweder ein Mann-Whitney-U-Test oder ein Wilcoxon-Test verwendet. Bei nominalskalierten Daten nimmt man meist einen Chi-Quadrat-Test. Wir beschreiben in diesem Kapitel die Vorgehensweisen bei diesen häufig eingesetzten Tests.

einseitige vs. zweiseitige Hypothesen

Für dieses Kapitel brauchen wir wie beim vorigen das Konzept der Freiheitsgrade (wenn Sie sich nicht mehr daran erinnern, schlagen Sie noch einmal in Kapitel 9.1.2 nach). Außerdem müssen wir noch erläutern, was einseitige bzw. zweiseitige Hypothesen sind. Hypothesen, die eine bestimmte Ergebnisrichtung voraussagen, sind einseitige Hypothesen. Diese behaupten also, dass der Unterschied nur in eine bestimmte Richtung gehen kann, dass z.B. eine bestimmte Gruppe bessere Ergebnisse haben muss als die andere. Prüfverfahren, die von zweiseitigen Hypothesen ausgehen, überprüfen Hypothesen, die nur einen Unterschied vorhersagen, aber nicht eine bestimmte Richtung. Beim zweiten Beispiel in Tabelle 1 wäre eine zweiseitige Hypothese also: „Es wird einen Unterschied geben zwischen der Gruppe, die nach Methode X unterrichtet wird, und der Gruppe, die nach Methode Y unterrichtet wird." Weil Prüfverfahren für zweiseitige Hypothesen konservativer sind, verwenden wir in diesem Buch nur diese – auch wenn Hypothesen fast immer gerichtet (einseitig) sind.[2]

[2] Wenn wir zweiseitige Prüfverfahren verwenden, laufen wir weniger Gefahr, sogenannte „Fehler 1. Art" bzw. „α-Fehler" zu machen. Dies passiert, wenn eine Hypothese fälschlich für wahr gehalten wird, wenn man z.B. glaubt, dass eine Beziehung zwischen zwei Elementen besteht, die aber gar nicht vorhanden ist. Das Pendant dazu, der „β-Fehler" oder „Fehler 2. Art", passiert, wenn man eine vorhandene Beziehung nicht findet, z.B. weil die Stichprobe zu klein ist, um statistische Signifikanz zu erreichen. Wenn Sie sich etwas mehr in die Statistiktheorie einarbeiten und einseitige Hypothesen aufstellen, können (und sollten) Sie einseitig testen.

10.1 Tests für metrisch skalierte Daten

10.1.1 Voraussetzungen von Tests für metrisch skalierte Daten

Mit Tests für metrisch skalierte Daten können wir Unterschiede zwischen Datensätzen nachweisen, aber nur, wenn bestimmte Bedingungen erfüllt sind. Unter anderem sollen die Ergebnisse:

- tatsächlich metrisch skaliert sein
- möglichst normalverteilt sein (dies ist aber nicht unbedingt notwendig, s. Fußnote 1, S. 146).

t-Test

Es gibt zwei Tests, die normalerweise für metrisch skalierte Daten verwendet werden. Einen t-Test[3] kann man benutzen, um **zwei** Datensätze zu vergleichen. Wenn man statt zwei Ergebnislisten drei oder mehr hat, weil man z.B. drei unterschiedliche Gruppen vergleichen möchte oder eine Gruppe in drei oder mehr unterschiedlichen Zuständen (z.B. in einer Längsschnittstudie), kann man den t-Test **nicht** benutzen. Wir dürfen auch nicht so vorgehen, dass wir X mit Y mit einem t-Test vergleichen, und dann Y mit Z und X mit Z.

Varianzanalyse (ANOVA)

Wenn Sie **mehr** als zwei Datensätze haben, weil es mehr als eine unabhängige Variable gibt oder mehr als zwei Ebenen einer Variablen, müssen Sie eine Variante der Varianzanalyse (ANOVA, *analysis of variance*) durchführen. Da diese Analyse etwas komplizierter und zudem bei Abschlussarbeiten oft nicht notwendig ist, besprechen wir nur eine häufig benutzte Variante, die ANCOVA, im Anschluss an die t-Tests. Weitere Informationen zu ANOVAs finden Sie außerdem in den Sonderkapiteln auf der Webseite (s. Webkapitel 10.1.5).

10.1.2 t-Test für abhängige Gruppen

abhängige Stichproben

Der am häufigsten gebrauchte Test zur Überprüfung der Unterschiede zwischen zwei Datensätzen ist der t-Test. Davon gibt es zwei Varianten.

Nehmen wir als Beispiel die Forschungsfrage 2 aus Tabelle 1: „Gibt es einen Unterschied zwischen den Vokabellehrmethoden X und Y?“ Wir haben dieselben Personen nach beiden Methoden lernen lassen, es also mit einem Messwiederholungsdesign (Prä-/Posttest) mit metrisch skalierten Daten (beispielsweise die Anzahl der richtig übersetzten Wörter) zu tun. In diesem Fall können wir einen t-Test für ein Messwiederholungsdesign verwenden, den **t-Test für abhängige Stichproben**. Dieser Test ergibt einen sogenannten **t-Wert**.

Um den t-Wert zu ermitteln, können wir (wie bei den Korrelationen) entweder per Hand mehrere Formeln durchrechnen, oder wir machen es uns

---

[3] Der t-Test wird manchmal auch „Student's t-test“ genannt nach dem Pseudonym des Mathematikers, der ihn entwickelt hat.

mit einem Statistikprogramm[4] einfacher. Wenn Sie dies mit Excel (z.B. Version 2010) vollziehen, müssen Sie (nachdem Sie die Daten eingegeben haben) bei *Daten/Datenanalyse* auf *Zweistichproben t-Test bei abhängigen Stichproben* klicken. Sie sehen dann einen Bildschirm, in den Sie einfügen sollen, was der „Bereich Variable A" ist (das ist Ihre Spalte mit Zahlen und dem Titel: A1-A7) und was der „Bereich Variable B" ist (das ist Ihre zweite Spalte mit Zahlen und dem Titel: B1-B7). Achten Sie darauf, dass Sie bei Excel NUR die gepaarten Ergebnisse einbeziehen können (also die letzte Person fällt leider aus der Analyse heraus, weil Sie für diese Person keinen Vergleich mit der anderen Lehrmethode ziehen können). Ebenfalls müssen Sie bestimmen, welches *Alpha* Sie für die Analyse setzen möchten (wir bestimmen zu Übungszwecken ein Alpha von 0,05, d.h. wir legen ein Signifikanzniveau von 5 % fest). Klicken Sie dann in den Kreis vor „Ausgabebereich", setzen Sie den Cursor in diesen „Ausgabebereich" und klicken Sie auf eine andere Zelle (z.B. D1) in Ihrem Excel-Arbeitsblatt. Dann wird D1 ausgefüllt.

Sie bekommen dann einen Bildschirm wie in Abbildung 2 (wir haben hier die drei für uns wichtigsten Werte der Einfachheit halber hervorgehoben):

	A	B	C	D	E	F
1	**Zustand X**	**Zustand Y**		**Zweistichproben t-Test bei abhängigen Stichproben (Paarvergleichstest)**		
2	4	5				
3	4	8			***Zustand X***	***Zustand Y***
4	2	7		**Mittelwert**	**4**	**7**
5	2	6		Varianz	3,6	1,6
6	7	8		Beobachtungen	6	6
7	5	8		Pearson Korrelation	0,5	
8	4			Hypothetische Differenz der Mittelwerte	0	
9				Freiheitsgrade (df)	5	
10				**t-Statistik**	**-4,3915503**	
11				P(T<=t) einseitig	0,0035388	
12				Kritischer t-Wert bei einseitigem t-Test	2,0150484	
13				**P(T<=t) zweiseitig**	**0,0070776**	
14				Kritischer t-Wert bei zweiseitigem t-Test	2,5705818	

Abb. 2: Ausgabe des t-Werts bei abhängigen Stichproben bei Excel 2013

Wir erhalten somit einen t-Wert (t-Statistik) von $t = -4{,}39$[5].

Nun sagt uns der einfache t-Wert wenig darüber, ob es tatsächlich Unterschiede zwischen den Gruppen gibt. Wir hatten eine notwendige Signifikanz von 0,05 vorausbestimmt. Um herauszufinden, ob dieses Signifikanzniveau erreicht wurde, schauen wir in die Zeile „P(T<=t) zweiseitig". Dieser Wert ist 0,0070776. Da dieser Wert kleiner als 0,05 ist, können wir den p-

[4] Bei Excel brauchen Sie für komplexere statistische Berechnungen das Excel Add-in „Analyse Funktionen", das Sie aber kostenlos online finden, herunterladen und installieren können. Es gibt leichte Differenzen in den Versionen, hier haben wir Excel 2013 verwendet.

[5] Das „-"-Zeichen bedeutet lediglich, dass der Mittelwert der ersten Gruppe unter dem der zweiten Gruppe liegt.

Wert $p < 0,05$ feststellen.[6] Mit anderen Worten: Die Wahrscheinlichkeit, dass die Differenz zufällig ist, ist geringer als 0,05 bzw. 5 %; die Differenz ist also mit hoher Wahrscheinlichkeit **nicht** durch Zufall bedingt.

In der Ergebnisdarstellung schreiben wir dann: $t(5)= 4,39$, $p< 0,05$, wobei „(5)" die Freiheitsgrade angibt (wie man dies als Text zusammenfasst, sehen Sie beim t-Test für unabhängige Gruppen).

10.1.3 t-Test für unabhängige Gruppen

unabhängige Gruppen

Wenn wir zwei unterschiedliche Gruppen vergleichen wollen – also ein Unabhängige-Gruppen-Design vorliegt –, kann der t-Test ebenfalls verwendet werden, hat dann aber eine andere Form.

Nehmen wir an, die Daten in Tabelle 1 am Anfang dieses Kapitels seien mit zwei (zufällig ausgewählten) Gruppen von Schülern entstanden. Gruppe X hat Vokabeln nach Methode X gelernt, Gruppe Y nach Methode Y, und am Ende haben wir sie einen Vokabeltest schreiben lassen.

Obwohl wir mit jeweils zehn Schülern pro Gruppe anfingen, gehören den beiden Gruppen eine unterschiedliche Anzahl von Schülern an, da drei Schüler aus Gruppe X und vier Schüler aus Gruppe Y im Laufe des Experiments absprangen. Das ist ärgerlich, hindert uns aber nicht daran, statistische Berechnungen durchzuführen.[7] Um herauszufinden, ob die ermittelten Differenzen signifikant sind, führen wir einen t-Test für unabhängige Gruppen durch.

Um diesen t-Wert zu ermitteln, geben Sie die Daten in ein Excel-Tabellenblatt ein und berechnen den t-Wert wie folgt: Klicken Sie bei *Daten/ Datenanalyse* auf *Zweistichproben t-Test unter der Annahme unterschiedlicher Varianzen*[8]. Sie führen dann die gleichen Schritte wie für abhängige Gruppen durch, mit der Ausnahme, dass Sie *alle* Werte in den Spalten aufnehmen – also auch die letzte Zeile.

Sie bekommen dann die Ergebnisse wie in Abbildung 3 abgebildet (wir haben hier wie im letzten Beispiel die drei für uns wichtigsten Werte der Einfachheit halber hervorgehoben):

---

6 Ein Rechnerprogramm gibt für *p* den exakten Wert an. Wie im letzten Kapitel erwähnt, ist es besser, die benötigte Signifikanz vorher zu bestimmen und diese dann anzugeben, wenn sie erreicht wird. In der Ausformulierung in Forschungsberichten sieht man meist, ob der p-Wert kleiner ist als 0,001, 0,01 oder 0,05 – nicht aber, ob die Forscherin sich vorher Gedanken zum notwendigen Signifikanzniveau gemacht hat.

7 Viele Studierende denken, die untersuchten Gruppen müssten auf jeden Fall gleich groß sein, und lassen am Ende in der Auswertung Daten aus der größeren Gruppe weg, damit sie auf gleich große Gruppen kommen. Natürlich ist es sinnvoll, sein Experiment mit ungefähr gleich großen Gruppen anzufangen, aber für die statistische Auswertung bei unabhängigen Gruppen ist es nicht nötig.

8 Wir nehmen den Test für unterschiedliche Varianzen, da wir nicht vorher überprüft haben, ob die Varianzen gleich sind. Bei so kleinen Gruppen sollte man prinzipiell immer den Test „unter der Annahme unterschiedlicher Varianzen" ausführen.

Zweistichproben t-Test unter der Annahme unterschiedlicher Varianzen		
	Zustand X	*Zustand Y*
Mittelwert	**4**	**7**
Varianz	3	1,6
Beobachtungen	7	6
Hypothetische Differenz der Mittelwerte	0	
Freiheitsgrade (df)	11	
t-Statistik	**-3,5979446**	
P(T<=t) einseitig	0,0020925	
Kritischer t-Wert bei einseitigem t-Test	1,7958848	
P(T<=t) zweiseitig	**0,004185**	
Kritischer t-Wert bei zweiseitigem t-Test	2,2009852	

Abb. 3: Ausgabe des t-Werts bei unabhängigen Stichproben bei Excel 2013

Wir erhalten somit einen t-Wert (t-Statistik) von $t = 3{,}60$. Um die Signifikanz zu bestimmen, schauen wir wieder in die Zeile („P(T<=t) zweiseitig"). Dieser Wert ist 0,004185. Er ist also wieder signifikant.

Formulierung im Forschungsbericht

Wir können dieses Ergebnis nun wie folgt im Teil „Ergebnisse" unseres Artikels oder unserer Arbeit präsentieren. Achten Sie darauf, dass sich die Freiheitsgrade vom t-Test für abhängige Gruppen unterscheiden:

> **Die Ergebnisse für die zwei experimentellen Bedingungen wiesen signifikante Differenzen auf. Schüler, die nach Methode X unterrichtet wurden, erreichten mit einem Mittelwert von 4,0 wesentlich niedrigere Ergebnisse als die nach Methode Y (Mittelwert: 7,0) unterrichteten ($t(11) = 3{,}60$, $p < 0{,}05$). Dies legt nahe, dass Methode Y für diese Fremdsprachenlerner bevorzugt werden sollte.**

Alternativ kann man die Ergebnisse des t-Tests auch so aufschreiben: ($t = 3{,}60$, $df = 11$, $p < 0{,}05$).

Sie haben gesehen: Die Auswahl eines t-Tests für abhängige oder für unabhängige Gruppen führt zu einem unterschiedlichen statistischen Ergebnis. Deswegen ist es sehr wichtig, dass Sie **vor** der Datenanalyse schon **genau** wissen, welchen Test Sie anwenden sollen.

10.1.4 ANCOVA für Prä-/Posttestdesigns mit zwei Gruppen

Was passiert nun, wenn ich nicht nur eine Gruppe zweimal teste (z.B. in einem Prä-/Posttestdesign) oder zwei Gruppen in unterschiedlichen Situationen teste? Dieser Fall kommt sehr häufig in Interventionsstudien vor. Das liegt daran, dass es auf Grund der individuellen Variablen der Versuchsteilnehmenden und der Situation viele Störfaktoren gibt, die eine Intervention beeinflussen (und somit nichtig machen können) gibt. Deswegen wählt man oft ein Design, in dem zwei Gruppen vor einer Intervention getestet werden, danach an der Intervention teilnehmen (bzw. nicht teilnehmen), und am Ende ihr Lernzuwachs erhoben wird. Wenn wir die Studie so durchführen, ist die Gefahr, dass Unterschiede zwischen den Gruppen an der Besonderheit einer Gruppe oder an den Anfangskenntnissen der Gruppenmitglieder liegen, deutlich geringer. Das Design sieht etwa wie folgt aus:

Gruppe X	Test 1	->	Teilnahme an Intervention	->	Test 2
Gruppe Y	Test 1	->	keine Teilnahme an Intervention	->	Test 2

Nun erhalten wir aber vier Datenreihen: (1) die Ergebnisse von Test 1 (dem Prätest) für Gruppe X, (2) die Ergebnisse des gleichen Tests für Gruppe Y, (3) die Ergebnisse von Test 2 (dem Posttest) für Gruppe X, und (4) die Ergebnisse des gleichen Tests für Gruppe Y. Wie geht man damit sinnvoll um?

Manche Leute meinen, man könnte einfach die Posttestergebnisse der beiden Gruppen vergleichen, oder nur die Differenz zwischen den Testergebnissen für jeden Teilnehmer berechnen (indem man z.B. das Ergebnis von Test 2 nimmt und davon das Ergebnis von Test 1 abzieht). Danach erhält man wieder zwei Datenreihen (Differenzwerte), nämlich eine für Gruppe X und eine für Gruppe Y, und vergleicht diese dann.

Leider funktionieren beide Verfahren **nicht**, weil die Posttestergebnisse natürlich von den Prätestergebnissen etwas abhängig sind (und von anderen Faktoren). Deswegen gibt es ein besonderes Verfahren zur Berechnung von Unterschieden: die ANCOVA (*analysis of covariance*, zu Deutsch: Kovarianzanalyse). Dieses Verfahren erlaubt es uns, Störfaktoren gewissermaßen „auszublenden“, so dass wir uns auf den Effekt der unabhängigen Variablen fokussieren können.

Wir führen dies anhand eines Beispiels durch. Nehmen wir an, wir wollen sehen, ob es im DaF-Unterricht besser ist, den Dativ mit Hilfe von farblicher Hervorhebung der Formen oder ohne farbliche Hervorhebung zu unterrichten. Wir nehmen eine Kursgruppe und führen einen Test zu Dativmarkierungen durch. Wir teilen die Kursgruppe dann in zwei (möglichst ähnliche) Gruppen auf. Die eine Gruppe von 5 Schülern („Experimentalgruppe“ bzw. „Interventionsgruppe“) erhält nun viele Übungen, bei denen Dativmarkierungen farblich hervorgehoben sind. Die andere Gruppe von 5 Schülern („Kontrollgruppe“ bzw. „Vergleichsgruppe“) erhält dieselben Übungen ohne farbliche Hervorhebung. Nach einiger Zeit wird ein zweiter Test unter allen Teilnehmenden durchgeführt, um zu sehen, wer was gelernt hat. Wir erhalten folgende Daten (Tabelle 2):

Tabelle 2: Ergebnisse eines Prä-/Posttestdesigns mit zwei Gruppen

Gruppe	Prätest (/10)	Posttest (/10)	Differenz
Intervention	4	7	3
Intervention	3	5	2
Intervention	5	6	1
Intervention	4	6	2
Intervention	4	5	1
Vergleich	4	4	0
Vergleich	2	4	2
Vergleich	2	3	1
Vergleich	3	3	0
Vergleich	3	3	0

Wir versuchen keinesfalls, **nur** mit den Posttestergebnissen zu arbeiten, weil wir damit wichtige Informationen (wie stand es um das Vorwissen der Schüler?) ignorieren würden. Stattdessen versuchen wir zunächst, **nur** mit den Differenzwerten zu arbeiten und einen t-Test für unabhängige Gruppen durchzuführen, so erhalten wir das Ergebnis $t(8) = 2{,}19$, $p= 0{,}60$.

Es sieht nicht so aus, als hätte die Intervention etwas bewirkt. Aber das kann auch daran liegen, dass hier der t-Test nicht das beste Prüfverfahren ist. Wir versuchen es ein zweites Mal, und zwar mit einer ANCOVA. Dies können Sie wieder nur sehr umständlich in Excel berechnen, dafür aber bequem online.[9] Dabei ist zu beachten, dass Sie für „Sample A“ und „Sample B“ die jeweiligen Prätestergebnisse in die Spalte „CV“ (*concomitant variable*) einfügen und die Posttestergebnisse in die Spalte „DV“ (*dependent variable*). Sie erhalten das Ergebnis $F(1{,}7)= 11{,}70$; $p= 0{,}011$. Dabei ist die Teststatistik F (dies gilt übrigens für alle Varianten von Varianzanalysen). Wir sehen also, dass die Ergebnisse statistisch signifikant sind ($p= 0{,}011$, also $p< 0{,}05$). Es gibt also **doch** einen Unterschied zwischen der Interventionsgruppe und der Kontrollgruppe. Es hat sich also gelohnt, die Intervention durchzuführen.

10.2 Tests für ordinalskalierte Daten: U-Test und Wilcoxon-Test

Die oben beschriebenen Tests (t-Tests und (Ko-)Varianzanalysen) werden für metrisch skalierte Daten verwendet. Haben wir es aber mit zwei Datenreihen von ordinalskalierten Daten zu tun, also mit Daten, die nicht in gleichen Abständen voneinander verteilt sind, verwenden wir häufig entweder den Mann-Whitney-U-Test (bei unabhängigen Gruppen) oder den Wilcoxon-Test (bei abhängigen Gruppen). Zwei weitere Tests für ordinalskalierte Daten behandeln wir hier nicht, weil sie seltener verwendet werden: den Friedman-Test (er wird gebraucht, wenn man eine Gruppe mindestens dreimal testet, also ein Abhängige-Gruppen-Design hat) und den Kruskal-Wallis-

[9] Z.B. mit http://vassarstats.net/ancova2.html [21.07.2016]

H-Test (er wird gebraucht, wenn man drei oder mehr unterschiedliche, also unabhängige, Gruppen vergleicht).

In allen Fällen handelt es sich um sogenannte *nonparametische („verteilungsfreie“) Tests.* Dies bedeutet lediglich, dass man sie auch anwenden kann, wenn man nicht davon ausgehen kann, dass die Daten normalverteilt sind (und das ist auch ein Grund dafür, dass bei kleinen Gruppengrößen normalerweise anstatt des t-Tests der U-Test verwendet wird – also auch bei metrisch skalierten Daten).

Leider kann Excel keinen dieser Tests durchführen, und die Handberechnung ist recht umständlich. Wir empfehlen eine Online-Version und besprechen hier zwei Beispiele, wann Sie welchen Test einsetzen sollten.

unabhängige Gruppen

Szenario 1: Unabhängige-Gruppen-Design: Wir untersuchen wieder zwei Gruppen, wobei Gruppe X mit einer neuen Vokabellernmethode unterrichtet wurde, Gruppe Y mit einer traditionellen Methode. Wir wollen sehen, welche Gruppe mit dem Kurs zufriedener ist. Dafür bitten wir die Kursteilnehmer, ihre Vokabellerneinheiten zu beurteilen, und zwar auf einer Likert-Skala von 1 (fand ich ganz schrecklich) bis 5 (fand ich ganz toll). Daten, die mit Likert-Skalen erhoben werden, sind ordinalskaliert, weswegen wir hier keinen t-Test durchführen können. Weil wir es mit unabhängigen Gruppen zu tun haben, führen wir hier den U-Test durch.

Die Bewertungen der Kursteilnehmer ergeben folgende Daten (Tabelle 3):

Tabelle 3: Ergebnisse der Likert-Skala-Umfrage: Wie hat Ihnen der Kurs gefallen?

Gruppe X	Gruppe Y
4	3
4	4
3	3
5	2
3	3
5	3
4	1
4	

Wenn Sie den U-Test online durchführen lassen,[10] können Sie die Daten direkt unter „Population 1“ (also alle Ergebnisse der Gruppe X) bzw. „Population 2“ (alle Ergebnisse der Gruppe Y) eingeben. Dann bestimmen Sie das benötigte Signifikanzniveau (wir nehmen hier 0,05) und ob unsere resultierende Teststatistik *U* ein- oder zweiseitig berechnet werden soll (wir bleiben bei zweiseitig) und klicken auf „Calculate U“.

Wir erhalten das Ergebnis: „U-value: The U-value is 8. The critical value of U at p≤0.05 is 10. Therefore, the result is significant at p≤0.05.“ Unser U-

[10] Z.B. http://www.socscistatistics.com/tests/mannwhitney/ [21.07.2016]. Die Berechnung ist übrigens noch einfacher in SPSS; sie ergibt natürlich dieselben Werte.

Wert war somit signifikant nach dem vorbestimmten notwendigen Signifikanzniveau.

Bei der Ergebnispräsentation müssen wir beim U-Test übrigens die jeweiligen Gruppengrößen dort angeben, wo wir ansonsten immer die Freiheitsgrade aufführen. Wir berichten über die Ergebnisse unserer Erhebung wie folgt:

> Ein Mann-Whitney-U-Test ergab signifikante Unterschiede in der Zufriedenheit, gemessen mit einer Likert-Skala von 1 (fand ich ganz schrecklich) bis 5 (fand ich ganz toll), mit dem jeweiligen Kurs. Dabei zeigte sich die Experimentalgruppe zufriedener mit dem Kurs als die Kontrollgruppe ($U(n_1 = 8, n_2 = 7) = 8{,}00$, $p < 0{,}05$).

abhängige Gruppen

Szenario 2: Abhängige-Gruppen-Design: Sie möchten untersuchen, ob Aussprachekurse für Austauschstudenten sinnvoll sind. Sie lassen Muttersprachler einen von 14 Studenten vorgelesenen und auf Tonband aufgezeichneten Text mit den Noten 1,0 (muttersprachlich) bis 6,0 (nicht verständlich) bewerten. Nach einem Semester, in dem diese Studenten einen Aussprachekurs belegt haben, lassen Sie eine ähnliche Aufnahme durchführen und erhalten die folgenden Daten (Tabelle 4):

Tabelle 4: Noten vor und nach einem Aussprachekurs

Anfang	Ende
2,3	1,7
3,0	2,7
4,0	2,7
3,7	3,7
3,0	3,0
5,3	5,0
2,7	2,3

Anfang	Ende
4,3	4,7
2,0	1,7
3,3	3,0
4,0	3,3
3,0	2,7
2,0	2,0
3,3	3,7

Weil wir es mit einem Abhängige-Gruppen-Design zu tun haben, müssen wir einen Wilcoxon-Vorzeichen-Rang-Test (auch Wilcoxon-Test genannt) durchführen.[11] Wenn wir das Programm diesen Test berechnen lassen, erhalten wir als Teststatistik einen sog. z-Wert, hier: $z = 1{,}67$ ($p = 0{,}094$), was nicht signifikant ist. Das bedeutet, dass der Aussprachekurs – zumindest für unsere 14 Teilnehmenden – die Aussprache nicht signifikant verbessert hat. (Das muss aber nicht das Aus für unsere Hypothese bedeuten – eventuell wird das Ergebnis mit mehr Teilnehmenden signifikant, wie wir auch im Kapitel 11 sehen werden.)

[11] Online z.B.: http://faculty.vassar.edu/lowry/wilcoxon.html [21.07.2016].

10.3 Test für nominalskalierte Daten: Chi-Quadrat-Test

χ^2 = Chi-Quadrat

Bislang haben wir Tests behandelt, die für metrisch skalierte (t-Tests sowie Varianzanalysen) oder für ordinalskalierte (Mann-Whitney-U-Tests und Wilcoxon-Tests) Daten verwendet werden. Bei nominalskalierten Daten (wie Geschlecht, Erstsprache, Haarfarbe, sozioökonomischer Status usw.) verwenden wir häufig den Chi-Quadrat-Test. Da wir diesen Test schon ausführlich im vorigen Kapitel behandelt haben, werden wir uns hier auf die Anwendung des Tests bei experimentellen Verfahren beschränken.

Nehmen wir als Beispiel die Forschungsfrage, ob man lange Kommentare über die Fehler in Schulaufsätzen schreiben sollte oder lieber sehr kurze. Lehrpersonen korrigieren Aufsätze häufig so, dass sie Kommentare an den Rand schreiben, wenn der Schüler einen Fehler gemacht hat. Diese Rückmeldung kann „kurz" oder „ausführlich" sein. Nehmen wir an, ein Schüler schreibt:

Beide Maler produzierten Selbstportraits, aber es sah gar nicht nach ihm selbst aus.

Ein „kurzer" Kommentar wäre: „Falsch; 'es' ist unklar." Ein „ausführlicher" Kommentar könnte ungefähr so lauten: „Inkorrekte Referenz von 'es' und 'ihm selbst'. Im ersten Teil des Satzes beziehst du dich auf zwei Maler; auf was beziehen sich also 'es' und 'ihm selbst'?"

Wir könnten die Aufsätze auch ohne jeden geschriebenen Kommentar zurückgeben und den Schülern sagen, dass in ihren Aufsätzen sehr viele Fehler sind und sie sie neu schreiben müssen. In diesem Fall haben wir zu den verschiedenen Fehlern gar keinen Kommentar gegeben. Die Frage ist nun, welcher der drei Ansätze der effektivste ist.

Nachdem die Schüler ihre Aufsätze ohne Kommentare oder mit kurzen oder mit ausführlichen Kommentaren zurückerhalten haben, schreiben sie sie neu und geben sie wieder ab. Einige der überarbeiteten Sätze sind nun korrekt, andere nicht. Wir wollen nun herausfinden, ob „kein Kommentar", „kurzer Kommentar" oder „ausführlicher Kommentar" zu mehr korrekten Sätzen geführt hat, d.h. wir wollen wissen, ob es eine Beziehung zwischen der Art der Rückmeldung und der Verbesserung gibt. Wir untersuchen alle Sätze in der überarbeiteten Version, die in der Originalfassung einen Fehler enthielten, stellen fest, wie viele jetzt korrekt und wie viele immer noch inkorrekt sind, und erhalten (bei ungefähr 80 Aufsätzen) die Verteilung in Tabelle 5.

Tabelle 5: Beobachtete Häufigkeiten

neugeschriebener Satz	kein Kommentar	kurzer Kommentar	ausführlicher Kommentar
inkorrekt	18	13	29
korrekt	2	67	55

Der Tabelle 5 entnehmen wir, dass kurze Kommentare zu mehr korrekten Sätzen führen als ausführlichere Kommentare und dass die Methode, Aufsätze ohne Kommentar zurückzugeben, nicht sehr erfolgreich ist. Wir möchten aber feststellen, ob dies wirklich stimmt, d.h., ob es tatsächlich eine Beziehung zwischen der Art der Rückmeldung und den Ergebnissen der Schulaufsätze gibt, also die gefundenen Unterschiede nicht auch durch Zufall zu erklären sein könnten.

Da wir bereits im Kapitel 9 die Berechnung des Chi-Quadrat-Werts behandelt haben, gehen wir hier nicht gesondert darauf ein, sondern kommen direkt zu den Ergebnissen, die Sie nach einer Online-Berechnung erhalten würden. In diesem Fall beträgt der Chi-Quadrat-Wert 39,9 bei 2 Freiheitsgraden (*df*). Unser p-Wert erreicht den von uns vorher bestimmten Wert von $p < 0{,}05$. Mit anderen Worten: Die Wahrscheinlichkeit, dass die Differenz zufällig ist, ist sehr niedrig. Daher können wir sagen, dass es eine Beziehung zwischen der Art der Rückmeldung und der erzielten Verbesserung bei den Aufsätzen der Schüler gibt.

Ergebnispräsentation

Wollen wir die Ergebnisse für die oben erwähnte Studie präsentieren (mit der Forschungsfrage, ob man lange Kommentare über die Fehler in Schulaufsätzen schreiben sollte oder lieber sehr kurze), können wir sie etwa wie folgt beschreiben:

> **Ein bei den Daten in Tabelle [X] angewandter Chi-Quadrat-Test zeigte, dass kurze Kommentare zu signifikant besseren Ergebnissen führten als ausführliche Kommentare ($\chi^2 = 39{,}86$, df = 2, $p < 0{,}05$). Dies ist ein erstaunliches Ergebnis, weil [...]**

10.4 Zusammenfassung: Wann man welchen Test benutzt

Wir fassen in Tabelle 6 die verschiedenen statistischen Tests für experimentelle Verfahren, die wir hier angesprochen haben, zusammen:

Tabelle 6: Auswahl des richtigen Tests für experimentelle Verfahren

Anzahl Datensätze	Gruppen	Skalenniveau	Verfahren
2	abhängig	metrisch	t-Test für abhängige Gruppen
	unabhängig	metrisch	t-Test für unabhängige Gruppen
	abhängig	ordinal	Wilcoxon-Test
	unabhängig	ordinal	Mann-Whitney-U-Test
3+	unabhängig	metrisch	ANOVA oder MANOVA
	abhängig	metrisch	ANOVA mit Messwiederholung
	unabhängig	ordinal	Kruskal-Wallis-Test
	abhängig	ordinal	Friedman-Test
4	2 abhängige	metrisch	ANCOVA (Prä-/Posttestdesign)
unterschiedlich		nominal	Chi-Quadrat-Test

Aufgaben

1. Sehen Sie sich die Daten in der untenstehenden Tabelle an (aus Platzgründen stellen wir die Tabelle in zwei Spalten nebeneinander). Die Daten beziehen sich auf die Ergebnisse von zwei zufällig ausgewählten Schülergruppen bei einem Sprachtest. Eine Gruppe (Gruppe A) wurde von einer jungen, enthusiastischen, aber unerfahrenen Lehrerin unterrichtet, die andere Gruppe (Gruppe B) wurde von einer seit 1965 an der Schule befindlichen Lehrerin unterrichtet. Finden Sie heraus, ob die alte Lehrerin vielleicht darüber nachdenken sollte, in den Ruhestand zu gehen.

Gruppe A	Gruppe B
8	7
10	4
8	6
6	8
7	6
6	7
6	6
8	6
4	5
3	3

A (Forts.)	B (Forts.)
7	5
4	5
7	3
8	7
5	6
3	2
9	7
10	6
8	2
5	6

2. Die zwei Schülergruppen aus Aufgabe 1 haben einen Fragebogen erhalten. Eine der Fragen war: „Glauben Sie, dass Lehrer, die älter als 50 Jahre sind, über den Vorruhestand nachdenken sollten?“ Es ergab sich, dass alle

Schüler in Gruppe A, die fünf oder mehr Punkte erreicht hatten, diese Frage bejahten, wohingegen dies in Gruppe B nur bei den Schülern der Fall war, die sechs oder mehr Punkte hatten. Finden Sie heraus, ob es eine Beziehung zwischen der Einstellung der Schüler und dem Alter des Lehrers, der sie unterrichtete, gibt. (Achtung: Sie brauchen hierfür Ihre Kenntnisse aus Kapitel 9.3!)

3. Sie entscheiden sich, ein Forschungsprojekt zu beginnen, um herauszufinden, ob es einen Unterschied in der Satzlänge bei Artikeln über Politik in Boulevard-Zeitungen und seriösen Zeitungen gibt. Sie berechnen dazu den Mittelwert der Anzahl der Wörter in den Artikeln von sechs Boulevardzeitungen und sieben seriösen Zeitungen und erhalten die folgenden Resultate:

Boulevard-Zeitungen	seriöse Zeitungen
9	22
14	30
17	28
20	27
10	40
14	16
	21

Führen Sie einen geeigneten statistischen Test durch, um herauszufinden, ob die Unterschiede wahrscheinlich vom Zufall abhängen oder signifikant sind, und schreiben Sie einen kurzen Forschungsbericht, in dem Sie auch Ihre Schlussfolgerungen ziehen.

11 Signifikanz vs. Aussagekraft

11.1 Interpretation des Signifikanzniveaus

Was bedeutet Signifikanz?

In den letzten Kapiteln haben wir unterschiedliche Arten von statistischen Tests besprochen (Korrelationsberechnung, Chi-Quadrat-Test, t-Test, Mann-Whitney-U-Test und Wilcoxon-Test) und in jedem Fall bekamen wir einen Wert als Ergebnis unserer Berechnungen, z.B. $r = 0{,}83$, $\chi^2(2) = 39{,}86$, $t(5) = -4{,}39$, $U(n_1 = 8, n_2 = 7) = 8{,}00$, $z = 1{,}67$. Dieser Wert, in Kombination mit der Anzahl der Freiheitsgrade (wo das nötig ist, hier wiedergegeben), ermöglicht dann die Berechnung der statistischen Signifikanz, das bedeutet die Wahrscheinlichkeit, mit der die Beziehung oder der Unterschied zwischen zwei oder mehr Variablen auf den Zufall zurückzuführen ist oder nicht. Wenn wir für eine Untersuchung bestimmt hatten, dass die Gefahr, dass unser gefundener Zusammenhang bzw. unser gefundener Unterschied dem Zufall zuzuschreiben war, nicht größer als 1 % sein durfte, und wir dann gefunden haben, dass $p < 0{,}01$ war, waren wir zufrieden. (Sie erinnern sich: Den erwünschten α-Wert legt man vor der Datenanalyse fest.)

Die statistische Signifikanz kann also zeigen, dass die Wahrscheinlichkeit, dass ein Resultat nur zufällig entstanden ist, nicht sehr groß ist (z.B. weniger als 1:1000, also 0,1 %, weniger als 1:100, also 1 %, bzw. weniger als 1:20, also 5 %). Die Signifikanzprüfung kann ebenfalls zeigen, dass wir Ergebnissen nicht trauen dürfen, weil die Gefahr, dass sie nur eine zufällige Relation oder einen zufälligen Unterschied zeigen, zu groß ist. Das wäre der Fall, wenn der p-Wert größer ist als der, den wir vorher als akzeptabel bestimmt hatten.

Manche Anwender von statistischen Verfahren freuen sich über ein Signifikanzniveau von 0,001 mehr als über eins von 0,05, weil sie denken, dass das erste viel beeindruckender sei als das zweite, in dem Sinne, dass die gefundene Relation oder der gefundene Unterschied bedeutsamer sei. Aber dieser Gedanke entsteht dadurch, dass man zwei unterschiedliche Dinge verwechselt:

Signifikanz

1. den Grad an Wahrscheinlichkeit, dass das Ergebnis auf den Zufall zurückzuführen ist (Signifikanz, im Englischen *statistical significance* genannt) – dies wird durch den p-Wert angegeben ($p < 0{,}05$ usw.). Man spricht hier auch von α-Niveau; ein α-Fehler ist, wenn man meint, Unterschiede zu finden, wo keine sind.

Aussagekraft

2. die Relevanz der Ergebnisse (Aussagekraft). Dies wird durch eine von zwei Möglichkeiten angezeigt und mit Assoziationsstärke (im Englischen *strength of association*) oder Effektgröße (engl. *effect size*) bezeichnet.

Dies sind zwei ganz verschiedene Aspekte. Ein Ergebnis kann signifikant sein, aber wenig Aussagekraft haben.

Nehmen wir an, wir wüssten, dass es eine Korrelation zwischen dem IQ (gemessen mit einem der Standard-IQ-Tests) und den Examensnoten von Germanistikstudenten gibt. Selbstverständlich wäre diese Korrelation nicht perfekt, vermutlich ist sie nicht einmal besonders hoch. Nehmen wir an, wir haben hierzu den IQ und die Examensnoten von zwei unterschiedlich großen Gruppen erhoben. Bei einer Gruppe von 100 Studenten ist der Korrelationskoeffizient $r = 0{,}30$. Dieser Wert ist auch signifikant ($p < 0{,}001$); bei einer zweiten Gruppe von 10 Studenten ist er $r = 0{,}66$ ($p < 0{,}05$). Die Frage ist jetzt: „Erklärt" der IQ Unterschiede in den Examensnoten? Und wenn er das tut, wie groß ist die „erklärte Varianz"?

Beide r-Werte waren signifikant auf unterschiedlichen α-Niveaus ($p < 0{,}001$ und $p < 0{,}05$). Trotzdem steht $r = 0{,}33$ für eine schwache Korrelation, eine „definitive, aber geringe Beziehung" (siehe die Faustregel in 9.1.2), während $r = 0{,}66$ auf eine substantielle Beziehung hinweist. Trotzdem besteht eine höhere Wahrscheinlichkeit, dass dieser zweite Korrelationskoeffizient mit $p < 0{,}05$ zufällig entstanden ist. Hätten wir unser benötigtes Signifikanzniveau als 0,01 festgelegt, wäre das Ergebnis nicht einmal statistisch signifikant gewesen. Wir können also einen niedrigen r haben und ein hohes Signifikanzniveau und umgekehrt. Das hängt ganz von der Größe der Stichprobe ab, d.h. von der Anzahl der Ergebnispaare.

Die Aussagekraft einer gefundenen Korrelation hängt stärker davon ab, wie hoch die gefundene Korrelation ist, als davon, wie niedrig p ist. Der p-Wert gibt nur an, wie hoch die Wahrscheinlichkeit ist, dass unser Ergebnis (dass eine Korrelation besteht) nicht korrekt ist. Ob p kleiner als 0,001 oder als 0,05 ist, berührt die Größe von r nicht und sagt nichts über die Stärke der Korrelation. Deswegen berichten Studien neben der statistischen Signifikanz auch über die Aussagekraft der gefundenen Ergebnisse (wenn diese statistisch signifikant sind).

11.2 Effektgröße

In Untersuchungen gefundene Ergebnisse werden immer von weiteren Faktoren beeinflusst, die nicht in der Studie berücksichtigt sind. Die unabhängige Variable *Testergebnis* wird z.B. auch von anderen Faktoren beeinflusst als *Lehrmethode*, selbst wenn nur diese manipuliert wurde. Die Aussagekraft zeigt, inwiefern eine Variable eine andere erklären kann (oder nicht erklären kann), oder wie stark die Auswirkung einer Variable auf eine andere ist.

Die Aussagekraft eines Ergebnisses beruht auf zwei Konzepten. Zum einen handelt es sich um die Stärke der Beziehung zwischen Variablen. Diese kann sowohl bei Daten berechnet werden, die einen Zusammenhang aufweisen, als auch bei Daten, die Unterschiede nachweisen, und sie wird durch die erklärte Varianz beschrieben. Das zweite Konzept ist das der Mittelwertunterschiede – also wie weit der Mittelwert einer Gruppe vom Mittelwert einer anderen Gruppe entfernt liegt. Beide Konzepte zeigen die Aussagekraft von

Ergebnissen, ohne durch die Stichprobengröße beeinflusst zu werden – das kann die *p*-Statistik nicht.

Die Effektgröße erlaubt daher eine Antwort auf die folgenden Fragen:

1. In welchem Umfang erklärt die eine Variable die Varianz der zweiten Variablen (erklärte Varianz)?
2. Wie unterschiedlich sind die Mittelwerte der getesteten Gruppen?

erklärte Varianz

Mittelwert-unterschiede

Wir gehen im Folgenden auf diese beiden Konzepte kurz ein.[1] Die Effektgröße kann sowohl für beziehungsprüfende Verfahren (Korrelationen) als auch für unterschiedsprüfende Tests (t-Test, ANOVA) berechnet werden – also für alle parametrischen Testverfahren (Tests, die davon ausgehen, dass die Daten normalverteilt sind). Sie kann auch für nichtparametrische Testverfahren wie Spearmans Rho, Chi-Quadrat oder Mann-Whitney-U-Tests und Wilcoxon-Tests berechnet werden. Hier sind die Verfahren allerdings umstritten, weswegen wir mit einer Ausnahme nur auf parametrische Verfahren eingehen. Da dies ein Einführungswerk ist, gehen wir nur exemplarisch auf jeweils **ein** Beispiel für jeden parametrischen Test, den wir in diesem Buch einführen, ein.

11.3 Erklärte Varianz: Korrelationen und *r*-Quadrat

Streuung

Die erklärte Varianz zeigt, wie viel Prozent der Varianz oder Streuung von Variable B durch Variable A erklärt werden kann. Sie kann für alle in diesem Buch eingeführten statistischen Testverfahren berechnet werden; wir gehen hier nur exemplarisch auf die erklärte Varianz bei korrelierenden Werten ein.

Die Berechnung der erklärten Varianz zielt also darauf ab, zeigen zu können, wie viel von der Streuung in einem Merkmal durch die Streuung eines anderen erklärt werden kann. Im Beispiel oben hatten wir einmal für den Zusammenhang zwischen IQ und Examensnote eine geringe Korrelation (r = 0,30, p < 0,001) und einmal eine mittlere Korrelation (r = 0,66, p < 0,05) gefunden. Wie gut erklärt aber das Ergebnis von Test A (IQ) das Ergebnis von Test B (Examensnote)?

Determinationskoeffizient r^2

Eine Maßzahl ist der Determinationskoeffizient. Bei Korrelationen nehmen wir das Quadrat von Pearsons r, die wir dann als r^2 bezeichnen. Im Beispiel von oben hätte r = 0,30 einen r^2-Wert von 0,09. Wenn wir dies mit 100 multiplizieren, erhalten wir den Prozentanteil der erklärten Varianz. Der Prozentsatz der erklärten Varianz ist also 0,30 x 0,30 x 100 = 9. Das bedeutet: 9 % der Unterschiede in den Examensnoten lassen sich mit der Intelligenz der Examenskandidaten erklären. Daraus lässt sich ableiten, dass der IQ zwar ein relevanter Faktor für die Examensnoten ist, dass jedoch andere Faktoren

[1] Wir beschränken uns hier auf jeweils nur eine der am häufigsten genannten Möglichkeiten, über die Effektgröße zu berichten. Man kann die diversen Mittelwertdifferenzen auch durch die Berechnung des Delta (Δ oder δ)-Maßes vereinheitlichen. Da dies weitere Schritte involviert und nicht unumstritten ist, weisen wir hier nur darauf hin (vgl. Bortz/Döring 2009, 602f., 676f.).

existieren, die die anderen 91 % der Varianz erklären. Beide Variablen messen sozusagen zu 9 % das gleiche Konstrukt. Beim zweiten Beispiel sieht es etwas anders aus: Hier war r = 0,66, sodass r^2 = 0,44. Die Varianz der ersten Variablen erklärt hier 44 % der zweiten.

Interpretation von r^2

In der Interpretation der erklärten Varianz gehen wir davon aus, dass ein r^2 ab 0,2 einen geringen Effekt zeigt, ab 0,5 einen mittleren Effekt und ab 0,8 einen erheblichen Effekt. Die Größe der Varianz der Examensnoten, die durch Intelligenz erklärt werden kann, ist also mit 0,09 zu gering, um wirklich ernst genommen zu werden.

Versuchen wir, das Konzept grafisch darzustellen. Wir stellen uns vor, alle Werte jeder Variable sind in jeweils einem Kreis. Wie hoch ist die Überlappung der zwei Kreise in unserem Beispiel? Für die erklärte Varianz von Intelligenz und Noten im ersten Beispiel ist sie nicht groß: Es handelt sich letztendlich nur um 9 % der Varianz (Abb. 1):

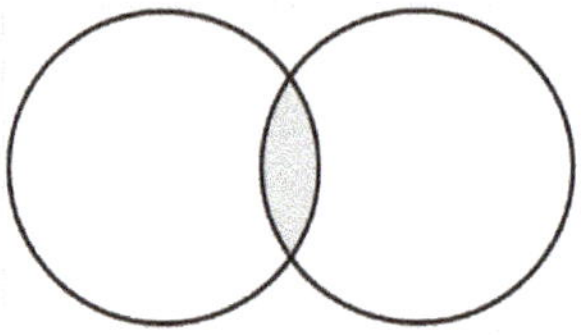

Abb. 1: r = 0,30, r^2 = 0,09

Bei den Korrelationen ist die Formel zum Berechnen der erklärten Varianz recht einfach. Bei anderen statistischen Tests sind die Berechnungen etwas komplizierter – und oft umstritten.

11.4 Mittelwertunterschiede

11.4.1 t-Test und Delta (δ)

Den t-Test verwenden wir, wenn wir die Auswirkung von einer (unabhängigen) auf eine andere (abhängige, metrischskalierte) Variable überprüfen wollen. Wir erhalten einen t-Wert sowie einen p-Wert (Signifikanz). Da Unterschiede zwischen den Gruppen aber logischerweise nicht **nur** der unabhängigen Variable zugeschrieben werden können, sollten wir auch hier berechnen, wie groß der Effekt der unabhängigen auf die abhängige Variable ist.

Natürlich kann man hier auch einfach die Mittelwerte der zwei Gruppen anschauen und vergleichen. Wenn wir das Beispiel zu den Vokabellernmethoden aus Kapitel 10 wieder aufgreifen, sehen wir, dass der Mittelwert der Gruppe nach Lehrmethode X 4,0 beträgt, der nach Lehrmethode Y 7,0. Wir haben gesehen, dass dieser Unterschied statistisch signifikant ist ($t(11)$= 3,60, $p<$ 0,05). Aber ist der Unterschied von (nur) 3 Punkten hier bedeutend? (Wenn das maximal mögliche Ergebnis 10 ist, wird der Unterschied wahrscheinlich interessant sein; wenn das maximale Ergebnis aber 100 ist, ist ein Unterschied von 3 Punkten eher unbedeutend.)

Für den t-Test kann die Effektgröße durch unterschiedliche Verfahren berechnet werden. Viele Ausführungen gehen auf Cohens *d* ein (Cohen 1992).[2] Wir lehnen uns hier an Bortz/Döring (2009, 606) an und nehmen stattdessen das Delta (δ)-Maß. Dieses wird einfach berechnet mit der Formel:

$$\delta = \frac{\bar{x} - \bar{y}}{s}$$

(Wir berechnen also: der Mittelwert von Gruppe X minus den Mittelwert von Gruppe Y, geteilt durch die Standardabweichung der Kontrollgruppe bzw. der getesteten Gruppe in der Kontrollsituation.) In unserem Fall wäre dies:

$$\delta = \frac{4-7}{2{,}14} = -1{,}40$$

In der Interpretation der Effektgröße gehen wir von denselben Werten aus wie für r^2. Somit zeigt ein δ von mehr als 0,2 einen geringen Effekt, ab 0,5 einen mittleren Effekt und ab 0,8 einen erheblichen Effekt (vgl. Bortz/Döring 2004, 606). Das bedeutet: Je höher δ ist, desto weniger überschneiden sich die Verteilungen der Ergebnisse von Gruppe X und Gruppe Y.[3]

Dieses Ergebnis gibt man zusammen mit dem t-Wert an, wenn man die Ergebnisse präsentiert:

> **Die Ergebnisse für die zwei Versuchsbedingungen wiesen signifikante Unterschiede auf. Wie die Tabelle zeigt, erreichten Schüler, die nach Vokabellernmethode X lernten, deutlich schlechtere Ergebnisse als diejenigen, die nach Methode Y lernten ($t(5) = -4{,}39$, $p < 0{,}01$, $\delta = -1{,}40$).**

In diesem Beispiel ist δ übrigens recht hoch. Normalerweise findet man erheblich niedrigere Zahlen.

11.4.2 Chi-Quadrat[4] und Cramérs *V*

Der Chi-Quadrat-Test ist ein nicht-parametrischer Test, der Beziehungen zwischen nominalskalierten Variablen herausstellt. Wenn χ^2 signifikant ist, dann können wir von einer bestehenden Beziehung ausgehen. Aber auch in diesem Fall können wir uns fragen, wie stark diese Beziehung ist; es kann ja sein, dass die Signifikanz vor allem darauf beruht, dass wir sehr große Stichproben untersucht haben. Der *p*-Wert sagt, wie immer, nichts über die Stärke der Beziehung. Cramérs *V* dagegen ist ein Wert, der einen Hinweis auf die Stärke der Beziehung gibt; er kann für sämtliche Chi-Quadrat-Tests verwendet werden. Wir fragen uns also: Wie unterschiedlich sind die Mittelwerte der getesteten Gruppen?

---

[2] Cohens *d* ist besonders bei Vergleichen im Rahmen von Metaanalysen, auf die wir hier jedoch nicht eingehen, hilfreich.

[3] Eine sehr gute Erklärung hiervon finden Sie in Bortz/Döring 2004, 608.

[4] Der Chi-Quadrat-Test ist der einzige nicht-parametrische Test, für den die Berechnung von Effektgröße relativ unumstritten ist. Deswegen nehmen wir ihn hier auf.

Cramérs *V* wird wie folgt berechnet:

$$\text{Cramérs } V = \sqrt{\frac{\chi^2}{n(r-1)}}$$

wobei *n* die Gesamtzahl der beobachteten Werte ist und *r* die kleinere Zahl der Spalten oder Reihen in der Kreuztabelle. Der gefundene Wert wird zwischen 0 und 1 liegen.

Wir wenden diese Formel auf die Daten in unserem Beispiel in Kapitel 9.3.2, S. 137 an:

Kap. 9.3.2: Beobachtete Häufigkeiten

	adjektivisch	als Intensivierer in Nominalgruppen	als Intensivierer vor Adverbien
LL	5	95	20
LOB	45	37	21

Wir haben 3 Spalten und 2 Reihen bei unseren Originaldaten; insgesamt haben wir 223 beobachtete Werte, und Chi-Quadrat ist 56,54. Wenn wir diese Werte in die Formel einsetzen, ergibt sich

$$\text{Cramérs } V = \sqrt{\frac{56{,}54}{223(2-1)}} = 0{,}50$$

Die Interpretation von Cramérs *V* ist etwas anderes als die von r^2 und δ. So wird ab 0,1 ein geringer Effekt angenommen, ab 0,3 ein mittlerer Effekt und ab 0,5 ein erheblicher Effekt. Somit ist in unseren Daten ein erheblicher Effekt zu verzeichnen.

In der Ergebnispräsentation nimmt man Cramérs *V* direkt nach dem Chi-Quadrat-Wert auf:

Der Chi-Quadrat-Test zeigte, dass es einen Unterschied in der Distribution der einzelnen Funktionen von *pretty* in den beiden Korpora gibt ($\chi^2 = 56{,}54$, $df = 2$, $p < 0{,}01$; Cramérs $V = 0{,}50$). Dies ist ein erstaunliches Ergebnis, weil [...]

11.5 Warum über die Effektgröße berichten?

Relevanz der Effektgröße

Wie bereits erwähnt, kann man nur durch Effektgrößenberechnungen bestimmen, ob eine unabhängige Variable tatsächlich einen bedeutsamen Effekt auf eine abhängige Variable hat, oder wie viel der Varianz von einer Variable durch eine andere erklärt wird. Der p-Wert sagt uns lediglich, ob der gefundene Effekt durch den Zufall erklärbar ist oder nicht, aber nicht, ob er auch für uns interessant sein könnte.

Es gibt aber noch zwei weitere gute Gründe dafür, die Effektgröße auch zu berechnen und anzugeben. Der erste ist, dass wir mit Hilfe von Effektgrößen mehrere Studien vergleichen können. Gehen wir von der Situation aus, dass sowohl Sie als auch eine Kommilitonin dasselbe Experiment machen. Nur erscheinen zu Ihrer Erhebung nur 12 Versuchsteilnehmende, bei Ihrer

Kommilitonin sind es aber 35. Es ist möglich, dass Sie beide ähnliche Ergebnisse erhalten, Ihre sind aber aufgrund der kleineren Stichprobe nicht statistisch signifikant, die Ihrer Kommilitonin dagegen schon (z.B. $p < 0,01$). Wie am Anfang dieses Kapitels bemerkt, hängt statistische Signifikanz stark von den Gruppengrößen ab. Erst mit Hilfe der Effektgröße können Sie beide Experimente miteinander vergleichen und sehen, ob die Ergebnisse miteinander übereinstimmen – das können Sie nicht leisten, wenn Sie nur die statistische Signifikanz betrachten.

Der zweite Grund, warum man die Effektgröße in den Forschungsbericht aufnehmen sollte, ist ein sehr praktischer: Wollen Sie Ihre Ergebnisse veröffentlichen (und das sollten Sie möglichst tun, wenn diese für die Linguistik und/oder Sprachdidaktik relevant sein könnten), verlangen viele wissenschaftliche Zeitschriften Informationen über die Effektgröße – unter anderem die Zeitschriften *TESOL Quarterly* und *Language Learning*; auch die *American Psychological Association*[5], die Standards festlegt für Publikationen in der Psychologie (und Psycholinguistik), empfiehlt es, Effektgrößen in den Bericht aufzunehmen.

Aufgabe

Berechnen Sie δ für die Studie in Aufgabe 1 im Kapitel 10, in der wir zwei Gruppen von Schülern verglichen haben, die unterschiedlich erfahrene Lehrer hatten. Schreiben Sie dann die Ergebnisse so auf, wie sie in der Ergebnisdarstellung einer Studie präsentiert werden.

5 Vgl. u.a. Publication Manual of the American Psychological Association (2001, 25), Language Learning 50 (2000, xii) sowie TESOL Quarterly („Information for Contributors").

Schritt 4: Forschungsbericht

12 Präsentation der Studie: Wie schreibe ich es auf?

Aufbau des Forschungsberichts

In den letzten Kapiteln haben wir, nachdem die Ergebnisse berechnet wurden, jeweils in einem kurzen Text gezeigt, wie man sie üblicherweise präsentiert. Jedoch besteht der Forschungsbericht (die Examensarbeit, die Masterarbeit, die Dissertation) aus wesentlich mehr als diesem einen Absatz mit Informationen zu der statistischen Auswertung. In diesem Kapitel besprechen wir den üblichen Aufbau eines empirischen Forschungsberichts in der Linguistik, der sich an die Standards der Psychologie anlehnt und ebenso für die Sprachlehrforschung gilt.

Prinzipiell findet man immer sieben Bausteine im Forschungsbericht, wobei deren Bezeichnungen sich von Studie zu Studie leicht unterscheiden können. Im Normalfall werden Sie folgende Punkte unterscheiden:

1. Abstract
2. Einleitung, theoretischer Rahmen und Besprechung der relevanten Literatur[1]
3. Fragestellung (und bei experimentellen Verfahren Hypothesen)
4. Forschungsdesign / Methodik
5. Ergebnisse
6. Besprechung der Ergebnisse und Schlussfolgerungen bzw. Ausblick
7. Literaturverzeichnis, evtl. Anhänge

Wir gehen auf jeden dieser Punkte kurz ein.

12.1 Das Abstract

Das Abstract, das meist zwischen 150 und 250 Wörter umfasst, ist nichts anderes als eine knappe Zusammenfassung der Studie. Da es zwar am Anfang des Berichts steht, aber sämtliche Informationen über die Studie resümiert, wird es erst dann geschrieben, wenn der Forschungsbericht fertig ist. Abstracts gibt es bei Veröffentlichungen in Zeitschriften und meist auch in Sammelbänden.

---

[1] In längeren Arbeiten, vor allem in Doktorarbeiten, wird dieser Teil in mehrere Kapitel aufgeteilt. Üblich ist dort eine Einleitung, die kurz die Fragestellung der Arbeit vorstellt und dann in jeweils 3-5 Sätzen einen Überblick über die einzelnen Kapitel der Arbeit gibt. Der theoretische Rahmen, in dem die eigene Arbeit angesiedelt ist, und die Darstellung der relevanten Literatur sowie die eigene Stellungnahme dazu folgen in einem oder zwei weiteren Kapiteln. Die Bezeichnung „Stand der Forschung" für das literaturreferierende Kapitel ist nicht mehr so gebräuchlich wie früher, man wählt eher Überschriften, die genauer auf die besprochenen Inhalte eingehen.

Im Abstract stehen die wichtigsten Informationen über die Studie: der Hintergrund, die Fragestellung und/oder die Hypothesen, die Versuchspersonen, die Methode, die wichtigsten Ergebnisse und die Schlussfolgerungen. In einer Publikation ist dies der Erstkontakt (und oft auch der einzige), den Leser mit der Studie haben, weswegen es äußerst wichtig ist, das Abstract möglichst präzise zu formulieren.

Beispiel eines Abstracts

Ein Beispiel eines Abstracts in der Sprachlehrforschung:

Die These aus Albert/Marx 2016, das Tragen von Mützen fördere die Behaltensleistung beim Lernen von Vokabeln, wurde in einem Feldexperiment mit 61 fortgeschrittenen Lernern des Molvanischen überprüft. Dabei zeigte sich, dass die Gruppe, die beim Lernen der Vokabeln – sowohl im Unterricht als auch beim häuslichen Einüben der Vokabeln – konsequent Mützen aufgesetzt hatte, bessere Behaltensleistungen aufwies als eine Kontrollgruppe, die keine Mützen aufgesetzt hatte. Die Ergebnisse unterstützen erste Schlussfolgerungen über den potenziellen Nutzen des Tragens von Mützen beim Vokabellernen, wobei die Erprobung der Wirkung der Mützenfarbe noch aussteht.

12.2 Einleitung, theoretischer Rahmen und relevante Literatur

Der eigentliche Forschungsbericht beginnt dann mit der Einleitung; in kürzeren Arbeiten werden Einleitung und theoretischer Rahmen als ein Kapitel präsentiert, in längeren werden hierfür zwei oder mehr Kapitel verwendet. Dieser Teil beschreibt die Thematik der Studie und erklärt deren Hintergründe: Was war der Anlass für die Untersuchung? Hier findet man auch das Ziel der Studie; es wird beschrieben, warum die Studie durchgeführt wurde.

Darüber hinaus wird in diesem Teil die relevante schon unternommene Forschung zum Thema behandelt, was den Zweck hat, die eigene Studie in den breiteren Forschungskontext einzubetten. Bei der Literaturbesprechung beginnt man meist mit einem generellen Überblick und geht dann auf den engeren Bereich des Projekts ein; dies erlaubt eine logische Progression vom breiteren Forschungsfeld bis zum eigenen Untersuchungsinteresse. Aus dieser Zusammenfassung soll hervorgehen, warum die eigene Studie relevant (und notwendig) ist. Allerdings bestehen hier auch Unterschiede: Wie umfangreich dieser Teil ist, hängt von der Textsorte ab, ob es ein Forschungsbericht in einer wissenschaftlichen Zeitschrift ist (in diesem Fall sollte die Besprechung relevanter schon unternommener Forschung sich recht eng an den Fokus der Studie halten), oder ob es eine Master-Arbeit oder Dissertation ist (in einer Dissertation wird dieser Teil sehr umfangreich sein).

12.3 Fragestellung und Hypothesen

Hypothesen in welchen Fällen?

Hier werden – meist relativ knapp – die mit empirischen Methoden zu klärenden Fragen erläutert, daraufhin dann die dazu gehörigen Hypothesen (bzw. die Frage und die Hypothese). Die Hypothese soll sich logischerweise aus den Erkenntnissen des Theorieteils ergeben – wenn nicht, dann sollte man hierfür sehr gute Gründe anführen.

Hypothesen werden bei experimentellen und quasi-experimentellen Designs aufgestellt. Bei Beobachtungen und Befragungen wird dagegen meist nur die Fragestellung formuliert, was an den Zielen der unterschiedlichen Designs liegt. Manche Studien nennen dagegen nur die Hypothesen und nicht die dazugehörigen Fragestellungen. Weil wir bereits Fragestellungen und Hypothesen besprochen haben, führen wir an dieser Stelle keine weiteren Beispiele an.

12.4 Forschungsdesign / Methodik

Im Kapitel Forschungsdesign (bzw. Methodik) werden normalerweise Informationen zu den Versuchsteilnehmenden, den Variablen, dem Untersuchungsmaterial und dem Design gegeben.

Teilnehmer

Eine detaillierte Beschreibung der Teilnehmenden sowie der Auswahlkriterien erlaubt dem Leser, eine Vorstellung von der externen Validität der Studie zu entwickeln sowie auf mögliche Störvariablen zu schließen. Hier gibt es häufig Angaben zu Alter, Erstsprache, Geschlecht und dem Untersuchungskontext; je nach Fragestellung werden weitere Informationen wie schon gelernte Fremdsprachen, Beruf oder Berufe der Eltern (um Rückschlüsse auf den sozioökonomischen Status zu ermöglichen), Niveau der zu untersuchenden Zielsprache, Rechts- vs. Linkshändigkeit (z.B. bei Sprachverarbeitungsexperimenten mit ERP)[2] erwähnt. Dieser Teil könnte etwa wie folgt formuliert sein:

> **Probanden waren 61 Studierende (10 Männer und 51 Frauen) der Molvanistik bzw. des Lehramts mit Fach Molvanisch im Alter von 20-30 Jahren (Mittelwert: 23,4). Alle hatten Deutsch als Erstsprache erworben und zwei bis sechs Fremdsprachen gelernt; sie sprachen durchschnittlich 3,8 Sprachen (inklusive der L1) pro Person. Als erste Fremdsprache wurde stets Esperanto angegeben. Die Studierenden wurden nach dem Zufallsprinzip in eine Experimental- und eine Kontrollgruppe eingeteilt, wobei eine Balancierung der Gruppen in Bezug auf Anzahl der Mützenliebhaber erzielt wurde.**

Variablen

Auch die Variablen werden häufig in diesem Teil erwähnt (ansonsten werden sie nach den Hypothesen genannt). Bei experimentellen Designs müssen hier unabhängige sowie abhängige Variable(n) genannt werden. Sehr wichtig ist dazu, dass die Kontrollvariablen sowie mögliche Störvariablen – die meist auch bei nicht-experimentellen Designs auftreten – dargelegt werden. Man sollte hier auch offenlegen, wie man versucht hat, die Störvariablen möglichst zu reduzieren, so z.B.:

[2] Ereigniskorrelierte Potentiale (*event-related potentials*), bei solchen Experimenten wird die Sprachverarbeitung im Gehirn durch EEG-Messungen beobachtet.

Störvariablen wurden möglichst gering gehalten, indem die beiden Gruppen dieselben Vokabeln mit derselben Anleitung und in derselben Zeit lernten, jedoch die Studierenden der Experimentalgruppe im Unterricht und zu Hause beim Vokabellernen die Mützen aufsetzten. Es wurde darauf geachtet, die Vokabeln während der Laufzeit des Experiments nicht im Unterricht zu wiederholen. Die Vokabeltests im Prä- und Posttest waren für beide Gruppen gleich.

Material

Das Untersuchungsmaterial wird auch in diesem Kapitel erläutert; es soll dargelegt werden, welche Erhebungsinstrumente (Fragebogen, Korpus, Tests, Messinstrumente, Software usw.) bei der Durchführung der Studie eingesetzt wurden. Anschließend wird der Untersuchungsablauf (Datenerhebung) beschrieben, sodass die Leser nachvollziehen können, wie Sie zu Ihren Daten gekommen sind. Hier können die Instruktionen an die Versuchsteilnehmer wiedergegeben werden und weitere Merkmale der Erhebungssituation wie z.B. Zeitvorgaben usw. werden dargestellt, mit dem Ziel, die Erhebungssituation möglichst klar zu beschreiben. Ein kurzes Beispiel hierzu:

Nach einem Vokabel-Prätest erhielt die Experimentgruppe Mützen aus Wolle, die sie beim Lernen tragen sollte. Tests zum Behalten der gelernten Vokabeln wurden eine Woche nach dem Lernen durchgeführt. Die auf Deutsch vorgegebenen Vokabeln waren jeweils auf einem Testbogen (Anhang 1) schriftlich ins Molvanische zu übersetzen. Dafür standen jeweils 10 Minuten zur Verfügung. Die Ergebnisse wurden mittels einer ANCOVA ausgewertet.

Im Normalfall werden Sie bereits vor der Datenerhebung diese Teile des Forschungsberichts – Einleitung und Hintergrund, Fragestellung und Hypothesen sowie Forschungsdesign – verfasst haben. Somit sichern Sie sich ab, dass Sie an alle notwendigen Schritte schon **vor** der Durchführung Ihrer Studie gedacht haben; evtl. müssen Sie dann nach der Datenerhebung die Textteile mit weiteren, im Laufe der Erhebung hinzugekommenen Informationen ergänzen.

12.5 Präsentation der Ergebnisse

In diesem Teil des Berichts werden die Ergebnisse dargestellt, allerdings – und dies ist wichtig – noch nicht interpretiert. Erst in der Diskussion werden Ergebnisse besprochen und in Verbindung zu den Hypothesen sowie weiteren Forschungsergebnissen gesetzt. Hier geht es um einen möglichst umfassenden Bericht über die Daten; man stellt die statistische Auswertung dar, die meist mit Hilfe von Tabellen und/oder Grafiken visualisiert wird.

Da wir bereits in den vorhergehenden Kapiteln 8-11 detailliert über die Ergebnisdarstellung berichtet haben, gehen wir hier nicht weiter darauf ein.

12.6 Besprechung der Ergebnisse und Schlussfolgerungen bzw. Ausblick

Je nach Textsorte wird dieser Teil in einem oder zwei Kapiteln dargestellt (bei längeren Berichten trennt man meist die Diskussion der Ergebnisse von den Schlussfolgerungen und dem Ausblick, bei kürzeren wie Zeitschriftenartikeln eher nicht). Das Ziel dieses Teils ist zu beschreiben, ob und wie die Forschungsfragen beantwortet wurden bzw. ob die Hypothesen bestätigt wurden oder verworfen werden müssen. Man bezieht sich hier auf den theoretischen Teil der Arbeit und interpretiert nun die Ergebnisse – im Unterschied zur Präsentation der Ergebnisse, wo es nur darum ging, die Daten in aufbereiteter Form vorzulegen. Der Inhalt dieses Kapitels ist im Normalfall etwa: Zusammenfassung der Ergebnisse – Interpretation – Vergleich mit ähnlichen Studien – Bedeutung der Ergebnisse für die Theorie (evtl. für die Praxis) – Forschungsdesiderata.

Bei der Besprechung beginnt man normalerweise mit einer kurzen Wiederholung der gestellten Forschungsfrage(n) und der Darstellung dessen, was man durch die Ergebnisse der Untersuchung darüber in Erfahrung bringen konnte. Man resümiert die Ergebnisse in Hinblick auf die Fragen und/oder Hypothesen und erläutert, welchen Stellenwert die Ergebnisse im weiteren Forschungskontext haben, inwiefern sie die Forschung weitergebracht haben. Die Interpretation erfolgt auch auf Basis von Vergleichen mit anderen Forschungsprojekten – man führt es zum Beispiel an, wenn die Ergebnisse diejenigen von anderen Forschenden bestätigen, oder versucht die Diskrepanzen zu erklären, wenn sie dies nicht tun. Anschließend wird meist auch auf Probleme und Beschränkungen der Aussagefähigkeit des eigenen Projekts eingegangen, so zum Beispiel wenn man sehr wenige Versuchsteilnehmer untersucht hat oder wenn Störfaktoren die Ergebnisse hätten beeinträchtigen können.

Bei der Diskussion sollte man auf jeden Fall darauf achten, dass die Ergebnisse nicht „überinterpretiert“ werden. Häufige Fehler in der Besprechung von Forschungsergebnissen sind zum Beispiel:

- Korrelationen werden als kausale Beziehungen interpretiert.
- Didaktische Schlussfolgerungen werden gezogen, obwohl die Fragestellung und das Forschungsdesign nicht darauf ausgerichtet waren.
- Man schließt auf eine Gesamtpopulation, die aber in der Studie nicht repräsentiert war (externe Validität, s. Kapitel 2.4.3).
- Nicht-signifikante Ergebnisse werden so präsentiert, als ob sie „doch Tendenzen“ aufzeigen würden.

Die Diskussion sollte schließlich genug Informationen enthalten, sodass andere Forschende zum gleichen Thema weiterarbeiten können, wenn sie das wollen. Um zukünftiger Forschung einen Wegweiser zu geben, werden im Ausblick häufig Forschungsdesiderata genannt, die auf Lücken oder noch unbeantwortete Fragen im eigenen Projekt oder im Forschungsfeld hinweisen.

Aufgabe

Suchen Sie einen empirisch ausgerichteten Aufsatz aus einer linguistischen Zeitschrift oder einer Zeitschrift mit Ausrichtung auf die Sprachlehrforschung (in deutscher Sprache zum Beispiel die *Zeitschrift für Fremdsprachenforschung (ZFF)* oder die *Zeitschrift für angewandte Linguistik (ZfAL)*), möglichst zu einem Thema, das Ihnen interessant erscheint. Evaluieren Sie den Forschungsbericht anhand der Kriterien, die in diesem Buch besprochen wurden. Werden die unterschiedlichen Teile des Forschungsberichts umfassend und zu Ihrer Zufriedenheit dargestellt? Kommen weitere Informationen vor, die hier nicht angesprochen wurden? Halten Sie fest, was Sie durch diese kritische Reflexion für Ihr eigenes Forschungsvorhaben gelernt haben.

Anhang: Lösungen der Aufgaben

Hinweis: In vielen Fällen können wir auf Grund der Komplexität der Fragestellungen hier nur einige Lösungsvorschläge oder Musterlösungen anbieten; es bestehen jedoch oft weitere Möglichkeiten.

Aufgaben Kapitel 1: Zur Einführung

Aufgabe:

a. Der Einfluss eines Partybesuchs in der Nacht vor einer Prüfung auf diese Prüfung
   Experimentelle Forschung. Man könnte zwei Gruppen von Versuchspersonen miteinander vergleichen, die möglichst gleich gut im geprüften Fach sind. Die eine Gruppe würde eine Party besuchen und die andere nicht und hinterher vergleicht man die Prüfungsergebnisse.

b. Die Beziehung zwischen Sprachlaborübungen und Aussprache
   Experimentelle Forschung. Man könnte zwei Lernergruppen untersuchen. Lerner der einen Gruppe (der Versuchsgruppe) kommen in den Genuss von Sprachlaborübungen, die anderen Lerner (die Kontrollgruppe) nicht, dafür jedoch werden ihnen andere Übungsformen zur Verbesserung der Aussprache angeboten, z.B. Chorsprechen u.a.m. Sollte die Versuchsgruppe Ausspracheübungen machen, müsste die Kontrollgruppe ebenso viel Zeit für Ausspracheübungen verwenden, jedoch nicht im Sprachlabor. Am Ende würde beiden Gruppen ein (Aussprache-)Test abgenommen und die Ergebnisse miteinander verglichen werden.

c. Welche Ansichten von de Saussure heute noch für die Linguistik relevant sind
   Qualitative Forschung. Man könnte hier z.B. eine Umfrage unter Linguisten durchführen, um ihre Meinung zur Bedeutung von de Saussures Ansichten für die heutige Linguistik zu untersuchen.

d. Die Fremdsprachenkenntnisse niederländischer Geschäftsleute
   Quantitative nicht-experimentelle Forschung. Diese Forschungsfrage könnte auf verschiedene Weisen angegangen werden. Eine Möglichkeit wäre die nicht-experimentelle Forschung in Form einer Befragung, in der die Versuchspersonen (die Geschäftsleute) gefragt würden, welche Sprachen sie beruflich benutzen, ob sie diese Sprachen selbst beherrschen und falls ja, wie gut. Möglich wäre aber auch, die Fremdsprachenkenntnisse tatsächlich mit Sprachtests zu testen, was komplizierter wäre, aber genauere Informationen ergäbe. Dies ist – wie Sie sich vorstellen können – bei dieser Zielgruppe aber schwer zu erreichen.

e. Der Nutzen von Korrekturen der Grammatikfehler von Fremdsprachenlernern
Experimentelle Forschung. In der Regel würde man zwei Lernergruppen haben und jede Gruppe einige Male unterrichten, vorzugsweise indem man sich auf ein oder zwei grammatische Strukturen konzentriert. In der Versuchsgruppe würden die Fehler der Lerner korrigiert, in der anderen nicht.

f. Verwendung von Höflichkeitsformen bei internationalen Verhandlungen
Typisch wäre eine Beobachtung, also eine nicht-experimentell angelegte Untersuchung. Da es schwierig ist, Höflichkeitsformen in einer echten Verhandlungssituation aufzunehmen, könnte man einige erfahrene Verhandlungsteilnehmer verschiedener Herkunftsländer bitten, eine Verhandlung in einem Rollenspiel nachzustellen. Dieses Rollenspiel müsste anschließend analysiert werden. Man muss dabei jedoch beachten, dass Rollenspiel-Gespräche meist stark von den tatsächlichen Gesprächen derselben Personen abweichen (vgl. Brons-Albert 1994 zu Rollenspiel-Artefakten). Eine Variante in Form einer Befragung wäre, einigen erfahrenen Verhandlungsteilnehmern einige Sätze und Redewendungen unterschiedlicher Höflichkeitsgrade und aus verschiedenen Kulturkreisen vorzulegen und sie zu bitten, die Häufigkeit dieser Sätze in den Verhandlungen, die sie kennen, zu beurteilen.

g. Arten der Selbstkorrektur beim Erst- und Zweitspracherwerb
Typischerweise würden Beispiele von Selbstkorrektur gesammelt, z.B. Selbstkorrektur der Äußerung, Neuanfang des Satzes und Zögern (wie z.B. *ich liebe es – ich hasse es, morgens aufzustehen*) in der Erst- und in der Zweitsprache. Man könnte diese Daten mit Hilfe von Tonaufnahmen von Gesprächen in beiden Sprachen sammeln und bei der Analyse jeder Selbstkorrektur eine Kategorie zuweisen. Dies wäre eine Beobachtung, also nicht-experimentelle Forschung.

h. Ein Vergleich des stillen und des lauten Lesens bei der Entwicklung der Lesefähigkeit
Experimentelle Forschung. Man würde Lesen nach zwei Methoden unterrichten: leises Lesen und lautes Lesen. Nach einer Weile würde beiden Versuchsgruppen ein Test vorgelegt, um so z.B. Aussprache und Textverständnis zu überprüfen.

Aufgaben Kapitel 2: Vorplanung einer empirischen Untersuchung

Aufgabe 1:

a. Fragestellung: Hat der Besuch einer Party in der Nacht vor einer Prüfung einen Einfluss auf die Ergebnisse dieser Prüfung?
Mögliche Hypothese: Studenten, die eine Party in der Nacht vor einer Prüfung besuchen, schneiden bei dieser Prüfung schlechter ab als Studen-

ten, die in dieser Nacht nicht feiern und spätestens um 20 Uhr zu Hause sind.

b. Fragestellung: Ist die Aussprache von Sprachlernenden, die im Sprachlabor üben, besser als die von Sprachlernenden, die dies nicht tun?
Mögliche Hypothese: Lerner, die in einem Sprachlabor ihre Aussprache trainieren, werden im Bereich Aussprache von *native speakers* der zu lernenden Sprache als kompetenter beurteilt als Lerner, die außerhalb des Sprachlabors Ausspracheübungen durchführen.

c. Fragestellung: Welche Bedeutung hat de Saussure für die Entwicklung der Linguistik?
Mögliche Hypothese: De Saussure hatte eine richtungsgebende Bedeutung für die Linguistik und hat diese immer noch.

d. Fragestellung: Wie hoch sind die Fremdsprachenkenntnisse niederländischer Geschäftsleute?
Mögliche Hypothese: Niederländische Geschäftsleute beherrschen mindestens eine Fremdsprache, und zwar mindestens auf dem GER-Niveau C1.

e. Fragestellung: Hilft es, Grammatikfehler von Fremdsprachenlernern zu korrigieren?
Mögliche Hypothese: Lerner, deren Fehler korrigiert werden, machen später weniger Fehler der korrigierten Art als Lerner, deren Fehler nicht korrigiert werden.

f. Fragestellung: Werden in internationalen Verhandlungen nur Höflichkeitsformen aus der Sprache verwendet, in der verhandelt wird (also im Zweifelsfall Englisch, sodass englisches Höflichkeitsverhalten praktiziert würde) oder gibt es auch Übersetzungen von Höflichkeitsroutinen und -ritualen aus der Herkunftssprache der Teilnehmer?
Mögliche Hypothese: Die Verhandlungsteilnehmer verwenden öfter wörtlich übersetzte Höflichkeitsroutinen aus der eigenen Erstsprache als solche aus der Verhandlungssprache.

g. Fragestellung: Verwenden Sprecher in ihrer Erst- und in ihrer Zweitsprache ähnliche Arten von Selbstkorrektur?
Mögliche Hypothese: In der Erstsprache nehmen Sprecher häufiger semantische Korrekturen, in der Zweitsprache häufiger morphosyntaktische Korrekturen vor.

h. Fragestellung: Führt das stille Lesen eher zum Textverständnis und das laute Lesen eher zu einer guten Aussprache?
Mögliche Hypothese: Schüler, die Leseverständnis-Übungen immer mit stillem Lesen durchführen, erzielen bessere Ergebnisse beim Textverständnis als Schüler, die Leseverständnis-Übungen auch mit lautem Lesen durchführen. In Bezug auf die Qualität der Aussprache sind jedoch die Schüler überlegen, die im Leseverständnis-Unterricht regelmäßig auch laut lesen.

Aufgabe 2:

a. Sie suchen Kombinationen aus einer finiten Form von *sein* und *haben* und einem Partizip II (das geht sogar maschinell in Textkorpora). Nur müssen Sie dann noch bei den finiten Formen von *sein* abgleichen (lassen), ob das Partizip II von einem Verb stammt, das sein Perfekt mit *sein* bildet, sonst werden Sätze wie *Die Tür ist geschlossen* mitgezählt. Erheblich schwieriger ist es, die – seltenen – Zustandsformen mit *haben* auch auszuschließen (*Er hat die Haare in die Stirn gekämmt, Das Pferd hat die Fesseln bandagiert*). Auch das ist möglich, dann müssen Sie allerdings die Syntax der Sätze mit einbeziehen: Sie berücksichtigen nur Sätze, die nicht valenzreduziert sind, d.h. bei der nicht das Agens weggelassen ist. Ein weniger automatisch vorgehendes Verfahren, das aber auch eine klare Operationalisierung bietet, wäre, dass Sie überprüfen, ob die als Perfekt vermuteten Formen sich ohne wesentliche Bedeutungsveränderung ins Präteritum umformen lassen. Dabei kommt dasselbe Ergebnis heraus: *Das Pferd hat die Fesseln bandagiert* ist eindeutig valenzreduziert, das Agens fehlt offensichtlich (Das Pferd selbst hat niemandem die Fesseln bandagiert), und der Satz entspricht in der Bedeutung auch nicht *Das Pferd bandagierte die Fesseln.* Nach beiden Verfahren ist dies also eindeutig nicht als Perfekt zu zählen. Auch mit *sein* als Hilfsverb funktioniert das Verfahren: *Die Tür ist geschlossen* ist valenzreduziert und nicht identisch mit **Die Tür schloss.* Aber bei echten Perfektformen wie *Er hat gearbeitet* geht die Umformung in *Er arbeitete* problemlos, und in der Valenz ändert sich auch nichts.

b. Art der Datenerhebung:
Auswahl der Informanten: Wir haben mit Absicht ein etwas kurioses Beispiel gewählt, insofern können Sie auch kuriose Lösungsverfahren anbieten. Ein Problem ist nämlich die Auswahl der Informanten. Sie könnten sich z.B. überlegen, dass Sie per Zeitungsannonce Personen suchen, die planen, in nächster Zeit zu konvertieren. Dann nehmen Sie diese Personen vor und nach dem Wechsel der Konfession auf und vergleichen ihren Gebrauch der Vergangenheitstempora. In diesem Fall wären Sie ganz sicher, dass nur die Konfessionszugehörigkeit die Ursache sein kann, falls Sie eine Veränderung im Gebrauch der Vergangenheitstempora finden. Wenn Sie weniger kuriose Lösungen suchen, dann müssen Sie auf jeden Fall darauf achten, dass Sie bei den Informanten beider Konfessionen die Schulbildung und die Verteilung auf Dialektgebiete so konstant wie möglich halten.
Form der Erhebung: Umständlich wäre eine ungesteuerte Beobachtung, bei der Sie einfach Aufnahmen von natürlicher Sprache bei Sprechern unterschiedlicher Konfessionen machen und auswerten.
Eine direkte Befragung „Gebrauchen Sie mehr Perfekt oder mehr Präteritum ...?“ scheidet aus, man ist sich nicht bewusst, welche Tempora man

benutzt. In einer solchen Befragung würden die Sprecher vermutlich nach Normen, die sie irgendwo aufgeschnappt haben, antworten.
Was Sie aber tun können, ist, die Versuchspersonen so zu steuern, dass sie von Vergangenem sprechen müssen, damit sie nicht so lange Texte produzieren, in denen Sie kaum Vergangenheitstempora finden. Sie können also z.B. auffordern: „Erzählen Sie mir von Ihrem letzten Urlaub!“ (natürlich sollten Ihre Aufforderungen kein Vergangenheitstempus enthalten!).
Experimente, die dazu führen, dass ganze Sätze in einer gewünschten Form geäußert werden, sind nicht einfach zu erstellen. Vermutlich lohnt der Aufwand sich nicht, weil die Beobachtung relativ einfach möglich ist.

c. Zunächst einmal haben Sie die Konfession nicht erhoben, sondern die mutmaßliche Konfession, wenn Sie so vorgegangen sind, wie es in der Aufgabenstellung beschrieben ist. Dann fragt sich, ob die Gruppen der untersuchten Dorfbewohner demographisch hinreichend gleich sind, was bei der kleinen Zahl von untersuchten Sprechern eine große Rolle spielt. Aber der Grund, warum diese Untersuchung überhaupt nicht zu gebrauchen ist, ist, dass Sie Sprecher aus verschiedenen Dialektgebieten untersucht haben. Die Daten könnten durchaus so aussehen wie in der Aufgabenstellung beschrieben, aber der Grund ist, dass man im Süddeutschen kaum Präteritum verwendet. Dieses „Oberdeutscher Präteritumschwund“ genannte Phänomen beruht keineswegs auf der Konfession, sondern auf Dialektunterschieden.

Aufgabe 3:

Ihr Test enthält unterschiedlich schwer zu lösende Aufgaben, Sie können also damit rechnen, dass bestimmte Aufgaben fast von allen Schülern richtig gelöst werden, andere nur von den allerbesten Schülern. Das macht Probleme bei der Konsistenzprüfung (es wird unterschiedliche Ergebnisse für die Einzelfragen geben). Wenn Sie das Testhalbierungsverfahren anwenden, dann sollten Sie auf keinen Fall so halbieren, dass Sie die erste Hälfte des Tests mit der zweiten vergleichen, sondern Sie sollten die Fragen mit ungeraden Nummern mit denen mit geraden Nummern vergleichen.

Aufgabe 4:

Es gibt mehrere Probleme, die aufkommen könnten (wo nehme ich eine Kontrollgruppe aus einem anderen Land mit ansonsten ähnlichen Lernbedingungen her, sehr unterschiedliche Einflussfaktoren auf den Lernerfolg, die Unsicherheit, ob tatsächlich sämtliche Studierende nur das A2-Niveau erreichen u.a.). Jedoch ist das Hauptproblem, dass man für diese Fragestellung kaum eine Operationalisierung finden kann, es müssten viel zu viele Einflussfaktoren überprüft werden, die auch noch aufeinander Auswirkungen haben könnten.

Aufgabe 5:

Mögliche Störfaktoren könnten unterschiedlicher Art sein: Zunächst einmal gibt es einen, den der Versuchsplan mit sich bringen könnte, nämlich einen Neuigkeitseffekt. Wenn das Üben am Computer neu eingeführt wird, kann es erst einmal besonders motivierend (oder – je nach Gruppe – auch besonders demotivierend) wirken. Dieser Effekt würde auf die Dauer verschwinden, man müsste also seine Tests erst nach einer Zeit der Gewöhnung an das Üben am Computer durchführen. Dann gibt es viele Störfaktoren, die mit der Art der Durchführung der Tests zu tun haben: Die Versuchspersonen absolvieren den Test zu unterschiedlichen Tageszeiten (spätabends ist man tendenziell weniger aufmerksam als um 11 Uhr), Sie haben unter Ihren Versuchspersonen auch Nicht-Erstsprachler, Sie beziehen Leute mit ein, die die zu untersuchende(n) Sprache(n) selten sprechen, Sie untersuchen Leute, die am Bildschirm schlecht lesen können oder es nicht gewöhnt sind. Auch die Erhebungssituation kann einen störenden Einfluss auf die Ergebnisse haben: Der Untersuchungsraum ist laut oder eine Versuchsperson wird bei der Datenerhebung durch ihr herumlaufendes Kind unterbrochen, die verwendete Software stürzt ab, manche Versuchspersonen denken, sie hätten nur wenig Zeit zur Verfügung, andere denken, sie hätten viel Zeit, oder die Hinweise durch die Versuchsleiterin an die Versuchsteilnehmenden sind nicht konsistent. Dies sind Beispiele, es gibt natürlich noch andere mögliche Störfaktoren, und alle diese Faktoren müssten Sie möglichst gut kontrollieren.

Aufgaben Kapitel 3: Die Beobachtung

Aufgabe 1:

Sie müssen natürlich festlegen, was Sie als Korrektur ansehen wollen. Das ist gar nicht so einfach, wenn es nicht auf „Korrektur ist das, was ich als Korrektur empfinde" hinauslaufen soll. Die Möglichkeit aus Ihrer Vorüberlegung würde auch versehentliche Falschaussprachen der Lehrperson und Dinge wie Verschleifungen vs. Nicht-Verschleifungen bei Schüler oder Lehrperson mit erfassen. Besser wäre eine solche Festlegung: Als Korrektur werte ich jede Wiederholung eines falsch ausgesprochenen Wortes in der unmittelbar darauf folgenden Lehreräußerung mit korrekter Aussprache und jede explizit von der Lehrperson als Korrektur markierte Äußerung. Dann haben Sie nur noch zu operationalisieren, wie Sie „falsche Aussprache" und „korrekte Aussprache" feststellen. Für das Deutsche könnten Sie z.B. festlegen, dass Sie jede Aussprache als falsch ansehen, die im „Ausspracheduden" nicht aufgeführt ist, und jede als korrekt, die im Ausspracheduden (ohne Markierung „regional" o.ä.) aufgeführt ist. Natürlich können Sie auch ein anderes Aussprachewörterbuch zugrunde legen, aber möglichst nicht mehrere, denn sie sind sich oft nicht einig, was neue Probleme schafft. Auch mit dieser Operationalisierung kann es sein, dass einige Dinge, die Sie spontan als Korrektur empfinden, nicht als Korrektur gezählt werden dürfen, z.B. wenn eine von zwei erlaubten Aussprachen durch die andere korrigiert wird oder wenn eine erlaubte Aussprache durch eine nicht erlaubte oder als regional gekennzeichnete „korrigiert" wird.

Sie müssen auch festlegen, welche Fälle Sie als ähnlich genug ansehen wollen, um sie unter einer Kategorie zusammenzufassen. Eine Möglichkeit wäre z.B.:

- erbetene Korrekturen
  Darunter würden Fälle von expliziten Fragen fallen („Spricht man das so aus?", „Oder wie spricht man das aus?"), aber auch die versuchsweise Aussprache des Wortes mit fragendem Blick, fragender Intonation usw.
- beiläufige Korrekturen durch die Lehrperson
  Das falsch ausgesprochene Wort wird von der Lehrperson richtig ausgesprochen in ihren nächsten Satz eingebaut, ohne dass sie auf den Fehler hinweist.
- explizite Korrekturen durch die Lehrperson
  Hier würde die Lehrperson ihre „Verbesserung" als solche markieren, durch besonders lautes Aussprechen oder durch den expliziten Hinweis auf die falsche Aussprache.
- Aufforderungen zur Selbstkorrektur
  Hier würde die Lehrperson die Lerner auffordern, den Fehler zu verbessern. Da verschiedene Möglichkeiten dazu bestehen, können Sie sich fragen, ob Sie den Punkt weiter untergliedern und z.B. „Vorsprechen und nachsprechen lassen" als einen anderen Fall ansehen als „Da stimmt etwas nicht mit dem 3. Wort, versuch es noch einmal."
- Aufforderungen zur Korrektur durch andere Schüler (weiter unterteilt oder nicht)
- umfangreiche Korrektursequenz
  Auch hier gibt es ganz viele verschiedene Möglichkeiten, sodass Sie eventuell noch einmal Fallgruppen unterscheiden wollen, z.B. solche, bei denen der Fehler zum Anlass für eine lange Übungssequenz des zugrundeliegenden Phänomens bei der ganzen Lernergruppe genommen wird.

Sie können auch unterschiedliche Kategorien bei den Lerner-Reaktionen in Ihre Auswertung aufnehmen. Ein mögliches Verfahren der Operationalisierung wäre auch, dass Sie danach gehen, wie die Lerner sich verhalten. Z.B. würden Sie das als Korrektur zählen, worauf die Schüler wie auf eine Korrektur reagieren (z.B. versuchen, es mit der richtigen Aussprache zu wiederholen, ärgerlich erklären „hab ich doch gesagt" usw.).

Was die Überprüfung, ob es nicht auch andere Interpretationsmöglichkeiten gibt, angeht, so ist eine wichtige Überlegung, ob das, was von der Lehrperson in einer anderen, Ihrem Nachschlagewerk nach besseren, Aussprache geäußert wird, nicht auch ein sogenanntes „Lehrerecho" sein könnte. Lehrpersonen wiederholen Schüleräußerungen z.B., weil sie zu leise waren, damit die ganze Gruppe von Lernern sie in der Wiederholung hört und beachtet, um den Inhalt zu bestätigen usw.

Aufgabe 2:

Beide Möglichkeiten erkaufen einen Vorteil mit einem Nachteil. Im ersten Fall untersuchen Sie gar kein natürliches Gespräch, d.h. das Gespräch findet nur zum Zweck der Aufnahme statt und einer der beiden Gesprächspartner weiß das. Dafür ist der Verkäufer allerdings nicht informiert, dass die erwartete Aufnahme genau im augenblicklichen Gespräch stattfindet. Im zweiten Fall weiß der Verkäufer während des Gesprächs auf jeden Fall, dass er beobachtet wird, was sein Verhalten beeinflussen wird. Zudem ist das Vorgehen im zweiten Fall gegenüber dem Kunden problematisch, er wird ja ohne seine Zustimmung beobachtet. Andererseits liegt ein natürliches Gespräch vor, d.h. die Kunden haben wirklich ein Interesse an einem Kauf und der Verkäufer hat dieselbe Chance, ihnen ein Auto zu verkaufen, wie in der unbeobachteten Situation.

Früher hat man sich in vielen Fällen für die erste Möglichkeit entschieden; man hat also eingeweihte Personen die Rolle des Kunden spielen lassen, oder die Forscherinnen haben selbst die Kundenrolle gespielt in der Annahme, das sei unschädlich, denn es solle ja das Verhalten des Verkäufers beobachtet werden, nicht das des Kunden. Diese Annahme hat sich jedoch als irreführend erwiesen. Die Personen in der Kundenrolle konnten sich nicht wie normale Kunden benehmen. Dadurch verlief das Gespräch überhaupt nicht wie ein normales Verkaufsgespräch, und insofern konnte auch der Verkäufer nicht sein normales Verhalten zeigen. Nun könnte man einwenden, dass das ja eventuell für den Beginn des Gesprächs, die Phase der Kontaktaufnahme, noch nicht wichtig ist, sondern erst später, wenn sich zeigt, dass der Kunde gar kein Auto kaufen will. Dies ist aber sicher nicht der Fall, da die eingeweihte Person sich ja auch noch Merkmale des nichtverbalen Verhaltens für das spätere Ausfüllen des Beobachtungsbogens merken muss. Das verlangt so viel Aufmerksamkeit, dass sie sich auf der Ebene der Kontaktaufnahme, der Herstellung einer einvernehmlichen Beziehung, sicher so unnatürlich verhalten wird, dass auch der Verkäufer sich nicht so verhalten wird, wie er es im Gespräch mit einem echten Kunden, der „bei der Sache" (und nicht bei der Beobachtung) ist, verhalten würde.

Alles in allem gesehen ist also die zweite Möglichkeit vorzuziehen. Hier ist die beobachtende Person nicht am Gespräch beteiligt und kann also weit weniger durch ihr Verhalten das Gespräch beeinflussen. Vor jeder Verwendung der Gespräche müsste allerdings das Einverständnis der aufgenommenen Kaufinteressenten eingeholt werden.

Aufgabe Kapitel 4: Arbeiten mit Textkorpora

Wir haben einerseits das Problem, das wir auch bei geschriebenen Texten hätten: Wie zählen wir grammatische Formen ein- und desselben Wortes? Das ist ganz besonders für die automatische Zählung ein großes Problem, denn alles, was gleich geschrieben wird, ist für den Computer derselbe Type. Also kann nur eine Zählung „von Hand" oder ein annotiertes Korpus unterscheiden, ob die grammatische Form *arbeitet* 3. Person Singular Präsens oder 2. Person Plural Präsens von *arbeiten* ist. Dies ist für die gesprochene Sprache nicht anders, aber hier kommt ein zusätzliches Problem hinzu, nämlich die Zählung von Aussprachevarianten ein- und derselben grammatischen Form. Selbst wenn wir uns entscheiden würden, dass wir jede einzelne grammatische Form als Extra-Type zählen würden, stehen wir vor weiteren Problemen. Ist alles, was in der Standardschreibung als *das* auftreten würde, derselbe Type? Wir finden in Feld 4 und 13 *das* und in den Feldern 5, 14 und 16 *dat*. Für *es* finden wir *'s* in Feld 7 und 10 und in Feld 18 sogar *et* in *nützet*. Dies macht nicht nur die automatische Suche schwierig, sondern stellt uns auch vor methodische Probleme. Wir können davon ausgehen, dass es noch erheblich mehr Aussprachevarianten von *das* gibt, jedoch nicht alle sind mit den Mitteln der Normalschrift (noch nicht einmal mit der IPA-Umschrift) zu unterscheiden. Wenn also alle Aussprachevarianten verschiedene Types sein sollen, wo wollen wir die Grenzen setzen?

Aufgaben Kapitel 5: Die Befragung

Aufgabe 1:

Sie werden sicher sofort festgestellt haben, dass es in solchen Fällen eine „Selbstselektion der Stichprobe" gibt: Nur wenige Personen, die angesprochen werden, lassen sich auf die Befragung ein. Selbst bei der Auswahl der Personen, die angesprochen werden, dürfte schon eine Selektion vorliegen. Möglicherweise haben Sie auch suggestiv gestellte Fragen bemerkt, möglicherweise haben Sie gesehen, was die Interviewerinnen angekreuzt haben, wenn Sie geantwortet haben (war es das, was Sie gemeint haben?), usw.

Aufgabe 2:

Kreuztabellen in absoluten Zahlen:

Kreuztabelle a1:

Votum	<18	18-30	31-59	60+	Insgesamt
Ja	2	1	3	1	7
Nein	3	0	0	0	3
Weiß nicht	1	0	0	0	1
Insgesamt	6	1	3	1	11

Kreuztabelle a2:

Geschlecht	Abitur	Fachhoch-schulabschluss	Universitäts-diplom	Insgesamt
Männer	3	2	2	7
Frauen	1	3	1	5
Insgesamt	4	5	3	12

Kreuztabelle a3:

Einkommen	<18	18-30	31-59	60+	Insgesamt
< € 50.000	1	0	0	1	2
€ 50.001 – 80.000	3	1	1	0	5
≥ € 80.001	1	0	2	0	3
Insgesamt	5	1	3	1	10

Kreuztabellen in Prozentwerten:

Kreuztabelle b1: Votum nach Alter

Votum	18-30	31-44	45-59	60+	Insgesamt
Ja	33%	100%	100%	100%	64%
Nein	50%	0%	0%	0%	27%
Weiß nicht	17%	0%	0%	0%	9%
Insgesamt	100%	100%	100%	100%	100%

Kreuztabelle b2: Schulabschluss nach Geschlecht

Geschlecht	Alter	Abitur	Fachhochschul-abschluss	Insgesamt
Männer	75%	40%	67%	58%
Frauen	25%	60%	33%	42%
Insgesamt	100%	100%	100%	100%

Kreuztabelle b3: Einkommensgruppe nach Alter

Einkommen	18-30	31-44	45-59	60+	Insgesamt
< € 50.000	20%	0%	0%	100%	20%
€ 50.001 – 80.000	60%	100%	33%	0%	50%
≥ € 80.001	20%	0%	67%	0%	30%
Insgesamt	100%	100%	100%	100%	100%

Aufgabe 3:

Zunächst einmal ist Ihre Stichprobe eine Stichprobe der Mensa-Benutzer, nicht der Studierenden. Unter den Mensabenutzern sind auch Nicht-Studenten (Lehrpersonal und einige Personen, die die Mensa wegen des preiswerten Essens aufsuchen), und es könnte sein, dass sich die Studierenden, die die Mensa benutzen, von denen, die sie nicht benutzen, doch so erheblich unterscheiden, dass man gar nicht sagen kann, es handele sich um dieselbe Grundgesamtheit. Das eine Problem könnte man angehen, indem man sich vornimmt, die Fragebögen nur an Personen auszuteilen, die „nach Studenten aussehen", mit der Gefahr, dass man einige ältere Studenten auslässt und einige jüngere Dozenten einbezieht. Auf jeden Fall ist sehr offensichtlich, dass wir hier nicht behaupten können, wir hätten eine Zufallsauswahl getroffen.

Ein Problem bei der Art der Wahl der Stichprobe durch Verteilen am Eingang ist auch das Wieder-Einsammeln. Vermutlich würden recht viele Fragebögen auf den Tischen liegen bleiben, und zwar bearbeitet, halb bearbeitet oder leer. Auf diese Weise werden Sie kaum 50% Ihrer Fragebögen zurückbekommen.

Ein solches Verfahren hat also eine Menge Nachteile, aber es ist handhabbar, vor allem, wenn Sie die Fragebögen an den Tischen verteilen und wieder einsammeln. Für eine Magisterarbeit ist es völlig akzeptabel, ein solches oder ähnliches Verfahren (z.B. eine gut zusammengestellte Quote von Seminarbesuchern vor oder nach dem Seminar zu befragen) zu benutzen, jedoch ist in der Arbeit darauf hinzuweisen, welche Tücken die Wahl der Stichprobe hat.

Die Auswahl der Stichprobe wäre ganz einfach möglich, falls Sie die Verwaltung überzeugen könnten, die Kartei der eingeschriebenen Studierenden der Philipps-Universität benutzen zu dürfen. Dann könnten Sie daraus eine Zufallsauswahl treffen und die entsprechenden Personen anschreiben. Eventuell hätten Sie eine geringfügige Unterrepräsentation von älteren Studierenden, weil Adressenwechsel nicht immer beim Studierendensekretariat gemeldet werden und diejenigen, die umgezogen sind, für Sie nicht mehr auffindbar sind.

Dieses Verfahren, das aus Datenschutzgründen an deutschen Universitäten nicht realisierbar ist, ist natürlich erheblich teurer (Sie brauchen Porto und Rückporto), und Sie hätten das im Text erwähnte Problem der „Selbstselektion der Stichprobe".

Wenn Sie aber so nicht vorgehen können, sollten Sie besser nach dem Quotenverfahren vorgehen. Dabei wäre wichtig, dass Sie die einzelnen Fachbereiche entsprechend ihrer Studentenzahl berücksichtigen, ebenso Geschlecht, Alter und Nationalität der Studierenden.

Nun zum eigentlichen Fragebogen:

Gut ist das Folgende:

Es handelt sich um eine Fragestellung, bei der eine sprachliche Norm eine Rolle spielt; direkte Fragen sind also ausgeschlossen. Dies ist gewährleistet.

Das offizielle Papier und der „ausgeliehene" Titel der betreuenden Professorin erhöhen den Eindruck eines seriösen Fragebogens. Ihre Professorin wird Ihnen auch dankbar sein, wenn Sie Ihre eigene E-Mail-Adresse und nicht ihre in den Fragebogen schreiben.

Gut ist auch, dass eine Möglichkeit gegeben wird, die Ergebnisse der Befragung zu erfahren, ohne die eigene Anonymität aufzuheben. Wenn es sich um heiklere Fragen handeln würde, wäre es übrigens angebracht, dies gar nicht auf demselben Blatt zu erfragen, sondern auf einem Beiblatt.

Es gibt einen ablenkenden Titel, der zwar schnell durchschaubar sein dürfte, aber bei der Kürze des Fragebogens fällt das vermutlich erst gegen Ende auf, zumal die erste Frage deutlich dialektbezogen ist.

Schlecht oder weniger gut ist das Folgende:

Es gibt zu wenig korrekte Sätze in der Liste; man kommt schnell auf die Idee, alles müsse falsch sein.

Insgesamt kommen die infrage stehenden Phänomene zu selten vor. Es sollten für die einzelnen Typen (Doppelperfekt/Doppelplusquamperfekt; mit *sein* und mit *haben* gebildet) mindestens je 3 Sätze vorkommen. Dadurch müssen aber auch erheblich mehr Ablenker-Sätze aufgenommen werden, also Sätze, die gar kein Doppelperfekt oder Doppelplusquamperfekt enthalten.

Die vorgegebenen Antwortkategorien vermischen zwei Aspekte. Einerseits geht es um die Beurteilung als korrekt oder unkorrekt (besser als falsch, was auch als „inhaltlich falsch" aufgefasst werden kann – in diesem Fall würde z.B. *Heute ist schönes Wetter* an einem Regentag mit *falsch* beurteilt), andererseits darum, ob man etwas kennt und gebraucht. Das muss nicht übereinstimmen, denn man kann wissen, dass man Dinge sagt, die man trotzdem als unkorrektes Deutsch ansieht.

Aufgaben Kapitel 6: Das Experiment

Aufgabe 1:

Eine deutlich intervenierende Variable ist die Worthäufigkeit. Bei jeder Benennaufgabe sind Versuchspersonen deutlich schneller bei häufig vorkommenden Wörtern. Sie müssten also darauf achten, dass die Wörter in allen Gruppen dieselbe durchschnittliche Häufigkeit haben (anhand von Korpora zur Vorkommenshäufigkeit, z.B. der CELEX-Datenbank).

Eine weitere intervenierende Variable ist die Wortlänge. Je länger das Wort ist, umso länger dauert das Lesen (abhängig von der Zahl der Buchstaben) und dauert die Ausspracheplanung (wohl abhängig von der Zahl der

Silben). Auch Silbenzahl und Anzahl der Buchstaben müssten also über die Gruppen konstant gehalten werden.

Zu befürchten ist auch, dass der Grad der vorzunehmenden Veränderungen eine Rolle spielt. Insofern wäre es weise, Fälle mit Umlauten getrennt zu betrachten, denn beim *-s*-Plural gibt es keine Umlaute.

Ein weiteres Problem ist, dass Sie gar nicht wissen, ob die Wörter mit dem *-s*-Suffix von den Versuchspersonen als Plural oder als Genitiv wahrgenommen werden (*des Autos*), das könnten Sie nur dadurch lösen, dass Sie sich in allen Gruppen auf Feminina beschränken, die im Genitiv kein Suffix haben (*der Oma, der Sahne*).

Und als letztes Problem ergibt sich, dass für die meisten Wörter mit anderen Pluralen von ihrer morphologischen Struktur her mehrere Plurale infrage kommen, bei den Wörtern mit *-s*-Plural (Abkürzungswörter, Wörter, die auf Vollvokal enden) jedoch nur einer. Dieses Problem haben Sie vielleicht umschifft, indem Sie nicht den Plural, sondern den Singular bilden lassen, aber es ist natürlich ungeklärt, was es ausmacht, ob die Beziehung zwischen Singular- und Pluralform eindeutig ist oder nicht. Insofern sollten Sie diese ungeklärte Frage im Forschungsbericht erwähnen.

Aufgabe 2:

So formuliert ist die Frage nicht experimentell überprüfbar, denn hier geht es ja gar nicht um die Überprüfung einer Hypothese. Aber auch bei einer Umformulierung der Art „Lerner des Deutschen als Fremdsprache lernen mit dem Valenz-/Dependenzmodell besser als mit der traditionellen Grammatik, korrekte Akkusativ-Markierungen zu gebrauchen" hätten Sie verschiedene Probleme. Ein sehr großes Problem ist es, den beiden infrage stehenden Grammatikmodellen „gleiche Chancen" zu geben. Während Lerner des Deutschen als Fremdsprache fast immer die traditionelle Grammatik bereits kennen, lernen sie das Valenz-/Dependenzmodell zur Grammatikbeschreibung meist erst durch ihr Deutschlehrbuch kennen. Insofern ist zu erwarten, dass sie einfach (richtig oder falsch!) die ungewohnt präsentierten grammatischen Erklärungen in ihrem Lehrbuch in ihr vertrautes Modell „übersetzen", das angebotene Modell also gar nicht nutzen. Ein zweites Problem ist, dass das verwendete Modell nur bis zu einem bestimmten Punkt auf dem Weg zur richtigen Markierung bei der Sprachproduktion helfen kann, nämlich bis dahin, wo der Lerner weiß, dass ein Akkusativ stehen muss. Dass er dann auch noch die Markierung tatsächlich (und zwar korrekt) verwendet, ist ein weiterer Schritt. Zwischen den beiden Schritten kann sehr viel passieren, also ist es sinnvoll, nur das zu überprüfen, bei dem das verwendete Modell überhaupt eine Rolle spielen kann. D.h., wenn wir experimentieren, sollten wir für verschiedene Kontexte abfragen, welcher Kasus stehen muss, aber nicht die konkrete Markierung erfragen.

Wir setzen also die Fragestellung erst in eine experimentell beantwortbare um, indem wir uns die Aufgabe stellen, die folgende Hypothese zu unterstützen: Deutschlerner profitieren beim Lernen des Unterschieds zwischen Nominativ und Akkusativ davon, dass man ihnen Grammatikerklärungen im Valenz-/Dependenzmodell bietet. Bei der praktischen Durchführung des Experiments müsste man zwei vergleichbare Gruppen von Lernern haben und mit jeweils demselben modernen Lehrbuch unterrichten, wobei jedoch für eine der beiden Gruppen alle relevanten Grammatikdarstellungen in die traditionelle Grammatik umgeschrieben werden müssten. Nachdem die Einführung des Akkusativs abgeschlossen ist, würde man dann beiden Gruppen einen schriftlichen Test vorlegen, in dem für verschiedene Sätze bei den nominalen Elementen abgefragt wird, welcher Kasus jeweils richtig ist.

Aufgabe 3:

Sie sind davon ausgegangen, dass es einen zusätzlichen Aufwand bedeutet, das Genus eines Substantivs zu lernen. Sie sollten also eine Sprache als Zielsprache wählen, in der das Genus sich nicht aus der Wortform ergibt (wie im Italienischen z.B. bei fast allen Substantiven). Das Deutsche oder Französische z.B. würde sich dafür anbieten, weil die Beziehungen zwischen Wortform und Genus für Lerner größtenteils undurchsichtig sind. Dann suchen Sie sich eine Gruppe von Sprechern derselben Erstsprache aus, deren Erstsprache Genus hat (also z.B. wäre es sinnlos, Chinesen zu nehmen), z.B. nur Spanier, und lassen sie z.B. deutsche Vokabeln mit ihrem Genus lernen. Es gibt zwei mögliche Störvariablen, auf die Sie achten müssen:

- Übereinstimmung von Genus und natürlichem Geschlecht (*die Frau*)
- genuszuweisende Suffixe (wie *-ung* für Feminina).

In diesen Fällen ist das Genus besonders leicht zu lernen. Also entweder nehmen Sie keine Substantive mit Suffixen und keine Bezeichnungen für Lebewesen, dann lassen Sie nur zwei Gruppen von ansonsten gleich schwer zu lernenden Vokabeln lernen, nämlich solche mit demselben Genus in der Ausgangssprache und solche mit einem anderen Genus in der Ausgangssprache. Oder Sie interessieren sich gerade für die Rolle der Einflüsse von genuszuweisenden Suffixen und vom natürlichen Geschlecht, dann haben Sie ein erheblich komplizierteres Design mit 6 Ausprägungen der unabhängigen Variable: 1. Genus entspricht dem natürlichen Geschlecht in beiden Sprachen, 2. Genus entspricht dem natürlichen Geschlecht im Deutschen nicht (*das Weib*), in der Ausgangssprache aber wohl, 3. es gibt ein genuszuweisendes Suffix im Deutschen, in der Ausgangssprache hat das übersetzungsäquivalente Wort dasselbe Genus, 4. wie 3, aber das Übersetzungsäquivalent hat ein anderes Genus in der Ausgangssprache, 5. keine der o.a. Bedingungen trifft zu, nur ein unterschiedliches Genus in Ausgangs- und

Zielsprache, 6. wie 5, aber dasselbe Genus. Die Bedingungen 5 und 6 wären auch die Bedingungen für die einfache Version des Experiments.

Die nächsten Fragen wären, wie man das Lernen organisiert und wie man es überprüft. Es sind ganz viele Verfahren denkbar, wichtig ist, dass sie für alle Gruppen von Vokabeln gleich gehalten werden.

Sie könnten also z.B. alle zu lernenden Vokabeln mit dem Artikel auf die eine Seite eines Kärtchens schreiben und die Übersetzung auf die Rückseite und allen Versuchsteilnehmern dieselbe Zeit geben, die Vokabeln nach ihrer gewohnten Methode zu lernen, wobei Sie darauf hinweisen, dass die Lernkontrolle hinterher die vollständigen Vokabeln mit Artikel betreffen wird. Dann geben Sie eine Liste mit den erstsprachlichen Entsprechungen (in einer zufälligen Reihenfolge, nicht nach den Gruppen des Experiments geordnet) und lassen jeweils die Übersetzung mit Artikel dazuschreiben. So können Sie vergleichen, ob es Unterschiede in der Fehleranzahl und in der Anzahl der gar nicht gelernten Vokabeln für die einzelnen Gruppen von Vokabeln gibt. Was ein Fehler ist, müssen Sie natürlich auch festlegen und immer konstant halten, also z.B., ob Sie jeden Fehler zählen wollen oder nur Fehler im Genus, wie Sie es mit offensichtlichen Rechtschreibfehlern (z.B. die Großschreibung wurde vergessen) halten, usw.

Sie werden auf jeden Fall Unterschiede finden. Ob diese Unterschiede durch den Zufall zu erklären sind oder nicht, müssen Sie überprüfen. Das lernen Sie in den nächsten Kapiteln des Buchs.

Aufgaben Kapitel 7: Skalenniveaus

Aufgabe 1:

a) Schulbildung: Nominalskala
b) Akzeptabilität von Sätzen: Ordinalskala
c) gesprochener Dialekt: Nominalskala
d) Benotung von Aufsätzen: Ordinalskala
e) Reaktionszeit: Verhältnisskala
f) verschiedene Arten von Relativsätzen im Englischen: Nominalskala
g) didaktische Fähigkeiten: Ordinalskala
h) Länge der Schlagzeilen in Wörtern oder in Buchstaben: Verhältnisskala

Aufgabe 2:

2.1 Nationalität: Sie können jeweils die einzelnen Länder aufführen, Sie können aber auch, wenn die erhaltenen Ergebnisse Ihnen ausreichend ähnlich erscheinen, Länder zusammenfassen, z.B. werden manchmal die BENELUX-Länder zusammengefasst oder Spanien und Portugal. In jedem Fall geht es um ein Nominalskalenniveau.

2.2 Erstsprache: Hier werden Sie eventuell einige weniger verbreitete Erstsprachen als „andere“ zusammenfassen wollen: Nominalskalenniveau.

2.3 Alter: Sie haben Verhältnisskalenniveau, wenn Sie das tatsächliche Alter festhalten. Das macht die Darstellung allerdings sehr unübersichtlich, insofern werden Sie sicher eine überschaubare Zahl von Gruppen in Bezug auf das Alter zusammenfassen, z.B. <21, 21-35, 36-50, 51-65, >65, und damit kommen Sie auf ein Ordinalskalenniveau.

2.4 Ausbildung: Auch hier werden Sie Gruppen bilden, damit alle Möglichkeiten erfasst werden können, z.B. wenn Sie sich nur um die Schulausbildung kümmern, wäre das Folgende eine Möglichkeit: Hauptschulabschluss oder geringer; Realschul-/Fachoberschulabschluss; Abitur oder Äquivalent; begonnenes Studium; abgeschlossenes Studium. Hier hätten Sie eine Nominalskala, denn es ist vielleicht in der Wahrnehmung vieler Menschen so, dass ein abgeschlossenes Studium „mehr" ist als ein Hauptschulabschluss, aber im statistischen Sinne ist das nicht so. Eine Verhältnisskala könnten Sie haben, wenn Sie einfach die Anzahl der aufsteigenden Schul- und Ausbildungsjahre zusammenrechnen, ohne den Schul- bzw. Ausbildungstyp zu berücksichtigen, also nur „6, 7, 8 ... Ausbildungsjahre" angeben. Das ist jedoch unüblich.

2.5 Beruf: Die Berufe werden auch üblicherweise zusammengefasst, z.B. nach der Art des Arbeitsvertrags in Arbeiter, Angestellte, leitende Angestellte, Beamte, nicht berufstätig. Oder auch ganz anders, wie Wissenschaftler, Handwerker, Geschäftsmann usw. Für eine bestimmte Untersuchung kann aber eine andere Einteilung viel sinnvoller sein. Auf jeden Fall haben wir ein Nominalskalenniveau.

2.6/7: Für 6 und 7 ist die Kategorisierung vorgegeben. Strikt genommen haben wir hier Ordinalskalenniveau, weil die „Intervalle" nicht unbedingt gleich sind, es kann gut sein, dass die Befragten die Extreme eher vermeiden. In der Praxis betrachtet man eine solche Skala aber oft als (Semi-) Verhältnisskalenniveau und berechnet Mittelwerte, was bei einer Ordinalskala nicht möglich wäre.

2.8/9: Für 8 und 9 wurde vorgesehen, dass offene Antworten gegeben werden können; das stellt Sie vor die Aufgabe, im Nachhinein den gegebenen Antworten Kategorien zuzuweisen, was vermutlich nicht mehr einbringt, als wenn Sie gleich etwas wie „sehr gering 1 – 2 – 3 – 4 – 5 äußerst groß" vorgegeben hätten.

Aufgaben Kapitel 8: Beschreibung von Daten

Aufgabe 1:

	Gesamtgruppe	ohne William
Median	6,5	7
Mittelwert	6,20	6,78
S	2,15	1,20

z-Werte (berechnet ohne das Ergebnis von William):

Adrian	−0,65	Nan	−0,65
Jay	−0,65	Margaret	1,02
Judith	−1,48	Frank	0,19
Lydia	0,19	David	1,85
Nancy	0,19	William	-

Aufgabe 2:

Ergebnis	Häufigkeit
9	1
8	1
7	3
6	3
5	1
4	0
3	0
2	0
1	1
Gesamt	10

Aufgabe 3:

Durchschnitt für Männer und Frauen: 5,8 bzw. 6,6
Durchschnitt für Männer und Frauen ohne William: 7,0 bzw. 6,6

Aufgaben Kapitel 9: Beziehungen zwischen Daten

Aufgabe 1:

Wenn es eine positive Korrelation zwischen der Taillenweite von Menschen und ihrem Einkommen gibt (und dies ist in den meisten europäischen Ländern der Fall), ist wahrscheinlich ein verborgener Faktor mit im Spiel, wie beispielsweise das Alter oder das Geschlecht. Es gibt eine positive Korrelation zwischen Alter und Taillenweite (Menschen werden ein bisschen dicker, wenn sie älter werden) und zwischen Alter und Einkommen (mit höherem Alter steigt das Einkommen). Daher gibt es konsequenterweise auch eine positive Korrelation zwischen Taillenweite und Einkommen. Dies wäre eine irreführende Korrelation.

Aufgabe 2:

Ein Korrelationskoeffizient von $r = -0{,}65$ ist stärker als $r = +0{,}45$. Das hat nichts damit zu tun, dass der eine positiv und der andere negativ ist.

Aufgabe 3:

Natürlich ist Rauchen schlecht, aber wir können keine Kausalaussagen aufgrund von Korrelationen treffen. Die Korrelation könnte auch auf einem Faktor beruhen, der beides verursacht, z.B. Stress.

Aufgabe 4:

a) $r = -0{,}52$

b) Die Korrelation ist negativ, wie auch durch die negative Steigung der Geraden des Graphen in der folgenden Abbildung ersichtlich ist. Sie zeigt eine mittlere Beziehung, ist aber nicht signifikant (der Minimalwert für df = 8 liegt bei 0,632).
Die negative Korrelation ist durch Mattys Ergebnis entstanden. Nehmen wir Matty als „Ausreißer" aus der Ergebnisbewertung heraus, haben wir einen Korrelationskoeffizienten von $r = 0{,}25$.

c) Vielleicht hat Matty sich nicht gut gefühlt, als sie aus der Erstsprache übersetzte, oder vielleicht hat sie eine andere Erstsprache als die anderen Schüler.

d)

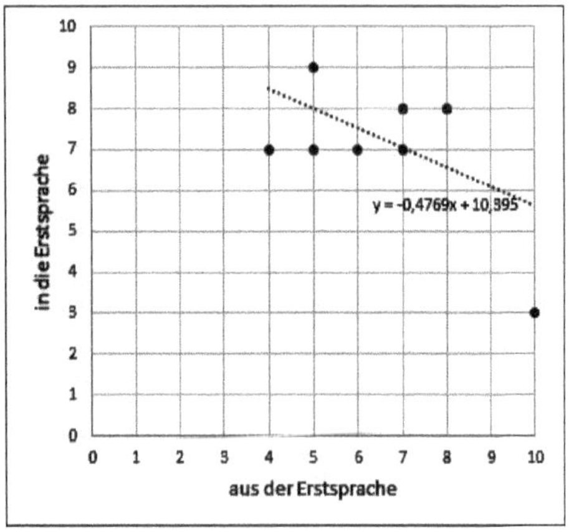

e) Ein Vergleich der Ergebnisse aus den zwei Übersetzungsaufgaben ergab eine (negative) Korrelation (r = –0,52), die aber das Signifikanzniveau nicht erreichte. Eine Neuberechnung der Korrelation mit Ausschluss des Ausreißers ergibt eine schwach positive Korrelation (r = 0,25), die aber auch nicht signifikant ist.

Aufgabe 5:

Wir überführen zuerst die Daten in Ordinalzahlen:

	aus Erstsprache	in Erstsprache
John	5	7,5
Peter	10	7,5
Ellis	5	3,5
Sara	7	7,5
Martin	2,5	3,5
Matty	1	10
Eve	8,5	7,5
Nancy	8,5	1
Adam	2,5	3,5
Mike	5	3,5

Die Berechnung von Spearmans Rho auf Grund dieser Rangordnungen ergibt einen Korrelationskoeffizienten von r_s = –0,04, der aber das Signifikanzniveau nicht erreicht.

Aufgabe 6:

Um diese überaus konfliktträchtige Frage zu beantworten, führen wir einen Chi-Quadrat-Test durch.

Wir beobachten, dass es im Laufe der letzten Fleischklößchenmahlzeiten eine unterschiedliche Anzahl von Fleischklößchen gibt, nämlich 10, 5 und 30. Wenn die Mutter nicht voreingenommen ist, würden wir bei dieser Anzahl verteilter Klößchen erwarten, dass jeder Sohn insgesamt 15 Klößchen in seinen Suppen der letzten fünf Mahlzeiten hat. Die *erwartete Häufigkeit* ist also 15, 15 und 15:

	Sohn A	Sohn B	Sohn C
beobachtete Häufigkeit	10	5	30
erwartete Häufigkeit	15	15	15

Die Frage ist nun, ob die Differenz zwischen der beobachteten und der erwarteten Häufigkeit groß genug ist, dass wir sagen können, ob die ungleiche Verteilung auf böswillige Absicht zurückzuführen ist oder ob sie rein zufällig ist.

Wir führen einen Chi-Quadrat-Test durch. Setzen wir unsere Werte in die Formel für diesen Test ein, erhalten wir

für Sohn A $$\frac{(10-15)^2}{15} = \frac{25}{15} \approx 1{,}67$$

für Sohn B $$\frac{(5-15)^2}{15} = \frac{100}{15} \approx 6{,}67$$

für Sohn C $$\frac{(30-15)^2}{15} = \frac{225}{15} \approx 15$$

χ^2 = Summe 23,34

Wir müssen jetzt wieder in einer Tabelle zur Signifikanzberechnung nachsehen, ob der Wert signifikant ist. Wir benötigen hierzu wieder die Freiheitsgrade. Die berechnen wir, indem wir 1 von der Anzahl der Gruppen (hier: Söhne) subtrahieren: $df = 3 - 1 = 2$. Nun stellen wir fest, dass unser Wert 23,34 ($p < 0{,}001$) signifikant ist. Mit anderen Worten: Es gibt ausreichenden Grund zu behaupten, dass die Anzahl der Klößchen in der Suppe von irgendetwas außer dem Zufall beeinflusst wurde. Mit der Mutter müsste man reden…

Aufgaben Kapitel 10: Prüfen von Unterschieden und Veränderungen

Aufgabe 1:

Ein t-Test für unabhängige Gruppen ergibt: $t(38) = 2{,}05$, $p < 0{,}05$. Sie könnten die Ergebnisse im Forschungsbericht wie folgt darstellen:

> **Die Ergebnisse für die zwei experimentellen Bedingungen waren signifikant verschieden, wobei die Schüler in Gruppe A höhere Ergebnisse erreichten als die Schüler in Gruppe B ($t(38) = 2{,}05$, $p < 0{,}05$). Dies legt nahe, dass die ältere Lehrerin trotz ihrer größeren Erfahrung weniger erfolgreich im Vermitteln des Lehrstoffs war als ihre jüngere Kollegin.**

Aufgabe 2:

Es ergeben sich die folgenden Daten:
Beobachtete Häufigkeit:

	A	B	Gesamt
Ja	16	12	28
Nein	4	8	12
Gesamt	20	20	40

Wir geben die Anzahl der „ja"- und „nein"-Antworten jeweils für Gruppe A und B in einen Chi-Quadrat-Rechner ein und erhalten das Ergebnis: $\chi^2 = 1{,}91$, $df = 1$, nicht signifikant. Ein möglicher Ergebnisbericht wäre:

Ein Chi-Quadrat Test ergab keinen Unterschied zwischen den zwei Gruppen in der Frage der frühzeitigen Pensionierung von Lehrern über 50 ($\chi^2 = 1{,}91$, $df = 1$, n.s.).

Aufgabe 3:

Da es sich hier um sehr wenige Daten handelt, würden wir normalerweise einen Mann-Whitney-U-Test verwenden. Dies lassen wir mit einem Online-Rechner durchführen und erhalten das Ergebnis $U(n_1{=}6, n_2{=}7) = 2$, $z = -2{,}64$, $p<0{,}01$. Man könnte das Resultat der Analyse wie folgt aufschreiben:

Der Vergleich mit einem Mann-Whitney-U-Test ergab, dass in Boulevard-Zeitungen kürzere Sätze (mit durchschnittlich 14,0 Wörtern) verwendet werden als in seriösen Zeitungen (mit durchschnittlich 26,3 Wörtern) ($U(n_1{=}6, n_2{=}7) = 2$, $p < 0{,}01$).

Wenn Sie übrigens stattdessen doch einen t-Test versucht haben, werden Sie das Ergebnis: $t(11) = 3{,}48$, $p < 0{,}01$ erhalten haben – das Beispiel zeigt uns also wieder, dass der t-Test auch bei recht kleinen Gruppen noch ziemlich robust ist.

Aufgabe Kapitel 11: Signifikanz vs. Aussagekraft

Wir berechnen δ mit der Formel aus Kapitel 11. Für unser Beispiel also:

$$\delta = \frac{\bar{x} - \bar{y}}{s} = \qquad \delta = \frac{6{,}6 - 5{,}35}{2{,}01} = 0{,}62$$

Dies ist ein mittlerer Effekt. Die Ergebnisdarstellung könnte wie folgt aussehen:

Die Ergebnisse für die zwei Versuchsbedingungen wiesen signifikante Unterschiede auf. Wie die Tabelle zeigt, erreichten Schüler, die nach Methode X unterrichtet wurden, wesentlich bessere Ergebnisse als die nach Methode Y unterrichteten ($t = 6{,}03$, $df = 13$, $p < 0{,}001$, $\delta = 0{,}62$).

Literaturverzeichnis

In dieser Liste haben wir nach dem Titel einen kurzen Kommentar hinzugefügt, wenn wir meinten, ein Titel könnte sich als weiterführende Literatur eignen.

Albert, Ruth 2007. Methoden des empirischen Arbeitens in der Linguistik. In: Steinbach, Markus et al. *Schnittstellen der germanistischen Linguistik.* Stuttgart/Weimar: Metzler, 15-52.

Altrichter, Herbert, Lobenwein, Waltraud und Heike Welte 1997. PraktikerInnen als ForscherInnen. Forschung und Entwicklung durch Aktionsforschung. In: Friebertshäuser, Barbara und Annedore Prengel (Hg.). *Handbuch qualitative Forschungsmethoden in der Erziehungswissenschaft.* Weinheim, München: Iuventa, 640-660.

[Einführung – mit Beispielen – in die Unterrichtsbegleitforschung mit Überblick über Methodik, Charakteristika, Gütekriterien sowie Vor- und Nachteile]

Altrichter, Herbert und Peter Posch [4]2007. *Lehrer erforschen ihren Unterricht: eine Einführung in die Methoden der Aktionsforschung.* Bad Heilbrunn: Klinkhardt.

[Standardwerk zur Einführung in die Aktionsforschung; geht hauptsächlich auf qualitative Forschung ein]

Atteslander, Peter [5]1984. *Methoden der empirischen Sozialforschung.* Berlin: de Gruyter.

Atteslander, Peter [8]1995. *Methoden der empirischen Sozialforschung.* Berlin/New York: Sammlung Göschen.

[Gut verständliche Einführung, mehrfach überarbeitet und in vielen verschiedenen Auflagen zu finden, Beispiele vorwiegend aus der Soziologie]

Bachman, Lyle 2004. *Statistical analyses for language assessment.* Cambridge: CUP.

[Leicht verständliche Einführung in statistische Tests in der Sprachlehrforschung]

Blom, Elma und Sharon Unswort (Hg.) 2010. *Experimental methods in language acquisition research.* Amsterdam/Philadelphia: Benjamins.

[Guter Überblick unterschiedlicher Möglichkeiten des Experimentierens in der Spracherwerbsforschung.]

Boeckmann, Klaus-Börge 2002. Forschung in der Unterrichtspraxis: FremdsprachenlehrerInnen als ForscherInnen. In: Barkowski, Hans und Renate Faistauer (Hg.). *... in Sachen Deutsch als Fremdsprache. Festschrift für Hans-Jürgen Krumm zum 60. Geburtstag.* Baltmannsweiler: Schneider, 180-190.

[Einführung in die Unterrichtsbegleitforschung, hier bezogen auf, aber auf keinen Fall begrenzt auf die Fremdsprachenvermitlungsforschung / Aktionsforschung]

Bortz, Jürgen und Nicola Döring ^{4}2009. *Forschungsmethoden und Evaluation.* Berlin: Springer.

[Gut lesbare Einführung zu Forschungsmethoden insgesamt sowie zu den häufigsten statistischen Verfahren]

Brinker, Klaus und Sven Sager ^{3}2001. *Linguistische Gesprächsanalyse: Eine Einführung.* Berlin: Schmidt.

[Standardwerk zur Einführung in die Gesprächsanalyse]

Brown, James Dean, Rodgers, Ted und Theodore Rodgers 2002. *Oxford handbooks for language teachers: Doing second language research.* Oxford: OUP.

Caspari, Daniela, Klippel, Friedericke, Legutke, Michael und Karen Schramm (Hg.) 2016. *Forschungsmethoden in der Fremdsprachendidaktik. Ein Handbuch.* Tübingen: Narr Francke Attempto Verlag.

[Sammelband mit unterschiedlichen Artikeln zu relevanten Themen der quantitativen und qualitativen Forschung.]

Cohen, Jacob 1992. A power primer. *Psychological Bulletin* 112 (1), 155-159.

Deppermann, Arnulf 2008. *Gespräche analysieren.* 4. Aufl. Wiesbaden: Verlag für Sozialwissenschaften.

[Standardwerk zur Einführung in die Gesprächsanalyse]

Edmondson, Willis und Juliane House ^{2}2000. *Einführung in die Sprachlehrforschung.* Tübingen/Basel: Francke.

[Kapitel 3 enthält eine knappe und übersichtliche Einführung in Forschungsansätze der Sprachlehrforschung]

Friebertshäuser, Barbara und Annedore Prengel (Hg.) 1997/^{3}2010. *Handbuch Qualitative Forschungsmethoden in der Erziehungswissenschaft.* Weinheim/München: Juventa.

[Guter Überblick über die qualitative Forschung, deren Arbeitsschritte und Forschungsansätze (Unterrichtsbeobachtung, Fallstudien, Lehrertagebücher, Interviews)]

Gläser-Zikuda, Michaela, Seidel, Tina, Rohlfs, Carsten, Gröschner, Alexander und Sascha Ziegelbauer 2012. Mixed Methods in der empirischen Bildungsforschung – eine Einführung in die Thematik. In: Dies. (Hg.). *Mixed Methods in der empirischen Bildungsforschung.* Münster: Waxmann, 7-13.

Gries, Stefan Th. 2008. *Statistik für Sprachwissenschaftler.* Göttingen: Vandenhoeck & Ruprecht.

[Eine umfassende Einführung in die Analyse linguistischer Daten anhand des kostenlosen Statistikprogramms R]

Grotjahn, Rüdiger 2006. Zur Methodologie der Fremdsprachenerwerbsforschung. In: Scherfer, Peter (Hg.). *Vom Lehren und Lernen fremder Sprachen. Eine vorläufige Bestandsaufnahme.* Lang: Frankfurt, 247-270.

[Programmatischer Beitrag zur gegenwärtigen forschungsmethodischen Diskussion in der Sprachlehrforschung]

Henne, Helmut und Helmut Rehbock [4]2001. *Einführung in die Gesprächsanalyse.* Berlin/New York: de Gruyter.
[Gut verständliche erste Einführung in die Gesprächsanalyse]

Hunston, Susan 2002. *Corpora in applied linguistics.* Cambridge: Cambridge University Press.

Lemnitzer, Lothar und Heike Zinsmeister [2]2010. *Korpuslinguistik.* Tübingen: Narr.
[Gründliche Einführung in die Korpuslinguistik]

Lienert, Gustav Adolf und Ulrich Raatz [6]1998. *Testaufbau und Testanalyse.* Weinheim: Beltz, Psychologie Verl.-Union.

Lincoln, Yvonna Sessions und Egon Guba 1989. *Naturalistic inquiry.* Newbury Park: Sage.

Mackey, Alison und Susan M. Gass 2005. *Second language research. Methodology and design.* Mahwah, N.J.: Lawrence Erlbaum.
[Standardwerk zu Forschungsmethoden in der Sprachlehrforschung in englischer Sprache]

McDonough, Jo und Steven McDonough 1997. *Research methods for English language teachers.* London, New York, N.Y.: Arnold.

Porte, Graeme 2002. *Appraising research in second language learning. A practical approach to critical analysis of quantitative research.* Benjamins: Amsterdam.
[Exzellente Einführung zur Rezeption empirischer Untersuchungen in der Sprachlehrforschung]

Preacher, Kristopher 2001. *Calculation for the chi-square test: An interactive calculation tool for chi-square tests of goodness of fit and independence [Computer software].* http://quantpsy.org [08.07.2013].

Raab-Steiner, Elisabeth und Michael Benesch 2008. *Der Fragebogen. Von der Forschungsidee zur SPSS-Auswertung.* Wien: fakultas.wuv.
[Ausführliche und verständliche Behandlung der Vorgehensweise bei Befragungsstudien]

Riemer, Claudia 2006. Entwicklungen in der qualitativen Fremdsprachenforschung: Quantifizierung als Chance oder Problem? In: Timm, Johannes-Peter (Hg.). *Fremdsprachenlernen und Fremdsprachenforschung: Kompetenzen, Standards, Lernformen, Evaluation.* Tübingen: Narr, 451-464.
[Überblick über Möglichkeiten und Richtlinien für die qualitative Sprachlehrforschung]

Riemer, Claudia 2008. DaF/DaZ und empirische Forschung: wechselnde Herausforderungen. In: Chlosta, Christoph, Leder, Gabriela und Barbara Krischer (Hrsg.), *Auf neuen Wegen. Deutsch als Fremdsprache in Forschung und Praxis. Tagungsband der 35. Jahrestagung des Fachverbandes Deutsch als Fremdsprache 2007 an der Freien Universität Berlin.* Göttingen: Universitätsverlag, 1-16.
[Besprechung u.a. von Standards in der qualitativen Sprachlehrforschung]

Scherer, Carmen 2006. *Korpuslinguistik.* Heidelberg: Winter.
[Verständliche Einführung in die Korpuslinguistik]

Settinieri, Julia, Demirkaya, Sevilen, Feldmeier, Alexis, Gültekin-Karakoç, Nazan und Claudia Riemer (Hg.) 2014. *Empirische Forschungsmethoden für Deutsch als Fremd- und Zweitsprache*. Paderborn: Schöningh. *[Einleitung in qualitative und quantitative Forschungsmethoden mit dem Schwerpunkt DaF]*

Statistisches Jahrbuch für die Bundesrepublik Deutschland, herausgegeben vom Statistischen Bundesamt Deutschland. Erscheint jedes Jahr im SFG-Verlag und ist als PDF-Datei einzusehen unter:
www.destatis.de/jahrbuch/ [20.09.2016]
[Enthält Daten über die Grundgesamtheit]

Steinke, Ines 1999. *Kriterien qualitativer Forschung: Ansätze zur Bewertung qualitativ-empirischer Sozialforschung*. Weinheim/München: Juventa.

Strübing, Jörg 2004. *Grounded theory: Zur sozialtheoretischen und epistemologischen Fundierung des Verfahrens der empirisch begründeten Theoriebildung*. Wiesbaden: Verlag für Sozialwissenschaften.

Wei, Li und Melissa Moyer (Hg.) 2008. *The Blackwell guide to research methods in bilingualism and multilingualism*. Malden, MA; Oxford, UK; Victoria, Australien: Blackwell.
[Enthält gut verständliche Texte zu unterschiedlichen Forschungsmethoden und -designs in der Spracherwerbsforschung; bei der Suche nach Projektideen ist ein eigenes Kapitel mit möglichen Forschungsfragen nützlich]

Stichwortverzeichnis

Frank Liedtke

Moderne Pragmatik

Grundbegriffe und Methoden

2016, 220 Seiten
€[D] 24,99
ISBN 978-3-8233-6776-5
eISBN 978-3-8233-7776-4

Pragmatik beschäftigt sich mit der Frage, wie das Verhältnis zwischen einer sprachlichen Äußerung und dem, was mit ihr ausgedrückt wird, beschrieben werden kann. Das Studienbuch bietet eine gut verständliche Darstellung der theoretischen Grundlagen und geht dabei neben den klassischen Bereichen wie Sprechakttheorie und Intentionsanalyse auch auf die Textlinguistik und Gesprächsanalyse ein. Eine zentrale Rolle spielen die neueren Entwicklungen des Fachs, v.a. die teils experimentellen Methoden der modernen Pragmatik. An Anwendungsbeispielen wie z.B. Diskussionsforen im Netz und Sprache in der Politik werden die Grundbegriffe anschaulich gemacht.

Narr Francke Attempto Verlag GmbH+Co. KG • Dischingerweg 5 • D-72070 Tübingen
Tel. +49 (07071) 9797-0 • Fax +49 (07071) 97 97-11 • info@narr.de • **www.narr.de**